谭 渊 ◎ 著

卫礼贤

传

The Biography of Richard Wilhelm

河南文艺出版社
· 郑州 ·

图书在版编目(CIP)数据

卫礼贤传／谭渊著. --郑州:河南文艺出版社,2024.9
(世界著名汉学家传记／赵白生主编)
ISBN 978-7-5559-1608-6

Ⅰ.①卫…　Ⅱ.①谭…　Ⅲ.①卫礼贤(1873-1930)-传记
Ⅳ.①K825.46

中国国家版本馆 CIP 数据核字(2023)第 235240 号

丛书策划	马　达　刘晨芳
选题策划	王战省
责任编辑	王战省
责任校对	梁　晓
封面设计	徐胜男
版式设计	张　萌

出版发行	河南文艺出版社
社　　址	郑州市郑东新区祥盛街 27 号 C 座 5 楼
承印单位	郑州印之星印务有限公司
经销单位	新华书店
开　　本	700 毫米 × 1000 毫米　1/16
印　　张	17
字　　数	212 000
版　　次	2024 年 9 月第 1 版
印　　次	2024 年 9 月第 1 次印刷
定　　价	68.00 元

印厂地址　郑州市高新区冬青西街 101 号
邮政编码　450000　　电话　0371-63330696

我有幸在中国度过了二十五载光阴。像每个在这块土地上生活已久的人一样，我学会了爱这个国家，爱他的人民。

—— 卫礼贤《中国心灵》

卫礼贤与妻子的初识之地：巴特鲍尔疗养院

卫礼贤与妻子的初识之地：巴特鲍尔疗养院内景

卫礼贤笔记中的手绘

卫礼贤肖像

1924年礼贤书院同学恭送卫礼贤回国

卫礼贤追悼会

卫礼贤墓地

卫礼贤纪念碑

卫礼贤《老子》译本插图

卫礼贤《老子》译本内封

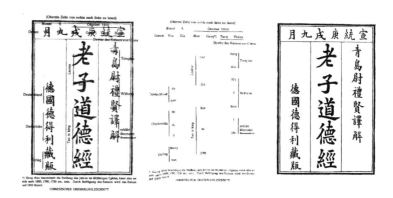

卫礼贤《老子》译本的中文内封及覆盖其上的德语译文页（半透明）

卫礼贤《列子》译本插图

卫礼贤《列子》译本插图

MONG DSI
(MONG KO)

DRITTES BIS FÜNFTES TAUSEND
AUS DEM CHINESISCHEN
VERDEUTSCHT UND ERLÄUTERT
VON RICHARD WILHELM
EUGEN DIEDERICHS VERLAG
JENA 1921

卫礼贤《孟子》译本内封

DSCHUANG
DSI
DAS WAHRE BUCH
VOM SÜDLICHEN
BLÜTENLAND
*
/NAN HUA
DSCHEN GING/
*
AUS DEM CHINESISCHEN
VERDEUTSCHT UND
ERLÄUTERT VON
RICHARD WILHELM
JENA 1912 / VERLEGT
BEI EUGEN DIEDERICHS

卫礼贤《庄子》译本内封

卫礼贤《易经》译本内封

卫礼贤《礼记》译本内封

CHINESISCHER ORIGINALTITEL DER ERSTEN AUFLAGE

卫礼贤《论语》译本内封

卫礼贤 1910 年对明十三陵的考察
报告手稿

卫礼贤 1902 年对前往济南府的
"破冰之旅"的报告手稿

希聖先生有道佛府別後即由馬賽逕抵即
度訪泰谷爾先生於聖地小住八朝備承渥遇
又登喜馬拉雅大山風雲壯麗甚發遐思歸途
遊緬甸南洋一廣聞見抵滬以來已逾半月接奉
惠函欣知
先生鼎力為此方美術院計劃進行得蒙
貴國與情及諸大博物院諸大印鑄所慨允襄助

徐志摩 1928 年回国后给卫礼贤的感谢信

Jan. 22, 1924

Dear Dr. Wilhelm:

How very kind of you to send me that beautiful calendar which you have prepared for me! Most hearty thanks!

I have been back for some time, but have not yet called on my friend. I hope to do so very soon.

Allow me also to press my belated New Year greetings.

Yours very sincerely
Hu Shih.
胡适

胡适 1924 年给卫礼贤的信

总　序

赵白生

罗列一串名字，想必索然寡味，令人生厌，更何况这些名字并非个个如雷轰轰、熠熠生辉：利玛窦、卫礼贤、高罗佩、吉川幸次郎、李福清、史景迁……可是，如果真想探究中国文化如何走向世界，中华文明怎样进入全球知识图谱，即中国文化的国际化，这支职业"洋枪队"就绕不过去。

做汉学家传，说到底，就是描绘中国文化"入世"的心路历程。他山之石，为我铺路。确切地说，为我铺设世界观之路。中国文化走出去，常常碰壁，无功而返，关键原因在于，我们的世界观，跟异域的世界观难以兼容。试错成本相当高昂，甚至血本无归。

怎么办？

海外汉学家兀兀穷年，上下求索，往往终其一生，为我们交了试错的学费。所以，我们写写他们的传记，总结"失败的经验"，归纳"成功的教训"，何乐不为？

传无定法，但作为一个传记系列，我们期盼我们的汉学家传，三个特点，一目了然：

一、汉学家的忏悔录

忏悔录的作者，多半大名鼎鼎、成就非凡，如奥古斯丁、卢梭、托尔斯泰。写忏悔录至少有两大优势：放下身段，服罪认过，写入自传，占据道德高地；人至圣贤，错必昭然，功过皆书，取得认知平衡。问题是，忏悔录由作者亲力亲为，才能真诚。汉学家传，属于他传系列，他人如何越俎代庖？这个难题，不难解决：把汉学家传做成自传性他传，即是一法。他传即自传，自传亦他传。钱锺书的这点意思，落实到汉学家传，也好操作：广收汉学家的自传资料，如日记、书信、墓志，特别是其忏悔文献，纳入传记；深挖汉学家的内心隐秘，尤其是主导其一生的"负面情感"。

二、学问家的回忆录

AI 时代，失业会成为新常态。怎样不失业？当学者，做学问，特别是当专门学者，做终身学问，保住铁饭碗，应该不困难。海外汉学家大多是专门学者，一辈子研究学问，而且是一门特别古老而难缠的学问。他们的苦痛经验，丰富得像汉字一样多；他们的"摔跤"记录，像汉语的四声一样平仄平仄，永无休止。但是最后，他们都得道成家，写出一部部皇皇巨著，名扬天下。研究这样的学问家，替他们写回忆录，特别是他们如何当学者的经验，对于学术，功莫大焉。献身学问，担心失业，岂不怪哉？

三、跨文家的启示录

海外汉学家者，跨文化学家也。简言之，跨文家。他们的启示录，至少有两点，大可咀嚼。其一，其学内销转出口。跨文家们，颇像古之学者，做着"为自"之学。然而，却墙内开花墙外也香。海外汉学家重镇，几乎被一网打尽，全部绍介到中国。他们的学术专著，也被中国学者一一翻译，隆重推出。反向思维，中国学者的埃及学、南非学、美国学、澳洲学、日本学、印度学、英国学、希腊学，何时才能木秀于林风靡世界？其二，其国之文化土壤，何以能养育出这些汉学界的大家名师，其教育的独创性何在？序之尾声，讲个故事，也许更能说明道理。瑞典汉学界，一对师徒，十分瞩目。翻开几页马悦然的《我的老师高本汉》，即知师徒情谊之深。高本汉训练马悦然，要求他在普通话之外，还要学一种中国方言。马悦然思来想去，决定扎根四川，搞四川方言，最后，俨然大家，难忘中国。

普通话让人普通，方言给人方向感。海外汉学家传，一方之言，能给我们什么方向感？

（赵白生，北京大学外语学院教授、博导，北京大学世界传记研究中心主任、跨文化研究中心秘书长、中外传记文学研究会会长、世界文学学会会长。）

前言：我们为什么要纪念卫礼贤

在 20 世纪的德国，产生世界性影响的汉学家当首推卫礼贤。他不仅被赞誉为东西方"两个世界的使者"，而且是推动德国汉学从"业余"走向"专业化"的代表性人物。

对于绝大多数中国人来说，"卫礼贤"这个儒家韵味十足的名字还相当陌生。许多人会一脸茫然地问："卫礼贤是谁?"然而，一旦列举这个德国人翻译过的中国文化典籍，却极少有人会不立刻对他肃然起敬。因为这个名单不仅很长，而且很有分量。他完整翻译过的典籍有《论语》《孟子》《大学》《中庸》《礼记》《老子》《庄子》《列子》《易经》《吕氏春秋》，节译的经典名著则包括《诗经》《三国演义》《西游记》《聊斋志异》。而在向西方传播中华文化经典的同时，卫礼贤还写下了《孔子与儒教》《老子与道教》《老子的生平与成就》《中国心灵》《东亚——中国文化圈的形成与变迁》《中国文学史》《中国文化史》《中国哲学》《中国经济心理学》等著作。他的译作与著述不仅数量惊人，而且许多作品达到了后世学者难以企及的专业水准。诞生在他笔下的《论语》《老子》《庄子》译本在百年之后依然在德国亚马逊网站的畅销书榜上遥遥领先，而受益于其著作的欧洲文化名人则更可以列出一个长长的名单。

同时，卫礼贤的一生也充满传奇色彩。

他被作为传教士派往中国，然而却在离开中国时对自己从未给中国人施洗而感到欣慰。

他曾经是一位神学家，然而却在青岛成为"尊孔文社"的发起人，化身为孔夫子的信徒。

他受命在中国传播基督教信仰，却在德国成为中国文化的传播者和解读者。

他本应继承家业成为一名玻璃画师，却在命运的安排下最终成为法兰克福大学首任汉学教授和蜚声世界的汉学家。

对于这样一位在一百多年前为中西文明交流互鉴做出过杰出贡献的伟大汉学家，我们今天所熟知的依然只有他的一部部著作和垂范后世的经典译本，对他的生平则知之不多。对大多数读者而言，卫礼贤一生跌宕起伏，充满传奇色彩，细细审视之下却又会发现种种谜团。

为什么卫礼贤能摆脱时代的桎梏，在殖民主义依然甚嚣尘上的年代，抛弃西方文化的优越感，与中国百姓成为朋友？

为什么在封建王朝走向没落的年代，卫礼贤却成为中国传统文化的坚定拥护者和海外代言人，为中国文化海外传播倾尽全力？

为什么当中国文化界兴起新文化运动，高喊"砸烂孔家店"的口号时，卫礼贤却在儒家文化中寻找永恒的精神与价值观，并试图借此为"西方的没落"开出一剂拯救的良方？

为什么同时代的德国汉学专家对这位没有经过科班训练的"业余汉学家"颇有微词，然而他的译著却在百年来受到无数文化名人的赞誉，成为跨文化阐释的经典杰作？

从21世纪初开始，中国学者对卫礼贤的著述和他在青岛的经历有了较为系统的研究，甚至已经将卫礼贤视为具有特殊意义的文化符码。然而，如果我们将他还原为一个活生生的人，细细考察他的生平与著述，那么我们就会发现他首先是一位优秀的学者，而后才是一位学贯中西的汉学家。作为学者，他的成长道路、科学态度、对西方中心主义的客观批判对于后辈学人而言都有巨大的借鉴意义；作为汉学家，他的沉浸式东方研究、互鉴式典籍阐释、互文式文化翻译都足以垂范千古。

有鉴于此，本书将聚焦于卫礼贤从传教士到东西方两个世界间"文化使者"的成长历程，探寻他所走过的五十七载人生道路，并从他为世人留下的 28 部著作、400 余篇论文中探寻一代汉学家的心路历程。同时，2023 年是卫礼贤诞辰 150 周年，我也谨以此书对这位为传播中国文化做出巨大贡献的文化使者表示最诚挚的敬意！

谭渊

2021 年 11 月

目 录

第一部分

教育与成长

(1873—1899)

第一章　坎坷童年与学生时代（1873–1895）

　　1873 年 5 月 10 日凌晨 1 点 30 分，当斯图加特的宫廷画匠戈蒂尔夫·威廉（Gotthilf Augenius Wilhelm）和妻子弗里德里克（Friederike）迎来他们期盼已久的儿子理查德时，夫妇二人恐怕万万不会想到，作为家中长子的理查德·威廉（Richard Wilhelm）——也就是日后蜚声世界的汉学家卫礼贤——有朝一日竟然会在遥远的东方找到为之奋斗终生的事业。

　　斯图加特地处德国西南，著名的黑森林和内卡河谷铸就了此地优美绝伦的自然风貌。大约在公元 950 年，神圣罗马皇帝奥托一世的儿子施瓦本公爵鲁道夫在此建立城市作为骑兵部队的养马场，此地由此得名为"种马场"（Stutengarten），这也是"斯图加特"一词的本义。而斯图加特市的市徽——雀跃在金色原野上的一匹黑色骏马——也一直保留至今。世代居住在此地的施瓦本人多信仰天主教，他们将自己所从事的职业视为上帝安排的天职，不仅将其视为安身立命的根本，而且还抱有一种宗教上的热忱。故此斯图加特历来以能工巧匠辈出而著称，奔驰、保时捷、博世等世界知名企业均在此建立，保时捷车标中的骏马甚至直接来自斯图加特的市徽。而这种已经融入民族历史的工匠精神也深深地烙印在了卫礼贤家族的血脉中。

卫礼贤的父亲戈蒂尔夫·威廉也是一位勤劳的工匠，他来自德国北部图林根州的上韦斯巴赫。在该地区的传统手工业中，玻璃器皿和瓷器制造业都较为发达。因此，卫礼贤的父亲作为家中最小的孩子被送去学习了瓷器绘画。后来，他转向玻璃彩绘，在斯图加特被培训为玻璃画工艺师。在与当地客店老板的女儿、比他小 11 岁的第二任妻子弗里德里克结婚后，戈蒂尔夫·威廉就在斯图加特定居下来。所以，尽管卫礼贤出生在斯图加特，并在南方度过了他的整个少年和青年时代，但却时常会在假期回到图林根探亲，并且喜欢说图林根是他的家乡。①

在卫礼贤的回忆中，童年时光充满了温馨。他的母亲喜欢一边做家务，一边在屋里唱歌；祖母会大声地为孩子们朗读童话故事，为他们打开一个充满魔力的梦想花园；父亲则常带他去参观动物园和各种立体模型；而比他小一岁半的妹妹海伦也与他一样对文学和各种艺术都颇感兴趣，兄妹二人后来也一直保持着深厚的情谊。

对童年时代的卫礼贤影响最大的无疑是他的父亲。在 1919 年写下的回忆录中，卫礼贤曾经这样描述道："我的父亲就像一道温和的光辉笼罩着我的童年时光。我心怀挚爱紧紧地依偎着他。我童年中几乎所有美好的东西都归功于他。"在卫礼贤的记忆中，父亲身材高大，有着一双慈祥的蓝眼睛，他的头发在年轻时是金色的，但随着岁月的侵蚀逐渐变成了棕灰色。父亲不仅开朗、和善，而且十分疼爱孩子。他常常会禁不住孩子们的恳求，在睡前为他们画下一幅又一幅彩色铅笔画，最后甚至组成了连环画。他还省下烟钱，为孩子们购买了许多杂志和画报，其中不少作品和插图给卫礼贤留下了难以磨灭的印象。甚至在因为痛风困扰而卧

① 本处及本书中大量关于卫礼贤个人经历的资料主要出自卫礼贤遗孀编辑的《卫礼贤：中国和欧洲之间的精神中介者》一书。该书整合了大量卫礼贤未公开发表过的日记、自传、信件中的内容，具有极高的史料价值。原书信息为：Salome Wilhelm, *Richard Wilhelm: der geistige Mittler zwischen China und Europa*, Düsseldorf, Köln: Diederichs, 1956。

床不起时，父亲还坚持给卫礼贤朗读歌德创作的叙事诗《列那狐》、启蒙时代诗人盖勒特和普费弗尔的寓言诗。

在音乐方面，父亲同样扮演了启蒙教师的角色。虽然因为经济拮据，家中买不起钢琴，但他却常常在下班后弹起家中那把古老的蔡特琴，为孩子们带去了许多快乐的时光。后来，卫礼贤的教母送来了一把她女儿小时候用过的四分之三小提琴，这才真正为卫礼贤揭开了音乐的神秘面纱。但小提琴课上的反复练习却让卫礼贤感觉无聊至极，很快就失去了兴趣。不过，尽管卫礼贤没有成为出色的小提琴手，但他在对音乐的理解方面仍然收获颇丰，算是正式走入了音乐之门。

在父亲的玻璃作坊中，还是个孩子的卫礼贤同样找到了不少乐趣。按照当地工匠的习俗，如果不出意外，作为家中长子的卫礼贤将来一定会继承父业，同样成为一名玻璃画师。因此，他很小的时候就被带到了父亲的作坊中。在那里，卫礼贤不仅饶有兴趣地观看工人吹制玻璃，而且还乐于帮忙制作一些最简单的玻璃珠。在卫礼贤的记忆中，父亲的作坊被包围在房子背后一个狭窄的院落中，要穿过一条爬满藤蔓的通道才能来到朝向大街的门前。封闭的车间前部是玻璃工坊，在那里，工人们用铅条将五颜六色的玻璃装配在一起，组成各种精美的图案。而铅必须先在炉子上加热熔化，然后制成长条，再通过一个绞盘在铅条上压制出大小适中的槽口，以便将彩色玻璃嵌入其中。童年的卫礼贤对绞盘的工作原理特别感兴趣，经常站在旁边帮忙，或者观察机器是如何吐出带有长长凹槽的铅条。更靠里面的隔间则是画师的工作室，因为彩色玻璃板仅具有基本的颜色，微妙的色彩变化还要靠画师来进一步完善。童年时的卫礼贤常常看到父亲坐在玻璃画架前，用蜡将玻璃固定在画架上，小心翼翼地绘上颜色，然后再涂上防火涂料。有时候，卫礼贤还会帮忙在玻璃上描画图案的轮廓。在着色以后，彩色玻璃要再放入窑中加热，直至颜料被完全熔化并固着在玻璃上。加热玻璃用的窑炉就在卫礼贤家的房子和作坊之间，孩子们可以通过炉上的一个小口看到被加热的玻璃如何沉浸在一种独特的光晕中，观察到暗淡的棕红色涂料如何在经历高温的炙烤后变为一种透明的金黄色。对于幼小的卫礼贤来说，这是一个绝妙的比喻，因为人生正是要经历艰苦的考验、命运的煎熬才能实现华丽的变身，进而放射出更加夺目的光芒。然而，他未曾预料到的是，人生中的第一场艰苦考验竟会在他不到9岁时便不期而至了。

作为家中的长子和唯一的男性继承人，卫礼贤被认为理所当然要继承父亲的企业，有朝一日成为玻璃作坊的主人。因此，当6岁的卫礼贤在1879年秋季与同龄的德国小孩一样进入小学学习时，家中已经为他规划好今后的人生道路，他应该在两三年后转入一所实科中学，以便他将来成为专业技术人员，为继承父业打下基础。但父亲身体状况的急剧恶化却改变了这一切。

卫礼贤的父亲戈蒂尔夫早年虽然身体强壮，但为了使家庭摆脱贫困，他不得不在简陋的条件下加倍地辛苦工作，因此早早便痛风缠身。当时他主要为教堂生产彩绘玻璃窗，要大量接触对人体有害的铅，而运送和安装玻璃窗的工作往往在冬天进行，这进一步损害了他的健康。到了1881年年末，卫礼贤父亲的痛风进一步恶化，以至于需要长期卧床，不仅经常发生痉挛，而且有时甚至痛苦到失去知觉。1882年3月1日，在卫礼贤辞别父亲上床睡觉前，他可以说还是一个无忧无虑的少年，甚至可以说才刚开始憧憬未来。那天晚上，父亲在教他学会认识乐谱上的低音符号后，还兴致勃勃地谈到要教他弹奏钢琴。然而当卫礼贤第二天早上走下楼时，迎接他的却是满含热泪的母亲。母亲尚未开口，卫礼贤已经从她悲戚的面容上预感到了不幸的降临：他亲爱的父亲已经永远离开了这个世界。

对于一个刚刚开始领略到生活乐趣的 9 岁孩子来说，这一切来得实在太突然。它不仅意味着一场生离死别，也意味着他的人生道路就此改变。年幼的卫礼贤此时显然还无法继承父业。而由于彩色照相技术的发明，传统的彩色玻璃工艺也正日薄西山，因此，卫礼贤家出售彩色玻璃业务的尝试也以失败告终。在将作坊和部分住房出租之后，卫礼贤搬到了他祖母家。幸好，卫礼贤的祖母是个不畏艰难、精力充沛的女性，她支撑起了一家人的生活。在父亲去世后的很长一段时间里，祖母承担了抚育卫礼贤的主要任务。祖母是虔诚的教徒，每天睡觉前都要带着孩子向上帝祷告，这在幼小的卫礼贤心中留下了深刻的烙印。

此时发生的另一件事情也对卫礼贤后来的人生发展产生了深远影响。卫礼贤小时候便患有严重的近视，随着年龄的增长，这一缺陷变得更加明显，因此医生强烈建议不要让他继承父业，而牧师或许才是最适合他的职业。医生的这一建议与母亲的想法不谋而合，因为当时神学学校的学费虽然和普通大学一样昂贵，但由于有教会资金的资助，所以是贫穷家庭的孩子们接受正规大学教育的唯一途径。而由于家庭经济突然陷入困境，母亲也一直在考虑让卫礼贤日后选择牧师作为职业。因此，她将医生的意见视为上帝发出的暗示，马上接受了建议。在那之前，卫礼贤并没有考虑过成为牧师，但懂事的卫礼贤很快明白自己必须在家庭生计陷入困境时为母亲分忧，同时也由于受到祖母和母亲在宗教信仰上的影响，加之他在幼儿园时的伙伴海因策勒正好也选择了同样的道路，于是卫礼贤便按母亲的意愿于 1883 年转入了埃伯哈德—路德维希人文中学。

在学生时代，卫礼贤学习成绩一直保持在中等偏上，但在他的回忆录中，我们却很难感觉到他在学生时代有多少欢乐可言。这一方面固然是因为父亲突然去世所带来的打击使家庭生活骤然失色，另一方面则是因为他更喜欢积极的思考而不是按部就班的机械操练。与沉闷的宗教课程相比，他更向往人文思想的熏陶，不希望自己的个性在铁丝网般的教育制度下被抹去，因而有意识地要通过独立的反思使自己成为一个真正的"人"。除了在诗歌、绘画和音乐艺术中寻找兴趣外，卫礼贤还开始研究现代科学的新发展，这势必使他与陈腐的教育制度、呆板的宗教课程格格不入，甚至陷入信仰上的危机。用卫礼贤的话来说："在一些问题上，我是羊群中唯一用独立思考来迎接老师的人。"因此，卫礼贤承认自己并不受中学班主任的喜爱，只有在考试临近的时候他才会得到鼓励。有时尽管他考试成绩不差，但班主任仍会只给他一个乙等的综合评定，以作为对他平时不配合老师的惩罚。

这一时期的卫礼贤在文学世界中找到了更多的安慰，他在古代希腊、罗马的文学作品中认识了古典文学的典范，从启蒙时代作家莱辛、赫尔德的作品中获得了新的神学认知和对民族诗歌、人类文明的思考；在席勒的哲理诗和海涅的青春诗中感受到了生命的魅力。而最能帮他舒缓压力的则是浪漫派的作品，从艾兴多夫的小说《一个无用人的生涯》到诺瓦利斯的长诗《海因里希·冯·奥弗特丁根》，都给他带去了无穷的乐趣，前者歌颂了人与自然的和谐统一和田园生活的幸福，后者用梦中出现的一朵蓝花象征了人类心灵对一切无限事物的追求与渴望。这些作品让卫礼贤流连忘返，甚至曾因此忘记了与家人共进晚餐的时间。而对他影响最大的则无疑是德国大文豪歌德。

歌德全名约翰·沃尔夫冈·冯·歌德（Johann Wolfgang von Goethe），1749 年出生在德国美因河畔的法兰克福，是德国历史上著名的"百科全书"式学者，也是德国古典主义文学的代表人物。他自幼便在诗歌、戏剧等方面显示出非凡的创作天赋，1773 年因戏剧《葛兹·冯·伯利欣根》而一举成名，1774 年发表的书信体小说《少年维特之烦恼》更是使他一跃成为享誉世界的作家。此后，歌德被魏玛公爵招揽，移居魏玛公国，陆续创作了《陶里斯岛上的伊菲格涅》《埃格蒙特》《塔索》《亲合力》《威廉·麦斯特的学习时代》等代表德国古典主义美学思想的小说、戏剧作品。在诗歌方面，歌德著有《赫尔曼与窦绿苔》《西东合集》《中德岁月四时诗》等名篇。在自然科学方面，他留下了《论植物的变形》《颜色论》等著作。而他在 1832 年去世前才最终完成的悲剧《浮士德》更是成为世界文学中的不朽名篇，奠定了歌德作为文坛巨匠的地位。1886 年，13 岁的卫礼贤在坚信礼仪式上正好收到了一套三卷本《歌德文集》作为礼物。卫礼贤对其爱不释手，从此与歌德结下了不解之缘。他的夫人后来在回忆录中曾这样描述歌德对他的巨大影响："早在学生时代，年轻的卫礼贤便是歌德著作的鉴赏家，甚至到了他晚年，对他来说，见证歌德和中国思想内核之间的内在亲和力，也仍然几乎是他心中的头等大事。"学生时代的卫礼贤先是沉浸在歌德晚年写下的《颜色论》中，甚至试图按歌德的描述制作彩色板子，通过实验来验证歌德的光学理论。随后又对歌德关于《圣经》的思辨产生了兴趣，并由此联想到席勒的作品《摩西的使命》，进而对宗教史也产生了更多的独立思考。然而，在中学里，卫礼贤的独立思考却令他与宗教课的老师不欢而散。例如在讨论"创造论"时，卫礼贤依据《约翰福音》中的"我父做事直到如今"认为上帝的创造并非一个已经完成的过程，而是仍在不断进行之中，与之相应，世界上的万物也在上帝的力量和精神激励下处在不断发展之中。但老师并不认可这种与进化论暗合的新观点，在无法说服卫礼贤的情况下，他断然动用自己在宗教问题上的权威，用严厉的口吻回复道："坐下吧！我无须与你讨论这些问题。"遭受打击的卫礼贤只得怀着深深的失望坐了下来，把这类离经叛道的想法更深地埋入了心底。

所幸，在中学那几年里，卫礼贤在音乐中获得了更多的安慰。有一段时间，他被舒伯特的作品所深深吸引，搜集了很多舒伯特和门德尔松创作的歌曲，并在小提琴上勤加练习。美丽的旋律让他得以暂时忘记生活的烦恼，有时候甚至让他在上学路上忘记了上课的时间。后来，他又迷上了贝多芬，几乎听完了贝多芬所有的序曲和交响曲，尤其是第九交响曲使他的生命再次充满了阳光，也令他久久难以忘怀。

很快，卫礼贤对音乐的热爱得到了回报。他在音乐厅上演的路德节剧目中获得了一个小角色——装扮成小天使，负责介绍路德家的小汉斯，并且唱起歌曲《从天而降》（Vom Himmel hoch）。这次表演的成功使卫礼贤一下变得大受欢迎，不仅在聚会中有高年级的学生不断请他喝酒，直到他醉得差点回不了家，而且他还因此与青年协会中的同龄人交上了朋友，其中一些人和他一样正在为学习神学做准备，他们一起讨论文学、音乐、绘画，探索天文学、化学和神学，度过了一段紧张而快乐的时光。

1891 年 8 月，卫礼贤通过了相当于专业技术人才资格考试的所谓"竞赛考试"（Concoursexamen），从而获得了进入图宾根（Tübingen）新教神学院深造的资格。由于神学院学生能获得教会的资助，这大大减轻了家里的学费和生活费负担。

不过更令卫礼贤高兴的是，在 11 月正式入学之前，他可以享受差不多三个月的漫长假期。他把这三个月投入到了对艺术史的研究中，特别是尽可能多地阅读了意大利文艺复兴方面的书籍，并对艺术版画产生了浓厚兴趣。第一次对伦勃朗的伟大成就有了了解，还研究了德国画家和蚀刻版画家阿德连·路德维希·里克特（1803–1884）的作品，这为他后来开展中国版画艺术研究奠定了坚实的基础。

1891 年 11 月，卫礼贤怀着对未来的美好憧憬来到了德国南部的著名大学城图宾根。图宾根坐落在内卡河畔的一块高地上，依山傍水，风景秀丽，早在 11 世纪便被受封于此的图宾根伯爵所看中，在高地上建起了被称为 Tvvingia 的城堡。1231 年，图宾根正式升格为城市，1477 年又建起了图宾根大学。因此，这座城市也是德国历史最为悠久的大学城之一。城市中随处可见有数百年历史的古典风格建筑，黑色石块铺就的蜿蜒小巷、巨大木梁撑起的木桁架楼房、古色古香的黑砖红瓦，都使来访的游客仿佛行走在一座古老的博物馆中。德国西南部地区在传统上本是天主教占据优势，但图宾根地区却偏以信仰新教者居多，信徒以勤奋、节俭而著称。这造就了图宾根大学开放、多元的文化传统，其神学系、哲学系在全德首屈一指，成为自由派神学思想的大本营。前任罗马教皇本笃十六世（Benedict XVI，2005-2013 在位）便曾经在图宾根大学执教，主讲信理神学及基本神学。话说这位教皇原本是德国巴伐利亚人，本名拉辛格（Joseph Alois Ratzinger），出生于 1927 年 4 月，因为正好赶上二战，于是在 18 岁生日当天就被征召入伍。不过，德国三个星期后就战败投降了，拉辛格本想逃回老家巴伐利亚隐居，不料他家的房子正好被巴顿将军手下的美国大兵看上，于是逮了个正着。未来的教皇只好乖乖地进了巴特艾布灵战俘营，而被关在一起的也大都是同龄的德国青年。战俘们闲来无事，便每天聚在一起掷骰子玩。这些玩伴中有一位来自德国东部、名叫君特·格拉斯（Günter Grass，1927-2015）的人，两人赌了一个多月骰子后，有上帝加持的拉辛格便被释放，回慕尼黑学神学去了，此后一路平步青云——博士、教授、副校长、巴伐利亚主教，直至登上教皇宝座。而小青年格拉斯获释后则跑去学了雕塑和版画，并在妻子作为嫁妆带来的一台打字机上捣鼓出了小说《铁皮鼓》。1999 年，这位被文学给耽误了的石匠终于获得了诺贝尔文学奖。或许这也要感谢战俘营中那位名叫拉辛格的赌友，毕竟，可不是什么人都有运气能和教皇赌一把手气的。

除了当上教皇的大牌教授外，图宾根大学的学生中也是名人辈出，其中最著名的当数曾经居住在同一个寝室的"图宾根三剑客"——哲学家黑格尔（G. W. F. Hegel，1770-1831）、谢林（Friedrich W. J. Schelling，1775-1854）和诗人荷尔德林（Johann C. F. Hölderlin，1770-1843）。1788 年，18 岁的荷尔德林与黑格尔双双进入了图宾根新教神学院学习，成为同窗和室友。两年后，年方 15 岁的谢林也被图宾根神学院破格录取，并与前两人成为同一宿舍中的室友。这三人后来的人生道路大不相同。有"施瓦本神童"之称的谢林在 1792 年完成硕士论文，1795 年完成博士论文《论马尔西翁对保罗书信的校订》，顺利完成学业。1798 年 10 月，年仅 23 岁的谢林成为耶拿大学哲学教授，人生道路一帆风顺。相比之下，黑格尔可谓厚积薄发。青年黑格尔先是被 1789 年爆发的法国大革命所鼓舞，在大学中积极投身政治，同时他也仅用两年就在 1790 年获得哲学硕士学位，1793 年获得神学博士学位。但他没有马上在大学任教，而是先担任了 7 年的家庭教师，在此期间阅读了大量启蒙思想家的著作，成为知识渊博的大学者。1800 年，黑格尔来到耶拿与谢林共同创办了《哲学评论》杂志。1801 年，他开始执教于耶拿大学哲学系，讲授逻辑学与形而上学。1805 年，黑格尔在歌德与席勒的推荐下成为耶拿大学教授。此后，黑格尔声名鹊起，先后担任海德堡大学、柏林大学哲学教授，并于 1829 年当选柏林大学校长，成为蜚声世界的大哲学家。不过三人中与图宾根关系最为紧密的却是命运坎坷的文学家荷尔德林。1793 年毕业后，荷尔德林同样选择了家庭教师的职业，并潜心于诗歌创作，发表了《许佩里翁或希腊隐士》等经典作品。但自 1802 年起，这位才华横溢的诗人开始精神失常，1807 年在图宾根精神病院被宣布不治。此后，他被当地的一位木匠收留，在内卡河畔一座始建于 13 世纪的塔楼里一直居住到去世，并被埋葬在了图宾根。

图宾根大学历史悠久的学术传统、勇于探索的人文气质和开放自由的思辨氛围深深地影响了卫礼贤。刚一来到这所大学城，卫礼贤就马上被此处浓郁的哲学研究氛围所吸引。他先是热切地投入哲学研究中，希望从中找到解决人生困惑的方法，但在一年后却意识到，哲学在关键性的问题上并不能为他提供一个最终答案，不过哲学却教会了他如何去独立思考和寻找答案。而在宗教研究和神学课程方面，卫礼贤对于接近实际生活的系统神学并没有多少热情，他喜欢的是《旧约》文学史课，对深受希腊哲学影响的《约翰福音》却感到困惑。

在学习之余，卫礼贤依然表现出对艺术的热爱。一位朋友将他领入了丹麦哲学家克尔恺郭尔（Soren A. Kierkegaard，1813-1855）的世界，在这位兼为诗人的存在主义哲学先驱那里，卫礼贤找到了艺术审美方面的知音，并被他的辩证诗和创造力所深深吸引。这中间还有个小插曲：1892年秋，卫礼贤的肺部被诊断出感染了黏膜炎，在当时的医疗条件下，医生认为他最好去休养半年，于是卫礼贤到位于瑞士格劳宾登州的阿罗萨休养了一段时间，并很快恢复了健康。在返回图宾根后，他搬出了六人一间的神学院学生宿舍，住进了城里的一间公寓，这种独居生活使他可以有更多时间沉浸在艺术中，与朋友们畅谈音乐、美术和文学。例如当著名奥地利作曲家胡戈·沃尔夫（Hugo Wolf，1860-1903）第一次到德国举办音乐会时，他便马上兴奋地写信告诉妹妹，让她千万留意这位大师的演出。他还郑重地保留了女钢琴家克拉拉·舒曼（Clara Schumann，1819-1896）给他的一封回信，将其视为圣物。他自己也经常演奏音乐作品，特别是到教母霍农家中与她的女儿弗里达一起合奏。

在文学方面，卫礼贤依然喜爱浪漫派的作品。他刚到图宾根时，先是被荷尔德林笔下安静、高贵而神性的诗歌世界所吸引，而后又将重点转向了以教育小说著称的德国作家让·保尔（Jean Paul，1763-1825）。卫礼贤的同学，也是日后对他鼎力相助的挚友瓦尔特·奥托（Walter Otto，1874-1958）则记得卫礼贤对歌德的著作了如指掌，同时他还和好友们一起阅读莎士比亚的戏剧，朗诵荷尔德林的诗篇。在美术方面，卫礼贤也表现出同龄人中罕见的鉴赏力，他尤其被 16 世纪德国画家丢勒所吸引，撰写了数篇论文，甚至还打算学习意大利语，以便能够阅读达·芬奇的著作。但为了能尽快完成学业，以便减轻母亲的负担，卫礼贤最终还是忍痛放弃了在艺术方面继续深造的愿望，并且牺牲了在图宾根大学以《丢勒》为题撰写博士论文的机会。

实际上，卫礼贤虽然得到了教会的资助，但大学并非完全免收学费，如教授的高级研修课便要另外收费。所以，卫礼贤在整个大学阶段仍饱受贫困之苦，并因此屡屡陷入尴尬境地。1893 年 1 月，在病休归来之后，卫礼贤曾写信告诉母亲，为了申请减免学费，他不得不从一位修道院的朋友那里借来长袍，郑重拜访了这学期给他授课的两位教授。"最后，一位教授减免了我的全部听课费，另一位也减免了至少一半。"囊中羞涩的大学生如释重负地向母亲汇报道。卫礼贤在生活方面的窘迫由此也可见一斑。不过尽管如此，卫礼贤还是在教会资助下顺利完成了在新教神学院的学业，从而获得了完整的高等教育。

1895 年 8 月，卫礼贤通过了首次神学职业资格考试，并于同年 11 月在斯图加特修道院所属教堂被授予神职。要成为高级神职人员虽然还需要再通过第二次神学职业考试，但他总算是步入了职业生涯，生活也由此翻开了新的一页。

第二章 作为见习牧师的岁月（1895-1899）

　　1895 年底，22 岁的卫礼贤收到任命，被派往黑森林地区一个名叫维姆斯海姆（Wimsheim）的偏僻城镇担任代理牧师。由于教区很小，人员也有限，派到那里的牧师必须独当一面，负担起几乎所有的工作。卫礼贤不仅要在礼拜日主持布道，还要在当地学校为孩子们主讲宗教课，为即将行坚信礼的青少年举办坚振班，同时还要承担起为婴儿洗礼的任务。不过，卫礼贤很快在烦琐的日常工作中找到了乐趣。对于在教堂中公开布道，这位初出茅庐的年轻牧师也越来越有信心。维姆斯海姆当地的居民非常淳朴，与他相处融洽，卫礼贤很喜欢这种带有些许与世隔绝味道的生活，闲暇时便与妹妹在信中探讨尼采、康德、歌德与托尔斯泰。此外，在黑森林清新的空气中，他的肺部很好地得到了恢复，让母亲终于放下了心头的一块大石头。

　　半年后，卫礼贤的代理牧师工作宣告结束，但他刚刚休息了不到一周便马上得到新的任命，于是在 1896 年 6 月中旬又风尘仆仆地来到了位于斯图加特以东 50 公里的戈平根市（Göppingen）南郊的贝茨根里特村（Bezgenriet），给当地教会的豪夫牧师担任助手。卫礼贤在新的岗位上很快便有了如鱼得水般的感觉，因为豪夫牧师在业余时间里也是位兴趣广泛的学者，他不仅积极研究德国在海外的殖民地，而且还与卫礼贤一起钻研古代亚述和巴比伦的历史，试图将新的考古发现与《旧约》中的故事联系起来。因此，虽然身处偏僻的小镇，但两人每天却可以纵横古今、神游万里，他们从东非坦桑尼亚的鲁菲奇河谈到在西非发现的金矿，又从天体运行谈到鸟类的迁徙，这种海阔天空的谈话不仅让卫礼贤十分振奋，而且也在潜移默化中唤起了他对辽阔世界的向往。卫礼贤良好的艺术修养和广泛的兴趣使他与牧师的家人们同样相处融洽。豪夫牧师的夫人对花卉了如指掌，也喜欢沉浸在诗歌和美术的花园里，很快便与卫礼贤有了共同语言；她的妹妹瓦格纳小姐钢琴弹得很好，也吸引着卫礼贤频繁到访。此外她还有个当画家的弟弟，专门研究拉斐尔和米开朗琪罗，于是大家在晚饭后的读书时间便有了共同的话题。村里人也很友善，卫礼贤刚到那里不久，便在星期天下午收到了一束康乃馨。原来村里有位老裁缝，她每个星期天都会为牧师献上一束采自她自家花园的鲜花。对于这种世外桃源般的生活，卫礼贤当然倍感惬意，唯一令他难以满意的大概就是晚上不断来袭的蚊虫了。

离贝茨根里特不远，坐落着符腾堡地区的著名疗养胜地——巴特鲍尔（Bad Boll）。"Bad"在德语中是温泉和洗澡的意思，许多与温泉有关的德国城市名字中都有"Bad"一词，如离莱茵河不远的巴登巴登（Baden-Baden）早在罗马帝国时期就已是因温泉浴场而兴盛的小城，符腾堡地区的巴特温普芬（Bad Wimpfen）、巴特申博恩（Bad Schonborn）也均为以温泉疗养著称的小镇。1825 年，符腾堡国王在巴特鲍尔修建了一座华丽的疗养院，使之名声大振。从贝茨根里特步行到巴特鲍尔只需大约半小时，因此卫礼贤有时候会沿着乡间小路散步到那里。当他流连在田园风光中时，恐怕万万不会想到，1897 年初的一个突发事件竟会将他的命运从此与这座风景秀丽的温泉小镇联系在一起。33 年后，小镇甚至成为他的魂归之处。

这件事情实在有些偶然，当时在巴特鲍尔地区主持教会事务的是特奥菲尔·布卢姆哈特（Theophil Blumhardt，1843-1918）牧师，但由于他突然罹患重病，将被送往意大利南部休养 6 个月，于是近在咫尺的卫礼贤便于 1897 年 1 月被紧急派往巴特鲍尔担任代理牧师。

卫礼贤来到巴特鲍尔后马上便认识了他日后的精神导师、布卢姆哈特牧师的哥哥克里斯托夫·布卢姆哈特（Christoph F. Blumhardt，1842-1919）。克里斯托夫·布卢姆哈特原为巴特鲍尔的新教牧师，其父约翰·布卢姆哈特（Johann C. Blumhardt，1805-1880）是一位以驱魔术或者说精神治疗而著称的牧师，早在 1852 年就在朋友和信徒们的支持下以大约 25000 古尔登金币的价格从国王手中买下了当时经营不善的巴特鲍尔疗养院，将其改造成了一座为信徒提供精神治疗和肉体康复的圣地，结果取得了惊人的效果。在父亲去世后，克里斯托夫·布卢姆哈特接过了疗养院的工作并继承父亲的遗志，着力通过严格的作息管理和祷告为疗养者提供心理上的治疗。作家赫尔曼·黑塞（Hermann Hesse，1877-1962）在中学期间曾出现自杀倾向，他的母亲在 1892 年便带黑塞到巴特鲍尔来接受过短期治疗。克里斯托夫·布卢姆哈特在巴特鲍尔担任了 14 年牧师，直到 1894 年才把牧师工作转交给弟弟。在政治上，克里斯托夫·布卢姆哈特反对业已沦为资产阶级统治工具的基督教教会，是一位著名的"宗教社会主义者"，因此他最后于 1899 年放弃牧师头衔，加入德国社会民主党，并在 1900 至 1906 年间进入符腾堡州议会，成为政治活动家。

来到巴特鲍尔之后，卫礼贤被克里斯托夫·布卢姆哈特牧师安置在疗养院居住，同时也帮着监理分配给访客们的房间，因此他每天早上要在客人们吃早餐和晨谈的时候到各处巡视。同时，卫礼贤总是一丝不苟地将自己的房间整理得井井有条。这引起了克里斯托夫·布卢姆哈特的女儿萨乐美的好奇，于是她让母亲向她描述一下新来的牧师是个什么样的人。母亲略带调侃地回答："当你看到一位不是很高的先生迈着很大的步子走进餐厅时，那就是牧师先生来了。"很快，卫礼贤便与布卢姆哈特夫妇两个待字闺中的女儿成了好友。萨乐美便是他后来的妻子。

卫礼贤尤其对德高望重的布卢姆哈特牧师钦佩不已，来到巴特鲍尔后就立刻将他视为了自己的精神导师，在工作中也处处虚心接受他的指导。卫礼贤在给家人的信中写道："我在这里可以学到很多东西。再没有什么比和克里斯托夫·布卢姆哈特牧师一起探访病人更有价值的了。你可以想象，我在其他方面也有足够多的东西要学习。当然，我经常被所有的客人羡慕，尤其是那些即将离开的客人……"这个环境给卫礼贤带来了全新的体验，从音乐到网球，从娱乐到社交，甚至连他对基督教的看法也发生了根本性的转变。同样毕业于图宾根神学院的克里斯托夫·布卢姆哈特不仅自认为是耶稣的门徒和继承者，而且发展了一套革命性的新神学，宣称"每个人都是被上帝所信任的"，人们根本不需要归附教会以成为基督教徒，因为上帝的爱无所不包，异教徒也可以直接进入天国。这套所谓的"直接基督教"理论完全颠覆了当时主流的基督教教义。卫礼贤后来之所以能形成包容东西方文化的普世宗教思想，布卢姆哈特的神学理论无疑是其中最重要的推动因素，尤其是布卢姆哈特不赞成中国的基督教化，这对卫礼贤产生了无法估量的影响，他在 1901 年 1 月 21 日给卫礼贤的信中写道："他们（中国人）根本不需要成为什么基督徒，我们根本没有理由让这个名称出现在异国他乡。谁遵从上帝的意愿，按照上帝的旨意做事，谁就是天国的孩子，无论他是来自孔子还是来自教会神父们的故乡。"这正是卫礼贤日后没有为一个中国人施洗，却反而走上"文化传教"道路的动力之源。

作为代理牧师的卫礼贤也很快与布卢姆哈特家的年轻一辈熟悉起来，这群年轻人聚在一起总有讨论不完的话题，他们甚至共同排演了莫里哀的喜剧《女学究》。不久后，恰逢布卢姆哈特家族的两个女孩子出嫁，大批访客来到巴特鲍尔，年轻人则在婚礼庆典前后又举行了大大小小的庆祝活动。在这些活动中，年轻的卫礼贤牧师尤其与来自巴塞尔的伯努利姐妹成为好友，姐妹中的玛丽亚（Maria Bernoulli，1868－1963）后来成了赫尔曼·黑塞的第一任妻子，在卫礼贤远赴中国后还一直与他保持着通信，而此时的黑塞则正好在图宾根城中的一家旧书店做着学徒。

在这样一种温馨的氛围中，年轻的卫礼贤不禁也怦然心动，于是向克里斯托夫·布卢姆哈特的女儿、比他小 6 岁的萨乐美提出了求婚。不过，在萨乐美同意之前他还要得到岳父的首肯。然而，布卢姆哈特牧师却对眼前这个二十出头的毛头小伙子不怎么放心，至少认为他目前还没有承担起家庭重任的能力，于是干脆利落地回绝了他。卫礼贤的希望虽然落空，但他却毫不犹豫地表示了服从，这给他未来的岳父留下了相当不错的印象。

然而，到了 1898 年秋天，随着病愈的特奥菲尔·布卢姆哈特牧师在离开近两年后重新回到巴特鲍尔，让卫礼贤感到无比惬意的代理牧师工作终于宣告结束。他依依不舍地离开了温泉小镇，依照教会的指令前往位于斯图加特东北的城市巴克南（Backnang）担任牧师。从教区的大小来看，他的事业可以说是上了一个新台阶，但在巴克南的工作还是一如既往的琐碎：他要负责两个学校里的宗教课和两所医院中的宗教事务，不仅要在节假日和忏悔日在巴克南主持布道，还要轮换着到两个郊区教堂去主持主日崇拜。此外，他还要留出时间为来年夏天的第二次神学考试做准备。这时，《基督世界》（Christliche Welt）上一则招募传教士前往东方的启事引起了卫礼贤的注意。

原来，就在卫礼贤流连于巴特鲍尔的时候，对中国觊觎已久的德国军队在 1897 年 11 月以两名德国传教士在山东被杀为借口出兵占领了青岛及其周围的胶州湾地区，对外宣称此地为德国的"保护地"。软弱无能的清政府无力赶走德国侵略军，最后只能在 1898 年 3 月 6 日与德国签订《胶澳租界条约》，同意了德国强租胶州湾 99 年的要求。为了巩固德国在胶州湾地区的统治，德国皇帝威廉二世不仅派出了德国陆海军，而且还积极向山东进行文化渗透。而德国教会也趁机将势力扩张到了新开辟的殖民地，由德国和瑞士教会共同建立的基督教传教组织——福音派新教传教士总会（即所谓同善会 AEPM）正是在这一背景下发出了招募传教士前往中国的启事。

虽然卫礼贤此时对中国还是一无所知，但与豪夫牧师的谈话早已在他心中点燃了对德国之外广阔天地的向往，布卢姆哈特牧师的教导更坚定了他打破陈规的信心，因此，远在中国的传教士岗位对他而言不仅意味着新的挑战，更带有一种来自异域的文化诱惑。在 1898 年 11 月 28 日提交给同善会的申请书中，他不无自豪地夸耀自己曾在巴特鲍尔"与来自各国和社会各界的三教九流打交道"，不仅曾"与一个来自印度的佛教徒有过接触"，而且还"通过在横滨的一个朋友对当代日本有所了解"，这些经历足以使他对即将面临的传教士工作有充分的心理准备，因此他将"欣然奔赴远方，传讲耶稣基督的见证"。

同时，克里斯托夫·布卢姆哈特牧师的积极支持肯定也扮演了重要角色，他在卫礼贤向他征询建议时回复道："在我看来，像你这样的年轻人应该高兴地抓住机会，让你为上帝所作的见证被公开听到。如果你心中有神的国度，它也会结出果实，更多世界性的外部经验会带给神国的种子更多的自由以发展心智……"对传统教会颇有微词的布卢姆哈特牧师如此支持卫礼贤加入同善会并非偶然，因为由德国和瑞士教会于 1884 年在文化名城魏玛联合成立的同善会不同于传统的基督教传教组织，它从一开始便不仅倡导在东方文明古国中传播一种"非教条主义的基督教伦理"，而且也关注教育以及医疗领域的工作，代表着德国教会中悄然出现的一股改变千年来基督教故步自封局面的力量。同善会章程中明确写道："它的目的是将基督教及其精神文化与现存的真理要素结合在一起，并传播到非基督教徒中。"这与布卢姆哈特的主张颇有相通之处，因此他鼓励卫礼贤应征加入同善会，也是有意要通过这位年轻的代理牧师去中国实践这一新理念。

不久后，卫礼贤受同善会邀请前往柏林进行试讲。1899 年 1 月 11 日，他如愿以偿地从众多候选人中脱颖而出，并将在接受完短期的传教业务培训后马上被派往中国。于是他赶回斯图加特同家人以及萨乐美道别，因为他的这位梦中情人当时正好也在斯图加特的一所家政学校读书。而当卫礼贤将自己获得职位的喜讯电告布卢姆哈特后，很快就收到了后者的电报。令卫礼贤喜出望外的是，布卢姆哈特牧师在回电中竟然同意了他和萨乐美的婚事！

但要赶在卫礼贤出发前举行婚礼显然太仓促了。因为卫礼贤几天后就要前往伦敦参加专门为传教士开设的短训班。于是在 1 月 19 日，即启程前往英国的当天，卫礼贤和萨乐美匆匆举行了订婚仪式。1 月 20 日，卫礼贤便渡过英吉利海峡来到了国际化大都市伦敦，在海布里公园旁的海外传教会找到了此行的目的地。

作为在海外拥有广阔殖民地的"日不落帝国"，英国在亚洲已经营多年，以 1807 年伦敦传教会教士马礼逊（R. Morrison，1782-1834）来到广州为标志，英国人来华传教已有近百年历史，其经验之丰富远非德国人可比。故而海外传教会令前来接受培训的卫礼贤大开眼界，他在此不仅接触到了来自不同教派的英美传教士和五花八门的宗教思想，而且领教到了英国人以实用主义为主导的宣教风格。无论是狭隘的教派纷争、教会对财务问题的高度关注还是祈祷会上冗长乏味的祷告，都令卫礼贤感到很不舒服。为此，他不得不再次向精神导师布卢姆哈特求助。布卢姆哈特牧师向他指出："一个传教士应奉主耶稣之名生活并带来生命，而不是带来宗教论争。真正的宗教建立在上帝赐予了生命的活人身上，而不是反过来。宗教人士此前并没有带来上帝所希望的生命。你与中国人保持的联系不应建立在宗教之上，而应在日常交往和生活的基础上。他们无须首先成为基督徒，也许永远都无须如此。"

由于驻扎在胶州湾的德国军队急缺教士，卫礼贤在3月中旬便结束培训回到了德国。同善会和与之合作的德国海军部已经迫不及待地为他安排好了4月4日从意大利港口热那亚出发前往中国的船票，因而留给卫礼贤的时间只够他将母亲和妹妹接到巴特鲍尔来匆匆一聚，以便让双方家人为刚刚订婚便要远行的新人献上祝福。不过，因为殖民地的建设尚未展开，连基本的生活条件都还不能保障，所以他们决定让萨乐美先留在德国，等卫礼贤在中国安顿好，有了安身之所以后，再让萨乐美前往中国完婚。当然，萨乐美还是被允许与母亲一起陪同卫礼贤前往意大利，一直到把他送上远去的海轮。

除了终于能够执子之手、与子偕老的喜悦外，卫礼贤对自己将在东方大显身手也满怀信心。1899年3月26日，卫礼贤在同善会举行的欢送会上致辞，希望自己能作为一个"学习者"走出国门，能借助爱的福音超越人与人之间令人困惑的差异，拆除人与人之间的所有隔阂，使基督徒和异教徒得到同等的尊重，使所有人团结为一体。卫礼贤的致辞无疑会让人联想起席勒在《欢乐颂》中歌颂欢乐女神的名句："你的力量能使人们／消除一切分歧，在你光辉照耀下面／四海之内皆成兄弟。"而同善会中的瑞士人也一定因此放下心来，此前他们多少有些担心柏林方面会使传教士成为普鲁士军国主义的工具，因为即将把卫礼贤载往东方的交通工具正是一条被命名为"普鲁士号"的海轮。

1899 年 4 月 4 日，卫礼贤如期从热那亚出发，正式开始了他前往中国的旅行。与亲人和恋人的惜别之情马上就被沿途壮丽的风光所冲淡，那不勒斯充满活力的城市生活、西奈半岛上萦绕着《旧约》传说的陡峭山脉、科伦坡的佛教寺院和伊斯兰教节日、新加坡的中国苦力、香港的寺庙和香客都给卫礼贤留下了深刻印象。而越靠近中国，他就越被带有异国情调的场景所吸引。在新加坡，他注意到"中国人的送葬队伍"，细细观察着队伍中拿着树枝和香烛的男孩、拿着钹和鼓的僧侣；在香港，他漫步"在中国的街道上"，"穿行于倍感陌生的拥挤人流中"，看虔诚的中国人如何在小小的祭坛前献上燃烧的香烛和丰盛的祭品。他还像那个时代的许多欧洲游客一样，在月光下乘上人力车，让中国苦力载着他穿过"被灯笼和火炬照亮的梦幻般的街道"，亲自体验一番异国的情调。

5 月 3 日，"普鲁士号"终于抵达了目的地上海，但旅客们直到 5 月 5 日傍晚才被允许在吴淞登岸。根据检疫的要求，从 5 月 6 日到 11 日，卫礼贤不得不留在上海，他利用这段时间拜访了同善会派遣到上海的两位牧师，并采购了衣服、家具等必需品。

5 月 12 日凌晨，卫礼贤的最后一段旅程开始了，他搭上北上的"克尼夫斯堡号"，最终目的地是这一年才开始在地图上被德国人标注出来的一座中国城市——青岛。

第二部分

在中国的教育家与翻译家生涯

（1899—1911）

第三章　初到中国（1899-1902）

　　1899 年 5 月，风尘仆仆的卫礼贤以德国新教牧师和同善会传教士身份来到了刚刚被德国强占的"保护地"——胶州湾。所谓"保护地"，其实不过就是"殖民地"的代名词。

　　为扩大在远东地区的利益，德国对位于中国沿海的天然良港觊觎已久。早在 1859 年，普鲁士政府就看准英法联军发动第二次鸦片战争入侵中国的机会，派奥伊伦堡伯爵（Friedrich Albrecht Graf zu Eulenburg，1815-1881）率领四艘战舰组成东亚远征队，前往中国、日本和暹罗谈判建立外交关系及缔结条约事宜。1861 年 9 月 2 日（咸丰十一年七月二十八日），在普鲁士军舰的威胁下，《中德通商条约》在天津签订，普鲁士不费一枪一弹便获得了在中国各开放口岸经商、停靠军舰的特权。而远征队中的地理学家李希霍芬（Ferdinand von Richthofen，1833-1905）却不甘心就此回国，在返程途经缅甸时，他脱离了大部队，此后辗转进入中国，前后进行了七次大规模的考察，直至 1872 年年底才返回德国。在1869 年对华北地区的考察中，李希霍芬曾详细考察山东的煤矿资源，并提出了修建铁路将潍县出产的煤炭运至沿海良港的计划，这一考察报告对德国后来出兵山东产生了重要影响。回国后，李希霍芬在 1877 至 1911年间发表了五卷本《中国》（*China：Ergebnisse eigener Reise und darauf gegründeter Studien*），引起了德国朝野的震动，书中提出的"丝绸之路"概念更帮助学界准确认识了历史上连接欧亚大陆的贸易通道，可谓影响深远。1894-1895 年中日甲午战争之后，德国进一步加快了入侵中国的脚步。1896 年 8 月，德国东亚舰队司令蒂尔匹茨上将雇用了一艘民船，化装成商人潜入胶州湾考察，并拟订了占领这座天然良港的计划。1897年 5 月，德皇威廉二世又秘密派出河海工程专家、海军技师弗朗鸠斯（Georg Franzius，1842-1914）对胶州地区的水文、人口、经济情况进行了详细考察。弗朗鸠斯同样得出结论，认为"无论从经济或技术角度考虑，胶州湾远远领先于其他任何一座值得考虑的港口"，非常适合作为德国在远东的军事和贸易基地。① 作为"中国通"的李希霍芬在了解到德国政府开辟海外殖民地的意图后，也马上撰文支持在胶州湾建立基地。于是如前文所说，德国在 1897 年 11 月以本国传教士在山东巨野县被杀为借口，迅速派遣东亚舰队司令棣德利（Otto von Diederichs）少将率领 3 艘军舰，于 11 月 14 日出兵占领了胶州湾地区，驱逐了当地的清军。最后，刚刚在甲午战争中元气大伤的清廷为避免武装冲突，不得不同意德国的蛮横要求，在 1898 年 3 月 6 日与德国签订了《胶澳租界条约》，而德国公使在谈判中的唯一让步仅仅是将租借期从 100 年减为 99 年。1898年 4 月 27 日，德皇正式发布《胶州保护地宣言》，将胶州湾地区宣布为德国的"保护地"。因为这一地区的核心是位于青岛村前的总兵衙门，因此德国在此后颁布的法令中就将胶澳租借地的新市区正式称为"青岛"。

---

① ［德］乔治·弗朗鸠斯：《1897：德国东亚考察报告》，刘姝、秦俊峰译，福建教育出版社，2016 年，第 185页。

万事开头难

　　虽然青岛在被德国占领之前就已经是一个小有规模的村镇，但突然拥入的大批德国军队和冒险家却还是远超其接纳能力，而德国人规划的欧式建筑一时还难以完工。因此，当卫礼贤满怀希望踏上青岛的土地时，很快就被这里简陋的生活条件所震惊——城里的马路上满是泥泞，他入住的"天使"旅馆只是渔民破旧的茅草屋。卫礼贤后来在回忆录中写道："对想在这里睡个好觉的人来说，天使旅馆实在是太简陋了。当我第一天晚上踏进房间时，老鼠正在床下和纸糊的顶棚上吱吱叫个不停，砖地上则稀稀拉拉地铺着一些稻草。尽管连房门也无法锁上，但我还是很快就入睡了。"第二天早上，卫礼贤被尖利的鸡叫声吵醒，他赫然发现公鸡就站在自己的床脚打鸣，而一群母鸡则正在地上刨食。

　　同善会交给卫礼贤的主要任务是协助已先期到达青岛的老传教士花之安（Ernst Faber，1839-1899）牧师（也作"福柏牧师"）进行工作。花之安于 1839 年出生在巴伐利亚北部小城科堡，19 岁时考入巴门神学院攻读神学，1862 年毕业后又到巴塞尔大学、图宾根大学、哥达大学深造。在图宾根大学，他师从著名神学家贝克（Johann Tobias Beck，1804-1878）教授，成为造诣深厚的学者。在哥达大学，花之安则进行了植物学研究。1864 年，花之安加入德国基督教传教组织礼贤会（Rheinische Mission），随后被派往东方传教。1865 年 4 月 26 日，花之安到达香港。1866 年开始到东莞传教，并在广东岭南一带行医、传教十余年，后因喉疾影响发音，他转而潜心著书立说，想通过文字著述来传播基督教教义。在传教过程中，花之安采纳了天主教来华先驱采用过的"利玛窦路线"，即通过强调《圣经》与儒家思想的相通之处来宣扬福音，用儒学思想来诠释基督教教义，从而增加中国人的认同感，使之更容易接受基督教。因与礼贤会在传教思想上相左，花之安于 1880 年脱离礼贤会，开始独立传教，后于 1885 年加入刚刚成立不久的同善会，次年前往上海，为德国侨民创办了德语礼拜团体，并担任了基督教在华各教派联合组成的中华教育会副会长。作为 19 世纪最为博学的德国汉学家之一，花之安曾出版《儒教汇纂》《中国宗教导论》《自西徂东》等著作，并于 1888 年获得耶拿大学荣誉博士学位，是一位德高望重的中国问题专家。他同时还是一位植物学家，1887 年曾与美国传教士赫斐秋（Virgil Chittenden Hart）一起深入四川峨眉山采集植物标本。他们此行中发现的一些新的植物品种就以花之安的姓氏 Faber 命名。此外，花之安在来到青岛后还考察了当地植物，撰写了《青岛至崂山植物概况》一书。可以说，花之安其实已成为一位有着传教士身份的植物学家。[1]

德国强占胶州湾后，花之安于 1898 年 4 月被同善会抽调到了青岛这块未来的"模范殖民地"，代表新教福音派在德国士兵中进行宣抚工作。当时被派驻胶州湾的德军虽然没有在与清军的军事对抗中遭受任何损失，但四处肆虐的蚊虫和瘟疫、糟糕的居住和卫生条件都令远涉重洋的士兵们难以招架，再加之水土不服和思乡情绪，德军士气低落，情况最糟糕的时候有一大半士兵都在生病。因此，来自上帝或者说教会的精神抚慰此时就显得格外重要了。用卫礼贤自己的话来说，他的"任务就是呵护在殖民地的德国人的灵魂，并督建校舍"。因此，他刚与花之安会合就马

---

① 孙立峰：《评传教士汉学家花之安的汉学著述》，载《德国研究》，2012 年第 3 期，第 89～97 页。

上投入了为德国官兵们主持礼拜的工作。同善会在机关刊物《传教信息与宗教学》（*Missionskunde und Religionswissenschaft*）上曾专门刊发了这样一条简讯来介绍卫礼贤的到来："我们的新传教士威廉牧师愉快地抵达了此行的目的地青岛，他立即着手建立一所德国学校，并在圣灵降临节的第一个假日就为信奉新教的将士和民众社区主持了第一次礼拜。"

简讯中没有提到的是，由于条件简陋，卫礼贤在青岛主持的第一次礼拜并不是在教堂中举行，而是临时放在了德国兵营中的跑马场上。卫礼贤在谈到他对青岛的第一印象时就曾写道："因为缺乏色彩，照片很难说明什么。构成远景的是高大嶙峋的崂山，近一点的是杂草丛生的山丘，雨水在这些山丘上侵蚀出了深深的沟壑，而在画面的尽头则是有着无限美丽色彩的大海，从礁石上飞溅的白色泡沫到明亮的绿色，再过渡到深蓝色；然后，人们在这里可以欣赏到色彩如此绚丽的日落，让人真正感到自己被父神的荣光所打动。在这些壮丽的景色面前，人们会忘记植被其实并不茂盛，甚至微不足道。若是非要把住房拿出来说的话，那就只有一些稍加布置和改善过的中国小屋了，都是些低矮的平房。"但卫礼贤对属于他个人的住房倒没有怎么抱怨，因为即便是比他早来青岛一年多的花之安此时都还要为自己的住所发愁。作为"优待"，年届六旬的花之安在青岛倒是享有独立的住所，但那也只不过是条件很差的茅草屋，一遇到大雨，屋内就变成了池塘，据说他在雨季时不得不撑着一把伞坐在床上，因为屋顶完全不防水。最后，他只能把一些资料寄存在卫礼贤的阁楼上，以免它们被水冲走。卫礼贤的临时寓所其实也好不了多少，6月底雨季刚刚到来，门前的街道就已经变成一片泽国，屋内墙上的水渍痕迹清楚地显示出雨水已经在何处穿透了屋顶。此外，无数苍蝇涌入了家中，它们像乌云一样扑向食物，以至于不胜其扰的卫礼贤在吃饭时必须戴上帽子。而蚊虫也是驱之不尽，即便他在睡觉时关好了床上的蚊帐，但帐内蚊子的数量似乎也不比帐外少。唯一的好处是，因为蚊子醒得早，所以卫礼贤在它们的叮咬之下也只能养成早早起床的习惯了。在这种情况下，为牧师们建房的计划就被提上日程。这栋房子应当可以容纳两个家庭，以便让花之安和卫礼贤两家人都住进去。最后，他们选中了今青岛胶州路上的一块坡地，那里位置极佳，可以眺望到远处的崂山和大海。此外，牧师们与殖民地总督也商讨了临时教堂的问题，最后决定将礼拜堂从跑马场迁到工兵营的一个大棚子里。虽然环境还是不那么令人满意，但那里至少有座位可供信徒们休息。1899 年 12 月，一个有 500 个座位的小教堂终于正式竣工。圣诞节时，卫礼贤亲自在小教堂的落成典礼上发表了祝词，而后由信义会（柏林福音传教会）的沃斯卡姆夫牧师举行了第一次布道。此后，这个小教堂也由同善会和信义会共同使用，传教场所的问题才算最终解决了。

不过，更严峻的考验还在后面。当时驻扎在青岛的德国占领军大约有 1500 人，由于缺乏卫生设施和疫病流行，当 1899 年的雨季到来时，很多人都没能熬过那个夏天。当时几乎每天都有一场葬礼，在一个 160 人的连队中，只有 30 到 40 人可以正常操练，而其他人都在生病。因为斑疹伤寒在青岛迅速传播，停泊在胶州湾的德国舰队只得把船员全部隔离起来。而这场瘟疫也迫使德国人不得不加速对青岛城市设施的现代化改建，于是，原来的青岛村被整个拆掉，建起了仅供德国人居住的青岛区，铺设了至今仍被许多中国人津津乐道的宽阔的下水道，整个城市的卫生条件也随之彻底改观。

然而不幸的是，1899 年夏末，花之安牧师在照顾染病的士兵时也感染上了痢疾，尽管统率舰队的海因里希亲王向他派出了自己的私人医生和一名护士，但年事已高的花之安还是很快便于 9 月 26 日去世。而卫礼贤在熬过夏天之后也与这种疾病搏斗了两个月，身体变得十分虚弱。10

月初，医生们认为他不适宜在这种气候下到户外活动，命令他在家卧床休息。最后，克兰茨（Paul Kranz）牧师从上海赶来，他一到青岛便给同善会拍去电报："卫礼贤长期患病，立即派神学家来。"克兰茨牧师随即安排卫礼贤到自己在上海的家中休养了一段时间，使他得到了最好的照顾。卫礼贤原本计划最多离开青岛十天，但他到达上海后的前八天基本都在昏睡中度过，虚弱的身体迫使他在上海一直休养到了 11 月底。在他回到青岛后，信义会的和士谦（Carl J. Voskamp）牧师一家收留了他，使他能继续得到一位贤惠主妇的良好照顾。这使得卫礼贤更加期盼萨乐美能早日来青岛与他团聚。幸运的是，卫礼贤的这个愿望半年后就实现了。

花之安的去世带来的一个直接后果是卫礼贤不得不全面接管同善会在青岛教区的大小事务。他不仅要为千里迢迢来到殖民地的德国军政人员及其家属提供宗教方面的抚慰，还要负责德国儿童的学校教育，同时还要在中国人当中传播基督教的福音。然而，事实上卫礼贤很快就颠覆了传播福音的任务，开启了向中国人和中国文化学习的进程。借用一位德国当代学者的话来说就是：他在西方殖民主义时代"开辟了一条生机勃勃的逆向车道"。

深入民众

令人钦佩的是，卫礼贤来到中国后既没有像众多欧洲殖民者一样舒舒服服地躲在租界，也没有像民族主义者一样被优越感与偏见遮蔽住双眼，将中国人视为落后的野蛮民族，而是很快便试图走近寻常百姓，考察中国农民的生活，亲身去了解什么是真正的中国。当时正值义和团运动在山东兴起，加之德国政府对所谓"黄祸"的渲染，在很多德国人眼中，"保护地"之外便是盗匪横行的蛮荒之地，一旦离开"保护地"便可能遭到中国匪帮劫持。因此朋友们听说卫礼贤的打算后都劝他不要去冒险。但卫礼贤还是出发了，出于保险起见，他第一次"远行"的目标只是胶州湾西面的胶州城。

胶州原本是山东省莱州府下的一个县，但随着德国势力入侵胶州湾东岸的胶澳地区，胶州县城成为与德国驻军比邻的前线城镇，一跃成为军事要冲和海关重镇。需要说明的是，德国虽然将整个胶州湾都纳入了"保护"范围，但地处要冲的胶州城因为并不直接临海，所以不在"保护地"中，没有被德国所控制。清光绪三十年（1904），山东巡抚周馥又上书清廷，认为"胶州为沿海要缺，冲繁倍于往昔，请改为直隶州以资治理"。清廷同意了周馥的建议，于是将胶州县升级为直隶州，成为与莱州平起平坐的州府。

卫礼贤的这次旅行并不轻松愉快。除了中国仆人之外，卫礼贤还带了来自信义会的两位德国传教士一起前往。当他们乘着小船横渡胶州湾时，天上下起了蒙蒙细雨，因此当他们第二天早上抵达胶州湾西岸的时候，道路一片泥泞，幸好他的中国仆人找来了一头骡子、一头驴、一辆双轮车和一个挑行李的苦力，旅程才得以继续。于是，卫礼贤骑着骡子在前面走，骑着驴子的中国仆人紧随其后，然后是挑着行李的中国苦力，最后是载着传教士的大车。这个场景让卫礼贤觉得十分有趣，于是信手将它画进了自己的笔记本中。

在卫礼贤眼中，这是一次美妙的夏日郊游。蓝天、白云、山峦、古塔、农田、森林都让他觉得赏心悦目。当他们经过小村庄时，孩子和老人们都会好奇地打量这支奇特的队伍。而当他们接近在河边洗衣的妇女和女孩时，后者则会惊慌地逃开。经过 3 个小时的跋涉，卫礼贤终于来到古老的胶州城下。这座巨大的城池有两层城墙，外面的城墙显得古老而破败，但里面却错落有致地分布着田园、溪流、道路、坟茔和房屋。在穿过一条满是古老牌坊的街道和带有瓮城的内城城墙后，他们来到了繁华的内城。卫礼贤注意到许多中国人常常坐在自己家门前工作，贩卖食品的小贩直接在街边支起大伞，狗在人身边挤来挤去，乞丐在街上大声喧哗，而在一些宁静的院落中则可以看到全家老小和和气气地坐在一起。城里的居民对这些外来者也非常友好，不时有人摘下帽子用欧洲的方式向他们打招呼。卫礼贤对这座既有田园风光又富有生活气息的城市感到着迷，感觉这里的一切事物都像在与世隔绝的童话世界中一样，都在平静地按照各自的意愿和谐而自然地生长在一起。然而他同时也有一丝感伤，因为修建铁路的德国工程师已经来到了这座中国城市，宁静而轻松的时光很快将一去不复返，他眼中那种梦幻般的生活方式还能存在多久呢？

而这一行人的回程也并不愉快。两天后，当他们回到海边准备上船返航时，船夫们却不知出于什么原因等了几个小时也不肯起航，最后，一名不明就里的传教士冲上去打了船工一个耳光，逼迫他立即开船。这记耳光破坏了卫礼贤对此次旅行的美好回忆，也将他重新拉回不同种族、不同语言的人民之间存在着深深隔阂的现实中来。他下定决心，以后最好再不要带上这类颐指气使的旅伴，而是独自出行。事实也证明，他们启程的时机并不好，因为一路上他们必须顶风航行，所以这段旅程极为艰辛。而当他们靠近青岛的浅滩时恰好是凌晨 3 点，船夫要等早上潮水上涨才能将船靠上码头。这时，卫礼贤的仆人涉水去岸边给他们取来了一盏灯，此举启发了不愿在船上白白等下去的德国人，于是他们让中国苦力拿着行李，自己则以中国仆人为榜样，脱下鞋子和长袜，涉水上了岸，还顺便享受了一下海水浴的滋味。凌晨 4 点，卫礼贤终于回到了自己的床上。

很快，卫礼贤又启动了第二次旅行。没有多少人会想到，卫礼贤来中国之后的首次独自出游便是深入内地，直抵 90 华里外的即墨镇。这是令许多居住在"保护区"的德国人望而却步的一个遥远距离。在卫礼贤的回忆中，事情发生得非常偶然——那是一个晴朗的夏日傍晚，有几匹马突然从他窗前跑过。在目送马匹美丽的身影融入夕阳的余晖时，他突然心血来潮，派他的中国仆人去询问马匹是否出租。在得到肯定的答复后，他便突发奇想，立刻决定来一次即兴出游——毕竟卫礼贤此时还只是个刚满 26 岁的小伙子。或许是德国浪漫派的美丽故事还在不断拨动着他的心弦，也或许是金色的晚霞让他想起了诗人海涅笔下金色的罗蕾莱山顶，而那又进一步让他想到了海涅在漫游哈尔茨山时留下的名篇："我要登上高山去，那里有幽静的房舍，胸怀在那里自由地敞开，微风在那里自由地吹拂。"总之，他马上租下两匹马，趁着仲夏的暮色，带着仆人一路跑出了青岛。至于去即墨镇倒是出自仆人的建议，因为他正好是即墨人，可以利用这个机会回家去看看。不过，恐怕卫礼贤也早有此意，因为即墨是青岛附近历史最为悠久的一个中国城镇，他早就心向往之。

对卫礼贤而言，这次即兴旅行既惊险刺激又令他大开眼界。虽然第一次策马驰骋给双腿所带来的酸痛使得他第二天早上几乎无法下地行走，但那么多令欧洲人倍感新奇的事物一下涌入眼帘，还是让他不由得立刻忘记了身体上的小小不适。无论是田野中的玉米、高粱、大豆、花生，还是树上的鸭梨、柿子，农家的打谷场、毛驴、黑毛猪，晚上围在院中说笑的姑娘媳妇、聚在小庙和大树下抽着旱烟闲谈的老人，都让这位异乡来客觉得不虚此行。而当他们在沉沉夜幕中几乎失去方向时，竟然鬼使神差地闯入了德国人在"保护地"边界上的一处关口，并且还得到了德国关长的盛情款待，这又让卫礼贤觉得自己仿佛身处童话王国。第二天清晨，卫礼贤和仆人终于抵达即墨，因为恰逢大集，城中正是一派热闹景象。令卫礼贤倍感震惊的是，尽管街上人流如织，中间还夹杂着满载货物的毛驴、吱吱作响的独轮车、肩扛扁担的苦力，甚至还有一群猪，但所有的人、车、动物都在井然有序地向前移动，一派和平景象。这派景象使卫礼贤对中国的文明程度产生了新的认识，也对中国百姓平静、友善的性格有了直观的印象。在不知不觉中，德国殖民当局所宣传的中国暴民形象在他心中被一幅新的画面所取代了。

虽然异国客人的出现引起了好奇的中国百姓的围观，造成了一些骚动，但卫礼贤并没有感受到恶意："除了一般性的好奇但绝非友善的态度（因为外国人对青岛的占领）之外，我没有受到任何骚扰。"在简陋的客店里，当小孩们围过来时，卫礼贤便用纸剪出小人儿来逗他们玩。孩子们的父母对此并不干涉，而是好奇地对卫礼贤问这问那，卫礼贤则用所知不多的汉语努力回答。他们之间的距离因此一下拉近了，那种亲切友好的感觉令卫礼贤倍感愉悦，而看到孩子们在大人面前如此无拘无束，又使他对中国儿童的自由成长产生了深深的好感。后来，卫礼贤将他对中国百姓的这些良好印象都写进了他给亲友们的信中以及 1926 年的著作《中国心灵》（*Die Seele Chinas*）。他这样总结道："总的来说，我没有注意到任何敌意，尽管在几个小时中我是此地唯一的欧洲人。相反，我注意到，你实际上可以和人们变得相当熟悉，即使你只能以简陋的方式与之交流……人们深情地向我告别，我不得不把我的名字留给他们。这样的旅程对于了解中国人的生活当然是非常有价值的。"[1]

---

[1]　Richard Wilhelm, *Die Seele Chinas*, Wiesbaden: Marixverlag, 2009, pp. 15-23.

在卫礼贤从即墨回到青岛之后,那些将"保护区"之外的中国人想象成暴徒的德国人对于他能安然无恙都大为震惊。而卫礼贤则大受鼓舞,他随后又对在码头上辛苦劳作却一直饱受欧洲人偏见的中国苦力进行了近距离的接触和研究。在抛弃掉种族偏见之后,卫礼贤得出结论:这些任劳任怨、忍辱负重的苦力"不只是苦力,他们也是人,有人的欢乐和痛苦,不得不为生活奋斗……他们存钱、挣钱,冒着巨大的自我牺牲赡养年迈的双亲",同样值得世人敬佩。同时,卫礼贤发现,当地民众其实很好打交道,他的友好态度使得很多中国人都愿意与他来往,以至于他在街上经常被中国人围住,有小男孩愿意帮他把包背回家,却不收分文,而苦力也总是忠实而准时地为他把包裹送到家中。这清楚地印证了人与人之间的信赖是相互的。因此,卫礼贤在 10 月 14 日给老朋友豪夫牧师的信中写道:"当地人总体上非常友好。很奇怪的是,他们与我们生活舒适的施瓦本农民是如此相似。"而一系列与中国下层人民的接触也使卫礼贤日益坚信"所有的民族都是友好、忠实、善良的",唯一正确的道路就是以人道主义的态度去对待他们。这个发现意义重大,按卫礼贤的话来说,这为他"打开了通向中国人心灵的道路"。尽管他无法消除因德国殖民入侵所产生的恶果,但一种新的信念已悄然在他心中形成,那就是通过增进两国人民之间的相互了解来消除偏见,为此前遭到毒化的关系解毒。他后来曾大为感慨地说道:"坐在远离民众的角落里举行教会的仪式将永远不会有什么成就。……我唯一一次听到洋鬼子这个说法就是在传教士的身旁。如果十年后(传教士)还不能给外国人留下不同于以往的印象,那么一定是方法上有问题。但人们却满足于将其归咎于城市的堕落。"而考验卫礼贤是否真能将其信念付诸实践的时刻也很快就到来了。

调停争端

　　当卫礼贤于 1899 年来到中国时，德国殖民当局正野心勃勃地在山东兴建铁路，第一步就是要把胶州湾与省会济南府连接起来。而铁路延伸到哪里，帝国主义的势力就扩张到哪里，铁路沿线的煤矿将为他们提供煤炭，林业局将把荒山变为林场，最终他们将把整个山东都变成德国人的势力范围。由于 1840 年鸦片战争以来西方殖民者奉行的"炮舰政策"在对中国的侵略中屡屡得手，在山东修建铁路的德国殖民者有一种文化上的优越感。在他们眼中，既然山东已经是德国的囊中之物，那么也就无须过多考虑中国百姓的生活习惯、宗教信仰，因此他们常常带着傲慢与对中国文化的深深偏见来处理铁路修建过程中出现的土地问题以及基督教与中国本土信仰之间的冲突，甚至屡屡诉诸武力。而一心谋求世界霸权地位、急于在海外树立国威的德皇威廉二世更是在背后推波助澜，在义和团运动爆发后，他一再指令驻华公使采取强硬政策向清廷施压。在西方国家决定组建八国联军进兵北京时，他更是以强硬姿态为陆军元帅瓦德西抢下了远征军总司令的位子，俨然以西方联军盟主自居。1900年 7 月 27 日，当威廉二世在不来梅港向开赴中国的德国侵略军发表演说时，更是撕下文明的面具，赤裸裸地教唆道："你们要毫不留情地打败他们，不留战俘，格杀勿论！要像一千年前阿提拉国王领导下的匈奴人一样勇敢作战，为自己争取永载史册的光荣，德国这个名字要靠你们在中国威名远播，让中国人永远也不敢再斜眼看一下德国人！"这便是帝国主义历史上臭名昭著的"匈奴演说"。德国对中国的帝国主义侵略行径势必激起中国人民的强烈反抗，因而以"灭洋"为目的的义和团运动首先在山东爆发绝非偶然。卫礼贤来到中国后的第二年也被卷入了这场斗争。事情的直接起因很简单，从1898年德国动工兴建从青岛到济南的胶济铁路开始，由于德国殖民当局在规划铁路时无视毗邻胶州的高密县农民的利益，铁路公司与当地百姓发生多次冲突。于是胶澳总督叶世克（Paul Jaeschkel）决定出动军队，给中国民众"上一堂课"。但殖民当局越是采取武力威胁，高密人民的反抗就越是激烈。1900年9月20日，当高密数百民众聚集在南流村阻止铁路修建时，殖民当局采取了武力镇压手段，派出军队打死中国平民25人。10月18日，德国军队在高密附近巡查时又发现当地村民没有按德国的最后通牒放下武器、拆毁村墙，于是派出军队炮轰了几个村庄，炸塌了用于保护村庄不受外来侵略的土墙。10月22日，德国骑兵巡逻队在高密西南遭到枪击，指挥官猜测这是义和团组织的进攻，于是便率领讨伐队对附近的克兰庄、李家营村展开进攻。面对中国民众的抵抗，德国军队炮击村庄，杀害了200多名中国居民，制造了"高密血案"。100年后，高密作家莫言在小说《檀香刑》中再一次揭露了这段血腥的历史。

德军在中国的暴行令已经初步了解中国百姓的卫礼贤感到义愤填膺。他一针见血地指出："如果说中国发生的义和团运动是它落后于时代的象征，那么得胜的各国联军似乎是为了显示所谓'文明国家'的粗鲁和残忍而来的，而且这种粗鲁和残忍更甚于外国人所污蔑的中国人。"值得注意的是，在1900年夏天的报告中，卫礼贤已经对这场冲突进行了反思，他指出，是"欧洲人通过他们在中国的行动"使自己变成了义和团"要打击的敌人"，而中国人的反应就像"人体受伤后身体要发生痛苦痉挛"一样正常，因此他呼吁西方人进行自我反省。这种立场充分证明卫礼贤在深入了解中国百姓之后，已经与殖民主义和霸权政治日渐疏离。

卫礼贤这种"另类"的表现被他的中文老师看在了眼里。这位中文老师名叫李本庆，是一位曾经接受过西医教育的眼科医生。在受洗加入基督教后，从1900年夏开始，他接受同善会的委托，负责教授卫礼贤中文。由于卫礼贤当时在青岛已经具有一定声望，对中国文化也有一些了解，因此在"高密血案"发生后，这位中文老师便向卫礼贤提出建议，希望他能出面调停，避免更大的流血冲突。据卫礼贤的妻子萨乐美后来回忆，当卫礼贤听李本庆历数德军在高密的暴行后，气愤得"浑身都不由自主地颤抖起来"，他马上决定不顾危险前往冲突地点，"努力调解误会，挽救更多人的生命"。尽管关于义和团的种种流言使青岛的朋友们都为他的安全担心，但卫礼贤此行还是坚持只带了他的中国老师，全程没有德国士兵的掩护，以避免中国百姓先入为主，把他当成德国官方的代表。胶州和高密的中国官吏此时也意识到这是缓和冲突的好机会，于是给卫礼贤提供了轿子和马车。中国地方官员的这种背书为卫礼贤下一步与百姓进行对话提供了便利。11月6日上午，卫礼贤抵达高密后被安排住在一位官员的宅院里，但他很快发现，他面临的主要困难在于德国军队所制造的屠杀已经使很多中国村庄中的百姓看到德国人就躲得远远的。他不能等中国百姓来找他，便决定靠自己的力量深入农村去寻找中国百姓进行沟通。当到达一个被德国士兵"讨伐"过的村庄时，他发现房屋和粮囤都已经被烧毁，在残破的小巷里，这里丢着几件破碎的衣服，那里躺着一只奄奄一息的土狗，到处是恐怖的景象，幸存者早已逃得不知去向。为了能接近中国百姓，卫礼贤一行干脆搬进了村中的一所学堂里，那也是当地为数不多的幸存建筑之一。此举使卫礼贤逐渐赢得了中国人的信任。最后，卫礼贤成功地召集了约80个村庄的村长，向他们陈述了形势的严峻并承诺从中斡旋，最后还收下了中国百姓的请愿书。卫礼贤随后带着这份请愿书找到了统率德军讨伐队的康拉迪上尉。面对卫礼贤所表现出来的一片热忱，上尉将信将疑地表示，只要中国百姓停止袭击，交出土炮等武器，他便遵守约定，不会再对中国村庄进行新的"讨伐"。于是，通过在中国百姓、官员和德国军队之间的反复斡旋，卫礼贤尽最大努力阻止了德军讨伐队的再次出击，中国百姓也停止了武装对抗。最终，双方以谈判方式结束了武力对峙的局面。

卫礼贤的成功调停令长期被"炮舰政策"毒害的德国官兵大吃一惊。这些被灌输了各种偏见的德国人起初根本就不相信卫礼贤会被中国人所接纳，但局势的缓和使他们的强硬立场逐渐软化了下来。回到青岛后，卫礼贤利用汇报情况的机会面见了殖民地总督。面对卫礼贤站在道德制高点上的指责和悲愤之情，总督叶世克也感到了压力。作为表态，他不得不做出惊讶和难过的表情，并把德国讨伐队从中国村庄勒索来的"罚金"也交给了卫礼贤，以表达对卫礼贤所做贡献的肯定和对冲突进行补救的意愿。最后，德国殖民当局破天荒地对遇害的中国百姓进行了抚恤，并修改铁路设计，增加了铁路涵洞以方便中国农民通行，还根据卫礼贤的建议在动迁坟墓前先按中国风俗举行祭祀仪式，从而大大缓和了与当地百姓的冲突。

在中国一边，逃走的百姓逐渐回到了村中。他们听说卫礼贤、李本庆一行还懂得医术，一些人便把在屠杀中幸存下来的伤员们送了过来。伤员大多数是妇女、儿童和老人，在逃走时被德国机枪所打中，有些人已经生命垂危。于是，卫礼贤和李本庆竭力救治了不少伤员。由于一些重伤员行动不便，他们还常常需要骑马出去进行诊治，在简陋的条件下建立了一种类似野战医院的诊疗体系。随后，卫礼贤又和中国朋友合作，在高密建起临时医院救助受伤百姓，特别是妇女和儿童。当时卫礼贤的妻子也已经来到中国，因为来华前她接受过护理培训，所以也主动加入进来，帮助照料病人。

卫礼贤虽然无法帮助中国百姓彻底摆脱殖民压迫，但是他阻止流血、救助弱者的做法为他在中国民众中赢得了很高声望，也为他进一步在当地开办学校和医院创造了良好条件。在成功地结束了流血事件、医治了众多伤员之后，卫礼贤与中国官员缙绅们的联系也更加紧密。他们中的一些人向卫礼贤的临时医院捐助了资金，用于照顾伤病人员。随着治愈的病人不断增多，医院的名声也不胫而走，前来向卫礼贤求医的人也越来越多。其中有位贵妇为感谢李本庆给她成功进行了白内障手术，就把一座宅院捐赠给同善会做了医院。卫礼贤在给同善会主席的信中提到："从李医生为其做白内障手术的中国女士那里，我们得到了一块用于修建医院的土地。除了已有的建筑物，她希望在上面再建一座，这样就可以满足更多的需求。该房产已留给我们永久使用，唯一的限制是不得出售。它位于城市中心，有一个美丽的花园，里面有古树。我们首先要让李医生在此将业务运行起来。"而在几乎被德军摧毁殆尽的沙窝村，当地居民也将一栋带有院落的房子提供给卫礼贤作为学校。这些积极的变化使卫礼贤预感到，在中国，一个新的时代即将来临，这种新变化并不仅仅来自受到西方思想影响的高级官员，而是各个阶层对于通过变革走向新生活的期盼。

对卫礼贤而言，他的生活也因此发生了改变。由于高密增加了同善会的一个"分站"，此后他每月定期访问高密，照顾他亲手建立起来的医院和小学，有时一个月甚至要来回奔波几次。高密也由此成为他了解中国的一个重要窗口：在那里，他深入了解了中国小城镇的典型生活状态，接触到了受过良好传统教育的当地精英。这在德国统治下的"模范殖民地"青岛都是不可能的。同时，他在高密的成就也为他在中国人当中赢得了更多的认可。在与卫礼贤交往的中国官员中，其中一位曾做过翰林，他饶有兴趣地听卫礼贤对西方宗教进行了介绍，而时任山东巡抚的袁世凯也派人向卫礼贤表示了感谢。

尽管在来到青岛后的最初两年中卫礼贤很快便与众多中国人结为朋友，但我们不能过度夸大卫礼贤在这两年中所发生的转变，正如一块巨大的坚冰在温和的春风中也需假以时日才能融化一样，卫礼贤成为中国传统文化的坚定拥护者是一个缓慢的进程，在此后十年中才逐渐完成转变。同时，我们不应忘记，在青岛这座日益欧洲化的城市中，卫礼贤与众多德国人一样，始终和家人居住在专为欧洲人建立起来的新城区中，一直过着与中国人完全两样的生活。在这个复杂的人际关系网中，德国人的圈子才是他的主要生活领域。当然，我们不能苛责卫礼贤。因为在德国殖民统治的年代里，青岛本来就是一座分裂的城市，一个重要原因在于殖民当局在许多领域中规定了中国人和欧洲人的严格分离。不仅在居住区方面有中欧之分，在教育、卫生、司法、行政等领域中也均存在大量带有种族歧视性质的规定，例如殖民政府明确规定德国人可以对中国劳工的轻微犯罪进行体罚。即便在卫礼贤眼中，中国人也无法和德国军官、殖民官员和商人平起平坐。他同样支持殖民政府将青岛分为欧洲区和中国城来治理。当然，他给出的理由要冠冕堂皇得多，一是指责中国人的卫生习惯较差，难以杜绝流行病，因此种族隔离可以保护欧洲人不至于年年被疫病所威胁；二是传统不同，种族隔离可以使中国人免受德国警察制度影响。事实上，卫礼贤的经历已经证明，当德国人真正深入中国文化当中，可以与中国人畅通交流时，他们很难不被强大的中华文明所影响，而常驻青岛的德国人最多时不过四五千人，因此这些隔离措施更多的是在保护德国人不被始终包围着他们的中国文化所同化。也正因为如此，德国人对此类隔离措施总是轻描淡写，摆出一副镇定自若的样子，但却一刻也不敢远离欧洲文化的圈子。卫礼贤一家也同样如此，从儿子上学的德国学校，到孩子们身上的水手服，从新青春风格的住宅到花园里的网球场，从出席海因里希王子酒店中举行的舒伯特音乐会到特意为萨乐美从上海采购回来的大钢琴，卫礼贤家中到处都折射出德国殖民者的优越地位。他身边唯一能让人想到中国的大概就是常常被研究者所遗忘的中国仆人了。

无疑，卫礼贤一家人在青岛时难以离开德国人的圈子。卫礼贤必须经常与殖民地政府打交道，以求得他们对其教育、医疗工作的支持，例如胶澳总督府的翻译兼中国事务专员单威廉（Wilhelm Schrameier）在学校事务上便给予卫礼贤很大支持，还鼓励他翻译中国古代经典。卫礼贤与青岛的其他西方传教士组织也保持着良好关系，这些组织中包括在德国占领胶州之前就已经在该地区活动的瑞典浸礼会以及与同善会一样在1898年后才来到青岛的信义会。虽然他们之间也会因为宗派不同和传教理念上的分歧而发生冲突，但更多的是广泛的合作与联盟。例如信义会传教士和士谦一家便与卫礼贤保持着和谐的邻里关系。在1899年卫礼贤从上海回到青岛养病后，便是和士谦牧师夫妇对他进行了悉心照料。卫礼贤还与势力强大的美国长老会多有交流，其中特别值得一提的是他在上海期间与李提摩太（Timothy Richard）的交往，后者是来自威尔士的浸信会传教士，在中国生活了45年，其间主持广学会达25年之久，出版了《万国公报》等十几种报刊和2000多种书籍，与梁启超、康有为、李鸿章、张之洞等人都颇有来往，对近代西方思想在中国的传播有很大影响。与各方的友好往来对卫礼贤此后进一步融入中外文化交流网络起到了积极的推动作用。

尽管卫礼贤对殖民主义者的暴行表示了谴责，但他并没有像岳父那样成为激进的"宗教社会主义者"，而是选择了与政治的疏离。在高密调停冲突的经历、开办医院所取得的成功和中国官民对他的高度信任使卫礼贤相信，上帝已经昭示了他未来的道路："就像一条神圣的道路已经铺好，我只需要遵循它……我试图以这种方式（开办医院以赢得民众信赖）来准备好沃土，并衷心希望为神的国度结出新的果实。"

第四章　教育与家庭（1903–1909）

教育事业

在来到中国的最初几年，卫礼贤首先是作为一位传教士和教育家在履行职责。在 1899 年 9 月花之安因病去世后，卫礼贤一方面接替他的牧师工作，每周日为德国海军主持礼拜；另一方面则继承前辈遗志，为在青岛建立学堂、发展教育而四处奔走。这完全符合德国殖民统治的利益，因此总督府的首席翻译兼中国事务专员，同时也是德国海军部顾问兼民政委员的单威廉与他合作，共同起草了以宣传德国思想文化为主要宗旨的办学计划。最初，卫礼贤的任务只是为跟随父母来到青岛的德国孩子提供受教育的机会。因为那时整个学校中只有三个外国孩子，课程就直接在卫礼贤的私宅中进行。不久，随着德国家庭的涌入，学生增加到了 5 个，年龄从 5 岁半到 11 岁不等，于是卫礼贤在殖民地法院借了一个房间作为学校教室。他本人负责学校管理和主要课程，信义会和天主教传教组织圣言会各派一名老师每天来上一节课。但不久后由于疫病流行，学校被迫停课了很长时间，于是卫礼贤便利用这段时间来学习汉语。

当时，卫礼贤使用的课本是美国传教士马蒂尔所编的《国语教程》，而中国老师的教学方法则完全是私塾先生的老一套，老师读一句，学生便跟着读一句，反反复复，直到学生背得滚瓜烂熟为止，至于什么语法结构、表达形式，老师都不加解释（而且恐怕想解释也解释不清），反正"读书百遍，其义自见"，哪怕学生对其所念句子的含义一无所知也无所谓。这令卫礼贤再次震惊了。他意识到，这固然是一种在中国已经沿用千年的教学方法，但只适用于传统的语文考试，已经远远无法适应现代社会对人才培养的需要。他指出："在过去几个世纪里，旧式的中国学校更多地只发展一种形式上的活力，把自己限制在仅仅发展学生单纯的记忆能力上，绝大部分课程局限于文学和历史科目。就是对待充满智慧的古代文学，在很大程度上也是为了对付考试。而这种考试自明代以来已经越来越偏重形式了。"由于此时在"保护区"中的中国学校都还是旧式的私塾，因此，卫礼贤决定此后将主要精力投入改变当地落后的教育面貌方面，他要为中国学生开办现代教育理念下的新式学堂，为学生"卸下那些陈旧的、只能起阻碍作用的、毫无裨益的包袱，给他们充分的时间来学习中文书面语和现代课程"。他的这一计划与同善会在海外推动教育事业的目标完全一致，因此很快就得到了支持。同时，同善会还决定再派一名牧师到青岛来，这样卫礼贤就可以有时间学习中文，并在中国人当中开展工作。最后，他们选中了威廉·舒勒（Wilhelm Schüler）牧师。

卫礼贤极力想从宗教事务中解放出来其实还有另一个重要原因，那就是他当时已经对西方来华传教士的种种做法失望透顶，认为他们已经背离了教会的初衷。例如他曾说过："当我看到传教士之间的分歧和争议时，我常常觉得很奇怪，他们到底是为了什么？例如，争论的一个焦点是上帝名字的译法，是保留中国古代对上帝的称呼（中国人知道上帝有别于他们的偶像，而且皇帝仍然每年向他献祭）——'上帝'，还是使用中国的'神'一词，它更带有'鬼神'的含义。传教士中的两派为此竭尽全力互相攻讦。另一个问题是，柏林的传教士们翻译了路德的教义问答，现在出现了很大的分歧：是应该按照路德宗，还是按改革宗的说法来计算十诫？"此外，随着德国侨民的涌入和临时小教堂的建成，宗教事务所占用的时间也越来越多。在一次圣餐外加洗礼仪式之后，卫礼贤写道："无论如何，我越来越清楚地认识到，不能再把太多的精力放在这些教会内的事务上了。"

而卫礼贤在这片百废待兴的土地上要完成的工作实在是太多了。例如寒冷的冬天已经来临，原先借用的房间已经难以再作为校舍使用，他只得想办法把学校搬到了新建的海因里希亲王酒店的两个房间中。而教会虽然已经在小鲍村购置了一块土地，但如何在这块土地上建设学校还有待他去规划。幸运的是，1900年2月中旬，卫礼贤终于能够搬进他宽敞的新居。他写道："里面还有很多有待完善之处，但它非常漂亮：在明媚的春日阳光下，微风拂面，已经相当温暖宜人，由此可以远眺蓝色的海湾和山脉，山谷中还覆盖着白雪。"他马上将宽敞的新居变成了学校，一边教授学生，一边向中国老师学习汉语。1900年3月，卫礼贤向同善会报告，他每天上午要给学生上四个小时课，下午则用于学习中文。由于每天有很多机会与中国人在一起，因此卫礼贤在中文学习方面进步很快。

1900年4月中旬，同善会派来接手教会事务的舒勒牧师搭乘军舰抵达了青岛，而他的夫人随后将陪同萨乐美搭乘另一艘客轮抵达上海。于是，卫礼贤用一周时间交接完工作后便赶往上海迎接两位女士。舒勒牧师先在宣教站中服务到了 1904 年，此后又在青岛和高密的学校和医院中工作，1911 年才移居上海。1914 年返回德国后，他曾在柏林担任东方神学院讲师，在卫礼贤于 1930 年去世后还短期领导过法兰克福的中国研究所。在舒勒之后接手青岛教区牧师工作的是苏保志（Wilhelm Seufert）牧师，后来他接替卫礼贤成为宣教站负责人，并从 1922 年起负责礼贤书院的工作。

1900 年 5 月 7 日，卫礼贤和萨乐美终于如愿以偿在德国驻上海领事馆举行了简单的婚礼。5 月 12 日，他们就赶回了青岛，因为只有很短的时间可以用来布置校舍、准备教材，同时为了能与中国学生交流，他们还要学习中文。为了能有更多时间推进同善会的"世俗使命"——教育工作，卫礼贤与同善会达成协议，将牧师的职责交给了舒勒牧师，自己则将主要精力投入学习中国语言和管理学校中。

萨乐美为她的中国之行进行了精心准备。她在上学时曾在法国生活过一段时间，并在英国接受过一年的英语和教育培训，此后不仅在斯图加特的符腾堡女子学校进行了学习，而且专门到斯图加特的医院中接受了医护培训，以便在青岛给卫礼贤提供帮助。事实上，她对卫礼贤的帮助远不止在医院的护理工作方面，她到青岛后也学会了中文，这对她后来协助卫礼贤翻译中国典籍十分重要。例如在 1910 年发表的《论语》译本的前言中，卫礼贤就对妻子"在各个阶段对工作的参与"表示了感谢，他还给萨乐美取了一个传统韵味十足的中文名字：美懿。

卫礼贤是个干劲十足的人。1900 年 5 月，新婚妻子美懿刚刚抵达青岛，卫礼贤便和她一起在家中为中国孩子办起了"德华神学校"（Deutsch-Chinesisches Seminar）。起初，学校只有两个中国学生，上课地点就在他家的客厅里，很快学生便增加到了 14 个。但 5 月 25 日的一场风暴又使学校险些夭折，幸而一位经验丰富的船长正好住在附近，他见势不妙，就派人过来告诉师生们应尽快撤离到更安全的房子去。而卫礼贤认为邻居是在开玩笑，于是便用一句玩笑话把报信的人打发了回去。但只过了一会儿，报信的小伙子带着六个士兵赶了过来。这些人奉命来帮助清理房子，卫礼贤夫妇方才相信危险已迫在眉睫。于是他们赶快把家具、图画、地毯和花之安留下的藏书搬到西翼较为坚固的楼房中。随着风暴越来越大，只听一声巨响，东翼房屋上用毛毡制成的屋顶飞了出去，差点把正在极力想将它固定住的木匠也一起无情卷走，紧接着屋檐和烟囱也轰然垮塌下来。这副惨状后来把负责建造房子的德国建筑师也惊得目瞪口呆。卫礼贤夫妇哪有时间去抱怨和呻吟，风暴一过，他们就和学生们急切地在剩下的半座房子里收拾出了一块地方，以便尽早复课，但房屋的修复工作还是花费了卫礼贤夫妇几乎整个夏天的时间。

在此期间，慕名来向卫礼贤寻求帮助的中国病人越来越多。卫礼贤便将仆人的院子布置成了临时安置点，这也正是后来的福柏（花之安）医院的起点。1901 年 9 月，卫礼贤用花之安遗赠给同善会的资金再加上岳父布卢姆哈特在德国募集的捐款，在今青岛武定路建起了一座新的医院大楼，命名为福柏医院，这在医疗设施落后的青岛确实解了燃眉之急。因为就在 1901 年年初，连德国派来的胶澳总督叶世克也染上伤寒，于 1 月 27 日在青岛病故，当时的医疗条件之差可见一斑。1906 年，同善会和德、英、美等国侨民又集资在今武定路创办了一家新医院，1907 年竣工后也命名为福柏医院，于是原有的福柏医院就改名为花之安医院。但由于学校管理工作不断增多，卫礼贤越来越没有时间处理医院事务，他后来不得不把工作都委托给同善会的德国医生们。与此同时，卫礼贤的办学计划又在紧锣密鼓地向前推进了。

1901 年，卫礼贤的办学计划得到了同善会的经费资助，于是夫妇两人在大鲍岛东山（今胶州路）正式建起校舍，并定名为"礼贤书院"，德文全称为"同善会高等男童学校"（Höhere Knabenschule des Allgemeinen Evangelisch-Protestantischen Missionsvereins），于 6 月 20 日正式注册成立。学校采用 3 年小学、4 年中学的七年制教学。第一届学生共 39 人，大致按年龄分为 3 个班，但学生人数很快就上升到 60 人，达到了饱和。卫礼贤不得不拒绝继续招收新生。

与一般教会学校大不相同的是，礼贤书院并不向学生宣扬基督教，而是采取"中学为体、西学为用"的教育方针，聘请了一批中国知识分子与外籍人员一起担任教员，在巩固汉语并掌握一定德语知识的基础上，向学生传授数学、地理等自然科学和社会科学知识。在书院开办初期，卫礼贤夫妇亲自教授德语，贡生傅兰升教中文，文会馆毕业生朱宝琛教数学。同时，卫礼贤也没有忽视对学生进行中国传统文化教育。1901 年 7 月 20 日，卫礼贤在学校的开学仪式上郑重说道：

> 在另一方面，我们的学生是中国人，我们不想把他们变成别的什么东西。这就是为什么我们认为让他们接受尽可能好的中国教育同样也很重要。因此在我们的课程规划中加入了典籍课程和其他在中国被看重的教育内容，我们希望学生们也能在这方面加以必要的关注；如果你只接受外国教育，却因本国知识（的匮乏）而感到羞愧，那就像一只仅有一侧翅膀的鸟儿，那翅膀对它是没有用的，因为它根本无法飞翔。

卫礼贤最初按照他自己曾经就读过的德国人文中学设计了礼贤书院。1901 年的《胶澳发展备忘录》对此也有记载："（同善会）建立这所学校的意图是，除了培养学生掌握良好的中国古文知识外，还尽可能教他们学习全面的德国学校课程。"学校采取寄宿制，学生均住在校内，由中国教师担任监督员。

学校里的中文和小学科目由在美国学校接受过教育的中国教师教授，而卫礼贤除讲授德语外，还开设了《旧约》、解剖学和天文学课程。由于相关教材匮乏，在创办书院后，卫礼贤还身体力行，在传教士克兰茨（Kranz）编写的教材的基础上亲自编写了《华德进阶（德华语言练习册）》（1902）、《德华语言教程——汉语课文》（1903）等多部教学用书。1902年的《胶澳发展备忘录》中也有相关记载："学校计划在坚实的中国文化和足够的德语、算术和地理知识基础上以双重方式培养学生。商务-技术部使学生在簿记尺牍、会计学、几何制图和基础数学等方面受到更多的实用知识教育。科学部则应引领学生进入自然科学和人文科学诸领域。学校分成5个班，任教的是3名欧洲和5名华人教师。为更好地教育学生，书院四处着力搜集模型、教具，并建有一个化学陈列室和一个物理陈列室。在文科辅助教材方面，除了新版的《德华语言教程》外，还编有《华德进阶》。此外，还有藏书丰富的福柏（花之安）图书馆向学生们提供中外文书刊以供阅读。"此后，学校规模进一步扩大，卫礼贤又从德国运来大量标本、教学用具和科学仪器，使办学力量大为增强。

在教学规划中，卫礼贤非常重视对中国学生的母语培养，学生们入学时便要通过汉语考试。现代西方知识（如自然、数学、地理）的教学也主要以汉语为教学语言，但使用的是德语教材。卫礼贤本人亲自将自然科学教科书翻译成中文，并用德文写了两卷《动物学概论》（1913），其中有详细的中文词汇注解。在1905年清廷废除传统的科举考试后，卫礼贤顺应形势，将书院分为科学和商务-技术两个分部，后者明显更加强调经世致用。1908年，书院参考清廷新颁布的《学堂章程》增加了一个五年制的学前班，其中主要教授中文阅读和写作技巧，最后两年才开始上德语课。1909 年德华大学在青岛成立后，卫礼贤又对礼贤书院的结构和课程进行了调整，以便毕业生能够轻松进入该大学深造。

礼贤书院招收的第一批学生大多来自青岛和周边地区的农民家庭，宣教站的中国教师和雇员的子女也在此学习。据学生回忆，学校每年各科学费及膳食费用为每人 30 块大洋。学校扩建后，卫礼贤又将学生分为内附生与外附生。内附生即原有的正规学制学生，完成所有课程后方可毕业。外附生则主要为官宦和洋行买办家庭子弟，他们看准了中德交流所带来的巨大机遇，到书院主要是学习德语，同时也选修部分科学类课程。对于这些富家子弟，学校收费达到了每人每年 45 块大洋。

为了使来自较为贫穷的农民家庭的子弟也能完成学业，卫礼贤常常伸出援助之手，为他们的学费寻找担保人和捐助者。同时，为了激励贫困学生努力学习，卫礼贤还规定，连续三年每门课程均在 85 分以上者可以免除学费。第一届学生中年龄最小的姜如心便以优异成绩获得了免除学费的奖励。

卫礼贤所创办的新式学校吸引了青岛及周边地区的许多学龄子弟，胶州路上的学校很快便因为校舍狭小而无法再满足需求，同时，学校位于最繁忙的道路旁，噪声干扰也相当大。由于道路尚未完善，从卫礼贤家到学校要穿过一块谷地和其他尚未平整的路段，一下雨这段路就变成了沼泽。而到了冬天，由于房间里没有暖气，卫礼贤夫妇只能在课间轮流用花之安牧师留下的毛皮大衣裹住身体取暖。因此卫礼贤夫妇想要在他们自家宅院旁边属于教会财产的土地上建造一所更大、更便于扩建的学校。他们说干就干，1903 年，学校迁入教会山新址即今天上海路的青岛第九中学（礼贤中学）老校区所在地。辛亥革命后，许多清朝高级官员和贵族们带着家眷逃到青岛，以躲避革命者的追捕，于是书院中来自贵族阶层的子弟数量陡增。1914 年第一次世界大战爆发前，礼贤书院入学人数已达到了 130 人。

虽然礼贤书院是德国教会主导的一所中学，但其格局却是中国式的。卫礼贤在《我们在青岛的学校》一文中曾有如下一番描述：

> 这是一所中国式的学校，包括它的建筑布局。学校的房屋各自封闭，并以著名的中国建筑风格构成单独的院落。踏入正门，可以看到一个正方形的院子，四周被教室包围起来。与此相连的东院面积较大，里面设有学生宿舍。高年级学生拥有独立的宿舍内院，位于学校南区。西校区则建有一座专供低年级学生住宿的四合院。每个四合院入口处，均设有一间中国教师专用的门房，以便于他掌握院内学生的情况。校园中心是一片几乎呈正方形的宽大场地，四周被低矮的排房包围着，一条约 5 米宽的过道从中穿过，由此通向前院。很引人注目的是，这里一道道门紧密相连，其间仅隔一窗。这个大约住着 60 名学生的院落同时也在作为游戏和运动场地使用。

卫礼贤参考德国教会学校为学生制定了严格的作息制度。早餐安排在 7 点，上午 8 点至 12 点为主课时间，讲授中德文及数理化课程，12 点至下午 1 点午餐，然后是副课、作文及文体类活动。下午 6 点至 7 点为晚餐时间，8 点全体学生要在礼堂集合，点名后诵经布道。9 点半学校鸣锣提醒学生准备就寝，10 点第二遍鸣锣，学生就必须熄灯就寝。作为教会主办的学校，学生吃饭就在相邻的宣教站里，每顿饭前都要祈祷，感谢上帝赐予每日的饮食。学生毕业，也要像在教会学校中一样举行毕业答辩，考验毕业生阐述自己观点的能力。

礼贤书院紧挨着卫礼贤家的住宅，这更便于他照顾学生。除每天在晨间祷告和上课时与他们见面，他还照顾他们的个人生活，将他从巴特鲍尔疗养院学习到的一套制度也运用到了学生生活管理中，如规定师生每两周必须理一次发、洗一次澡。对于清朝末年的中国人来说，排队去浴室洗澡在当时实在算是一件新鲜事物。为保持个人卫生，书院还雇了两名洗衣女工来为师生洗衣服，规定学生必须每周清洗一次衣服。

1902年元旦的时候，卫礼贤夫妇把所有学生都邀请到自己家中，举行了一个小型庆祝活动，并为学生们准备了新年礼物。年龄大一点的学生得到了书籍，年龄较小的学生得到的则主要是手帕和肥皂。因为在欧洲人看来，他们大多来自农村家庭，还需要培养清洁观念。按照中国农历，学校在春节前进行了考试，而后便是长达数周的寒假，以便学生们按中国习俗回家去与家人团聚，共庆新年。由此可见，卫礼贤在创办学校时也充分考虑了中国人的风俗习惯。

1904年，礼贤书院取得了进一步的发展，学生人数增加到90人，其声誉也日盛一日。此时，几个中国女孩也来要求学习德语。由于尚不具备男女同校的条件，因此卫礼贤起初只是给她们安排了私人授课，但开设一所女子学校的愿望很快就变得强烈起来。卫礼贤初到青岛时就已注意到，当地所有学校中只有男孩子，女孩子则只能待在家。尽管在中国一直都有受过良好教育的妇女，但在许多当地人眼中，男女同校是不可想象的，所以卫礼贤也只能考虑女子学校的建设。

1905年，卫礼贤受同善会委托，参照德国"高等女子学校"的模式，与妻子美懿在从礼贤书院分割出来的院落中建立了女子学校，并以妻子的中文名字命名为"美懿书院"。学校也采取寄宿制，教授汉语、德语和"西学"，并针对妇女在未来家庭中的作用辅以音乐、家政和健康等课程。正如在礼贤书院一样，参加宗教教育和教会服务在美懿书院中同样是自愿的。教授课程的主要是美懿、她的妹妹汉娜和戈特利宾，舒勒牧师的夫人也参与其中，而礼贤书院一位老师的妻子则成为汉语教师。

在这所女校中，一些学生在进校时还没有缠足，其他已经开始缠足的女学生很快就意识到缠足使她们在做体操、散步时都十分不便，于是便接受德国女教师的建议将自己从缠脚布中解放出来。但也有部分顽固的家长对此十分抵触，有位潘氏甚至不断跑来把女儿香姑的脚重新缠起来，教师们有段时间只得把这个女学生藏了起来，但潘氏仍不依不饶，在卫礼贤面前扬言一定要把女儿带回家去把脚打断。幸而随着西方文化的涌入，清末许多有识之士也意识到了缠足对中国女性的危害，一再上书朝廷，痛陈缠足的弊端。于是，慈禧太后于 1902 年下达了劝禁缠足的命令。在清末新政的浪潮中，这一命令尤其在沿海地区取得了不错的效果。1906 年，慈禧再次下旨要求全国女性不再缠足，明确宣布"汉人妇女，率多缠足，由来已久，有伤造物之和，嗣后缙绅之家，务当婉切劝导，使之家喻户晓，以期渐除积习"。与卫礼贤站在相同立场上的中国友人带了抄录下来的圣旨赶来为他解了围。面对这道圣旨，香姑的母亲潘氏再不敢摆出一副权威的模样，逼迫孩子缠足了。但要打破男女学生之间的"大防"，难度就大多了。1906 年中秋节的时候，卫礼贤夫妇在花园里用灯笼和烟花作为装点，举办了一次师生聚会，但女学生们却只能待在卫礼贤家的房子里，从玻璃阳台上观看园中的热闹场面，因为封建习俗不允许她们与男生们待在一起。这使卫礼贤意识到中国妇女解放运动还有很长的路要走。他后来曾为此做出了许多努力，例如在 1909 年就说服了帮助创立高密医院的"张夫人"，使她家族中的女性在高密县率先告别了缠足这一陋俗。

由于卫礼贤夫妇的声望，女校学生数量同样增长得很快。仅仅四年，美懿书院的学生便从五六个人增加到了 82 人。在"德国文化代表团"的宣传员保罗·鲁尔巴赫（Paul Rohrbach）的倡议下，青岛和汉堡的中国商人发起捐款，在奥古斯特女皇街（今青岛武定路）购得一块土地。于是，卫礼贤夫妇又建立起了淑范女子学堂。这所学校主要招收高年级女生，旨在培训女教师，原来的美懿书院则作为新学校的预科班继续存在了一段时间。1912 年，两校合并为淑范女子学校。到 1914 年第一次世界大战爆发时，两所学校总共有近 90 名学生，许多毕业生都成了教师。

卫礼贤本人无疑是礼贤书院和美懿书院的灵魂所在，他不仅教授各种科目，而且他的众多亲属，包括妻子美懿和她的妹妹汉娜、同善会的传教士本雅明·布卢姆哈特、威廉·舒勒、苏保志都曾教授过德语和其他西学科目。卫礼贤还任命了一位中国副校长来参与课程设计，与中国文化有关的课程也由经验丰富的中国教师讲授，这些教师大都在教会学校进行过学习，对西方现代科学和社会思想有较为深入的认识，在当时是十分宝贵的人才。如山东潍县人邵宝亮（字次明）1904 年毕业于美国传教士创办的登州文会馆，主攻数学。他在 1906 年至 1909 年被聘为礼贤书院教师，后接受云南陆军讲武学堂聘请，担任了 6 年科学教习。1909 年 2 月，朱德元帅也考入讲武堂，与邵宝亮结下一段师生之谊。另外，礼贤书院的一些优秀毕业生也被留下来聘为教师。

在教育理念上，卫礼贤认为当时在中国普遍存在的死记硬背并不符合教育规律，因此他希望学生能"超越单纯的记忆形式主义"。然而当他试图在礼贤书院引入更为灵活的欧洲式教学方法时却不得不做出妥协，因为他发现很难说服中国教师改变传统的教学方式，尤其是男学生的家长不愿意这样做。在女子学校中，由于家长对成绩的期望值不高，改变传统教学方法所遇到的阻力反而相对较小。为更多地引导学生进行独立思考，卫礼贤在书院中引入了 17 世纪末以来德国高校中常用的研讨课教学形式。这种被称为"习明纳"的教学方式鼓励学生们自己搜寻相关文献，追踪科学研究的进展，独立准备讲稿，最后再在课堂上做出报告，从而大大提高了学生的自主学习和独立研究能力。教会学校中采用"习明纳"教学形式还有一个重要目的，就是通过让学生扮演教师角色来为其将来从事的教学、传教活动做好准备，因此，卫礼贤还要求高年级学生带领预备班的小学生进行晚间的灵修活动。这种特殊形式的教学实践进一步激发了学生们的独立性。此外，卫礼贤注重通过共同旅行来拉近与学生的距离，他每年带领即将毕业的男学生一起到附近的崂山进行远足，还在山中的寺庙里过夜。他说："学校组织的这种师生旅游有一些特别有吸引力的地方。你可以通过旅行中的各种小插曲来了解学生，并作为普通人与他们拉近距离。"而对于不被允许单独离开校园的女学生来说，每月一次的远足也是一种重要的消遣，她们通常是在老师的带领下到海滩上去收集贝壳。

礼贤书院、美懿书院以及高密地区学校的相继建成，使得同善会在胶州湾"保护地"的工作不断扩展，也使得卫礼贤成了一位工作繁忙的教育工作者。德国将"保护地"视为其海外殖民地，因此总督府很早就开始努力让中国人接受德式教育，以便他们将来更好地为殖民地效力。1905 年清廷宣布废止科举考试制度后，德国政府意识到这是通过参与教育改革来扩大其在华影响力的绝佳机会，就此制定了新的外交政策，决定通过组建"德国文化代表团"来与活跃在文化和教育领域的其他外国势力展开竞争，扩大德国在华影响，为德国谋取更多的经济和政治利益。于是，总督府的首席翻译兼中国事务专员单威廉再次要求卫礼贤与之合作，担任"保护地"的国立小学顾问，接手了对新成立的农村学校的义务管理工作，并参与课程和教材的制定、教学人员的选择和对学校运作的监督。与在礼贤书院一样，卫礼贤在这些学校中同样强调西方与中国教育内容的结合，并注意与中国教育体系的衔接。许多礼贤书院的毕业生也受聘成为新式学校的教师。1909 年，卫礼贤曾在一份名单中记录过学生毕业后的工作去向。我们看到，其中有 7 人在"保护地"担任教师，

6 人在中国教育机构中担任教师，10 人在德国或中国政府中任职，6 人担任翻译，13 人从事铁路管理，19 人从事商业。其中，1907 年 1 月从礼贤书院毕业的首批学生谭玉峰、谭岳峰、王真光三人全部被卫礼贤聘为教师，成为学校重要的教学力量。中国官员对于卫礼贤在办学方面取得的成功也同样重视，高密县官员在村级和县级学校的改革问题上就征询过卫礼贤的意见。1903 年至 1911 年，卫礼贤正式受聘为高密第一所新式县级学校的监事和教师，并为学校设计了课程大纲。该校的教学模式很快就被推广到了山东省的其他县级学校。

由于教育工作需要投入大量精力，卫礼贤来华不久便向同善会申请将他从宗教事务中解放出来并得到了批准。但此事并非没有引起教会内部的争议。在这中间，1901 年底当选为同善会主席的奥古斯特·金德（August Kind）博士扮演了重要角色。卫礼贤在给他的一封信中写道："就目前情况来看，我认为不给教区会众们集体施洗是完全必要的。我想我们很清楚，用水施洗的仪式没有神奇的内在影响力。我们需要的是用圣灵和火的洗礼，这并不来自凡人建立的机构。我坚信，如果我们仅以受洗与否来进行区分，伪君子就会向我们拥来，大量在精神上已经属于上帝的诚实心灵会感到被排斥……我相信，我们已经到了一个时间点上，形势正势不可挡：正如在保罗时代不再用割礼区分是不是犹太人一样，今天基督徒和外邦人之间的区别也必须被取消，一切都必须留给耶稣基督精神下的自由意志。这有风险，但也必须冒一次险，否则我们将永远无法为基督赢得民众，因为党派之争和外在因素将永远地把生死攸关的重大问题排挤在一旁。"金德博士被卫礼贤所说服，后来他不顾大多数董事会成员的保留意见，批准了卫礼贤以自己的方式来完成使命的申请。

而另一方面，当同善会希望他能为德国的传教杂志提供更多有关底层中国人生活方面的稿件时，卫礼贤却拒绝将中国人渲染为"坐在迷信黑暗中的可怜异教徒"。他指出，"人们利用对饥荒和其他疾病的描述，想通过引起怜悯来为传教士争取捐赠"，但他的任务不是"用我们的钱消除异教徒国家的所有苦难"，而是要使他们能够自己改善自己的处境。他甚至强调："我们在高密、平度以及青岛的成功，主要归功于我们迄今为止避免了基督教意义上的扩张。"舒勒牧师在给同善会的信中也指出："这里又一次给我留下了强烈的印象——卫礼贤接近中国人的道路是多么的正确——我必须说这是来自上帝的指示。"

在创办礼贤书院的过程中，卫礼贤也没有像当时许多教会学校一样，要求中国学生必须先受洗成为基督徒。学生入校后虽然也要朗读《圣经》，参加祷告，但卫礼贤并不愿意让他们受洗入教。他在1904年给同善会的报告中写道："在师生关系方面，我们的学生实际上是会众，我与他们的关系就像牧师与忏悔者的关系一样，唯一的区别在于这种关系是自由的，不是由法律固定的……'洗礼'对我来说是令人反感的。"只有在每天上课前集合时，学生们才会在卫礼贤带领下诵读《圣经》和灵修手册中的内容。后来，卫礼贤还尝试用中国经典代替《圣经》，每隔一天便进行一次中国经典诵读，并由一位中国老师来讲解。对此，卫礼贤用"我们的路德"为自己进行了辩护，他指出宗教改革先驱马丁·路德（Martin Luther，1483-1546）"不仅要求宗教教育，还要求良好的'世俗'学校教育"。因此，《圣经》和中国经典的伦理道德教育可以交替进行，通过这种方式，"中国文学也与基督教精神相互融合和渗透"，从而使"基督教教育"和中国经典教育并行不悖。在很长一段时间里，卫礼贤在他主持的学校中也没有开设宗教课，直到1912年同善会大力推动宗教教育之后，宗教课才被有选择性地与道德课结合起来，学校中才开始庆祝基督教节日。

而对于那些主动跑来接受洗礼的中国人，卫礼贤则听从了岳父布卢姆哈特的建议，只做"沉默"的祈祷，放弃正式和公开的洗礼。卫礼贤在1904年6月11日给同善会的信中汇报了他的这种做法："在事先的指导下，我把他们叫到我身边，用祷告给他们祝福"，"我没有通过洗礼等方式使这种关系成为正式关系"。从卫礼贤的自述中，我们可以明显感受到布卢姆哈特对卫礼贤的影响，他说："在那些我没有正式'祝福'的人当中，有不少人与我个人关系更密切，我相信他们也是真正的耶稣门徒……"

卫礼贤同时还支持中国人建立自己的教会："毕竟，中国人必须把整件事情掌握在自己手中，这样既不会成为浸礼会，也不会成为长老会的人，而一直是中国人。因此，更为重要的是从一开始就朝着这个方向努力，以免误入歧途。"对于他而言，"中国人永远不应被教条主义的基督教所征服，就像没有其他民族可以被锁在这个紧身衣里一样"。多年后，卫礼贤不无自豪地宣布："我在中国没有给任何人洗礼，也许正是通过这种方式，我更加接近了中国人民的本质。"

但礼贤书院的成功带给卫礼贤的并非只有喜悦。他也常常陷入对自己所选择道路的怀疑：他来到中国难道不是为了传播基督教的福音吗？为什么现在的礼贤书院却更像是在进行传统的儒家教育？他应该如何对待学生对儒家的依恋和对孔子的敬拜？传播基督教与改变当地落后的教育、医疗面貌，究竟哪一样更为重要？此时，岳父布卢姆哈特的另一封信打消了他心中的顾虑，这位智者在信中这样写道："神将他的灵赐给那些来见你的人。他们不需要成为基督徒，这个名字甚至不应该在外国使用。遵行上帝旨意的人就是天国的孩子，无论他是来自孔子还是出自教会神父们的门下。"对于当地学校应该如何应对中国学生对孔子的崇拜以及卫礼贤应该在多大程度上参与尊孔礼仪的问题，布卢姆哈特在回信中批评了以前传教士的做法，并在信中这样回答道："那是位即便对敌人也心存敬畏并由此建立起心灵共同体的伟人，如果我在中国对他表示尊敬，即使在今天，那也只能算是敬奉一位被上帝引导之人的正义之举……当我们今天以耶稣的名义踏上中国的土地，我们当感谢上帝，在此找到了可以实现的律法……这是上帝在古时候就已预备好的，将其摒弃掉，就是在亵渎上帝。因此，在高密的学校里，你不能也不应不假思索地撤销这种尊重，并且有义务成就所有正义之举，正如耶稣所做的那样。你的这种自由行动将比许多祷告的话语更有说服力……因此，请毫不犹豫地遵循中国人为纪念古代的神迹而保留下来的习俗。"

无疑，遵从布卢姆哈特牧师的建议之后，卫礼贤的新立场使其与牧师和传教士的传统身份越来越疏远，在教会内部也引发了广泛质疑，但从一位汉学家的成长角度来看，这一步却是卫礼贤走向东西方宗教哲学思想互证互鉴研究的关键一步。从此，卫礼贤开始放下基督教牧师身份的桎梏，对中国古代的宗教哲学思想进行了越来越深入的探索。

学习中国经典

为了便于推进在中国的传教事业，同善会在与卫礼贤签订的派遣合同中明确规定，卫礼贤在中国必须尽力学习中文，以便他能早日用当地语言直接向中国信徒宣教。初到中国的卫礼贤也认为传教士必须努力适应当地语言文化传统，用中国人习惯的传统模式传教。由于中国人"还没有成熟到可以接受福音的程度"，所以他计划按照《论语》形式编写耶稣语录，"从而引导中国知识分子进入基督教"。此后，在兴办学校的过程中，卫礼贤与中国官员以及旧式文人交往频繁，对中国文化、儒家典籍有了更为深入的了解。当时，礼贤书院所聘请的中国教员多为科举出身的清末举人或贡生，其中不乏饱读诗书之士，如卫礼贤最早的经学老师邢克昌就是清朝举人出身，卫礼贤对《论语》《大学》《诗经》等儒家典籍的学习及早期翻译大多得到了他的帮助。

作为卫礼贤最早的汉学导师，花之安和他编译的《列子》等中国哲学经典文献无疑也为这位新来者提供了最好的学习榜样。同时，对于富有钻研精神的卫礼贤而言，东方思想无疑正是同善会章程中所说的"将基督教及其精神文化与现存的真理要素结合在一起"的过程中最为重要的一环。因此，在攻克语言关后，卫礼贤开始了对中国古代典籍的翻译和研究。他在 1900 年年初写道："我正在读的一部作品出自一位叫墨翟或墨子的中国古人，他倡导对人类的普遍热爱，并基于此提出了完全社会主义式的观点。然而，他遭到了孔子及传人孟子的激烈反对。而现在，孔孟学说已经成为中国的正统学说，墨子则被学校说成邪恶的异端。除了他的名字，没有人知道他说了什么。我很希望能借助一个好译本将他的著作弄懂。"同时，卫礼贤开始翻译中文文献。1902 年，卫礼贤首次在上海出版的德文杂志《远东》上发表了他翻译的《三字经》（*San Tsii Ching, der Drei-Zeichen-Klassiker*）。同时，他还翻译了短篇小说、童话以及作为中国伦理和文化思想汇编的《圣谕广训》。而通过对经典著作的深入研究，他对中国古代智慧有了初步的认识。随后，卫礼贤次年又在青岛举行学术报告《孔子在人类代表人物中的地位》（*Die Stellung des Konfuzius unter den Repräsentanten der Menschheit*），将孔子视为与歌德同样伟大的人物。卫礼贤的这篇报告在当时有些离经叛道的意味。因为在 19 世纪西方殖民扩张和帝国主义时代，随着中国国力的衰落，孔子和儒家思想已经被视为导致中国落后于西方世界的重要根源，以至于孔子形象在 19 世纪后半期的西方一落千丈。卫礼贤却在此努力为孔子平反。他指出，"孔子是为地球上最伟大的民族指出千百年的安宁和太平之路的人物""他所宣扬的道德思想与世界上的其他宗教相比毫不逊色"，为中华民族做出了"伟大的贡献"，在历史上影响了整个东亚，也就是世界上三分之一的人口。在整个人类历史上都难以找到第二个能像孔子一样让自己的思想得到广泛认可的伟人。同时，孔子身上所显示的人格魅力，他对迷信的拒斥、对真理孜孜不倦的探求，都使他超越了时代的界限，成为人类历史上的伟大榜样。卫礼贤的这段话并非只是出于对孔子的盲目崇拜，我们有理由认为，他在 1903 年的时候已经深入研究了儒家的典籍，并由此产生了对儒家思想的深深崇敬，这与他后来创立尊孔文社是一脉相承的。这些译作和论文也成为卫礼贤汉学家生涯的起点。

此后，卫礼贤一发而不可收，除研究中国文化和进行翻译、出版活动外，他还在同善会的《传教信息与宗教学》和《德文新报》（*Der Ostasiatische Lloyd*）等报刊上定期发表有关他在青岛工作的报道，并发表了他节译的《诗经》（1904）、《大学》（1905）、《论语》（1905）、《三国演义》（1906）、《聊斋》（1910）、《吕氏春秋》（1910）等中国经典，同时还发表了大量研究中国哲学、风俗、历史、科学史、外交史的论文。

因为学校就在家门口，卫礼贤每天上完课后，最美妙的娱乐活动就是观察自家花园里新种植的小树、灌木、草坪和花卉的生长情况。夫妇俩还特意引种了来自德国的浆果和花卉。这些植物来到青岛后大都长势良好，花园很快就被绿荫所遮蔽。由于当时还没有自来水管，到山下取水很不方便，所以卫礼贤又让人在花园一角挖了一口井。这口井一直挖到 15 米深，当大家几乎已经决定放弃时，水才从地底涌了出来。

1901 年 7 月 8 日，在这座漂亮的花园小洋房中，卫礼贤夫妇的长子齐格弗里德出生了。听到这个消息后，与卫礼贤来往密切的中国人，特别是他曾经帮助过的高密村民纷纷前来表示祝贺，他们按本地风俗带来了礼物，其中还包括给孩子的银质长命锁。不过，夏天的湿热气候对任何一个新生儿来说都意味着严峻的考验，加之当时在青岛还没有助产士和保育员，因此在闷热的雨季中，孩子很快就感染了痢疾，而在医生严格的饮食控制下，孩子的体重越来越轻。此时，卫礼贤想到了用牛奶给孩子增强体质的办法。在此之前，当地中国人只把牛当作田间劳作时必不可缺的帮手，连吃牛肉都不会考虑，更不用说喝牛奶了。有一天，卫礼贤在毗邻的台东村找到了一头母牛，在牵出来清洗后，他向围观的村民们展示了挤奶的过程。随后，卫礼贤不顾医生的强烈抗议，给孩子喂下了牛奶，孩子很快恢复了健康。喝牛奶这一新鲜事物也由此被引入了青岛。

由于美懿怀孕生子，卫礼贤的工作比此前更加繁重了。因为还要照顾高密地区的医院和学校，而舒勒牧师的工作又主要限于青岛教区，因此同善会又派了克里斯托夫·布卢姆哈特的侄子本雅明来帮忙。本雅明接受过神学培训，在1902年至1913年期间主要担任高密传教所和学校的管理人员，同时兼任礼贤书院的教师。1902年，萨乐美的妹妹汉娜也利用旅行的机会，一起来到了青岛。她的到来可谓恰逢其时，因为这年7月，卫礼贤夫妇的第二个儿子出生了，需要有人帮忙照顾。1905年年底，当卫礼贤夫妇迎来第三个儿子赫尔穆特时，家中的育儿条件已经非常齐备，因为卫生条件、医生、护士都已经达到了欧洲的水准，照顾新生儿不再那么困难了。

作为对卫礼贤夫妇的支持，1906年到1914年，萨乐美的另一个妹妹戈特利宾也来到青岛，在学校中担任教师，她的部分费用由布卢姆哈特家族承担，部分工资由同善会提供。此外，戈特利宾还帮助抚育了卫礼贤夫妇在 1910 年生下的第四个儿子瓦尔特。按照传教士的惯例，所有布卢姆哈特家族的人都学习了中文。1911 年至 1912 年间，卫礼贤的岳母埃米莉也在这里工作了约一年。

破冰之旅

　　山东作为孔子的故乡和儒家思想的重要发源地，长期以来对卫礼贤一直充满了魅力，他一直希望能深入内地，在山东省的文化名城走上一趟，近距离了解中国的传统文化。1902 年秋，为了与山东巡抚协商礼贤书院与济南府的隶属关系，卫礼贤到济南府进行了一次访问。此时，胶济铁路尚未竣工通车，因此卫礼贤还必须以传统的旅行方式从青岛前往济南府——乘马车、骑马、坐轿子，而在来自工业社会的旅客眼中，这些古老的交通方式都充满了原始的魅力。一路上，卫礼贤一行每到一处古城，便会驻足在古老的遗迹前，试图从依然矗立的城墙、石狮和残垣断壁间依稀辨认出古代文明的辉煌。那些战乱的痕迹让他不禁联想起三十年战争（1618–1648）之后德国的凋敝情景，一时无限感慨。

　　在济南府，山东巡抚周馥（1837–1921）亲自接见了卫礼贤。周馥祖籍安徽，同治元年（1862）便加入李鸿章组建的淮军，此后参与洋务运动颇有建树，深得李鸿章赏识，成为封疆大吏，是淮系集团中的一位重要人物。在接替袁世凯出任山东巡抚后，周馥曾多方抵制德国对山东的经济渗透，并在主权问题上毫不退让。同时，他对德国统治下的胶州湾地区也颇为好奇。因此，虽然由于传信的仆人弄错了接见时间，以致年过六旬的巡抚大人不得不等了卫礼贤两个小时，但随后的会谈却进行得非常愉快。周馥对眼前这位讲中国话的德国传教士颇感兴趣，对于德式学校的教育方式听得津津有味。卫礼贤请求允许礼贤书院的学生毕业后到济南府进入高一级学校深造，周馥马上就同意考虑，这使卫礼贤喜出望外。周馥则乘机主动提出前往青岛进行巡视。因为在此之前的张汝梅、毓贤和袁世凯三任山东巡抚都从未到德国统治下的胶澳租借地进行过访问。对急于要在山东打开局面的德国殖民政府来说，这无疑是与中国高级官员直接对话、取得信任的良机，也使卫礼贤一下看到打破中德之间隔阂的新希望。卫礼贤后来在《中国心灵》一书中的《青岛的故人们》一节里曾这样描述道："当时的中国巡抚周馥打破禁令，对青岛进行了一次访问。他的行动是基于这样的一个推测，如果双方能够怀着互相信任和良好的愿望，而不是互不信任和彼此孤立，那么双方都能取得更大的成效。"

时任胶澳总督特鲁泊（Oskar von Truppel，1854-1931）闻讯后颇感意外，他在致德国海军部国务秘书蒂尔皮茨（Alfred von Tirpitz，1849-1930）的信函中说，这是一个"几乎令人无法相信的愿望"。卫礼贤在日记中也指出，一些殖民者认为巡抚此举背后肯定另有企图，是想对"德国保护地"进行"精神占有"，因此十分紧张。这种猜测倒并非没有道理，因为尽管德国已经将胶州湾视为自己的领地，准备永久占领下去，但根据中德之间签订的条约，胶澳地区只是被"租借"给德国，主权仍属于中国。因此，周馥访问青岛确实有宣示领土主权之意。在会见中，周馥也明确地对特鲁泊说明："即使青岛已被租借给德国，它仍属于山东地界。"他还将这一观点明确传达给了青岛当地的中国商人，这使当地华人颇为振奋，大大增强了他们对中国政府的认同感，以至于特鲁泊不得不出面提出异议，并且在给蒂尔皮茨的信中抱怨道："租借地中的中国居民把济南当局视为自己的代表，并且与其进行紧密合作。"由此可见，周馥此行是具有重要政治意义的。

不过，尽管中德之间存在主权之争，德国殖民当局还是将访问视为向中国官员展示实力的机会，故而对周馥的访问大开绿灯，特意安排周馥在烟台芝罘港登上前去迎接的德国巡洋舰，然后直接驶往青岛前海栈桥。德国方面在港口举行了欢迎仪式，全程"礼貌周备，供张颇盛"，令周馥大为满意。不久之后，特鲁泊又到济南府做了回访，由此开启了山东巡抚与胶澳总督之间持续十余年的直接对话，对于双方消除疑虑、缓解冲突起到了良好效果。卫礼贤在《青岛的故人们》中也这样写道："巡抚来到青岛后，他那真诚坦率和健康的幽默感立刻扫去了人们心中的疑云。青岛和济南府之间开始了友好的睦邻交往。"① 在周馥"破冰"之后，其继任者均十分重视青岛殖民地的重要地位，在继任的五任巡抚中，杨士骧、袁树勋和孙宝琦均曾到青岛访问。

12月5日，周馥在访问青岛期间还特地参观了礼贤书院。对于巡抚的来访，卫礼贤和学生们自然非常兴奋，但他们不得不从上午9点一直等到下午5点。不过，周馥并没有让他们失望。由于已经没有多少时间听课，所以他让学生们写了文章，然后亲自对这些文章进行了评定。学生们的文章让他大为赞赏，于是赠送给学堂200元作为对学生们的奖励。此次考察的结果也让他对新式教育刮目相看，于是承诺学生们在毕业后可以参加山东大学堂"优贡"考试，考试合格者可进入高等学府读书。周馥的此次礼贤书院之行开启了周家与卫礼贤家族延续几代人的友好关系，也成为中德文化交流史上的一段佳话。

在将德国式中小学教育成功引入礼贤书院后，卫礼贤的影响力也开

---

① ［德］卫礼贤：《青岛的故人们》，鲁海著，王宇洁等译，青岛出版社，2007年，第91页。

始进一步超出青岛和高密的范围。1903 年，同善会又相继在莱州和平度建立了两所学校。卫礼贤甚至计划在整个山东建立起广泛的学前教育网络，并按照欧洲的模式对山东的整个教育系统进行革新。1904 年，卫礼贤又建议中德双方联合建立高等学府，并于 5 年后正式创办了青岛特别高等专门学堂（Die Deutsch-chinesische Hochschule in Tsingtau，又称青岛特别高等专门学校、德华大学、黑澜大学）。

卫礼贤提出这些教育改革计划其实并非偶然，而是与同时代清廷的一系列教育改革遥相呼应。当时，由于义和团运动的彻底失败和签订《辛丑条约》所带来的巨大耻辱，中国的有识之士无不痛定思痛，呼唤新政。清廷在切肤之痛下也不得不顺应呼声，开始艰难地迈出教育改革的步伐。1901 年 8 月，清廷下诏，宣布自次年起，乡会试及岁科将以中国政治史事及各国政治艺学命题，不准再用八股文章。9 月，清廷又下《兴学诏》，改革各省书院，命各省城设大学堂，各府厅、直隶州设中学堂，各州县设小学堂，并多设蒙养学堂。1902 年 8 月，管学大臣张百熙进呈《京师大学堂章程》《考选入学章程》《高等学堂、中学堂、小学堂章程》以及《蒙学堂章程》，即《钦定学堂章程》。此章程模仿日本设计了 3 段 7 级学制，其中蒙学堂和普通小学堂共 7 年，为义务教育。1904 年初，张百熙、张之洞、荣庆又主持拟定了《奏定学堂章程》，除规定各级各类学堂章程外，还制定了学校管理法、教授法等，学制仍为 3 段 7 级，由低到高为：蒙学院（4 年）、初等小学堂（5 年）、高等小学堂（4 年）、中学堂（5 年）、高等学堂（预科 5 年）、分科大学堂（3-4 年）、通儒院（5 年）。初等小学堂 5 年为强制教育，儿童满 7 岁一律入学。1905 年 9 月，直隶总督兼北洋大臣袁世凯等奏请立停科举，推广学堂。于是，清廷下诏，宣布从 1906 年起废除科举考试，影响中国封建社会一千多年的科举考试制度到此寿终正寝。卫礼贤对中国教育系统的改革当然表示赞同，但他也批评清廷缺乏决心，效率低下。他认为这场改革存在明显不足，因为在扩大中小学教育之前就已经建起了大学，而中小学则还没有足够多的接受过学前教育的学生。

无疑，山东在此次教育改革中正是走在全国最前列的省份。袁世凯在山东巡抚任上就已开始大力推行西式学堂，为山东设计了新的学校体系，后来成为全国的典范。他的继任者周馥也同样是洋务运动的中坚力量，当时刚刚成立的山东大学堂管理总办（校长）正是他的第四个儿子周学熙。对于具体如何在这些新式学堂中实现"中学为体，西学为用"，清廷其实也还处于摸着石头过河的阶段。因此，周馥、杨士骧对卫礼贤建立的这所中西结合的书院格外感兴趣也就不足为奇了。

1904 年，山东候补道萧应椿又奉巡抚之命到青岛巡视，亲自到礼贤书院挑选了几名学生到济南府的山东大学堂参加会考，结果书院首届学生中的谭玉峰在所有考生中名列榜首，被奏准为优贡生，其他另外几名学生也以优异成绩通过了考试，使礼贤书院一时名声大振。由于办学成绩优异，1906 年，接替周馥出任山东巡抚的杨士骧（1860-1909）在巡视青岛后奏请清廷赏赐给卫礼贤四品顶戴及"道台"的荣誉头衔。于是，在 1907 年 1 月礼贤书院举行第一届毕业生典礼时，杨士骧亲自前来参加，并代表清廷授予卫礼贤四品顶戴，使他成为青岛赫赫有名的"卫大人"。后来，礼贤书院几经改制，新中国成立后更名为青岛第九中学，培养了包括 9 名两院院士在内的大批优秀毕业生，成为山东省著名学府。

第二次山东内地之行

在来到山东后的最初几年，卫礼贤的活动范围很少超出胶州湾周围百里，唯一一次深入内地的远行便是1902年拜会山东巡抚周馥的那次济南之行。这对于想通过深入中国人的生活来了解这片土地的卫礼贤而言显然远远不够。1905年5月，卫礼贤收到邀请，要到济南府去主持一场德国人的婚礼。于是他利用这个机会，带着几个年龄较大的礼贤书院学生在山东腹地进行了一次远足。此行中，卫礼贤不仅再次访问了济南，而且足迹远及泰山、曲阜，所到之处，中国传统文化的强大生命力都给他留下了深刻印象。在后来发表的《中国心灵》一书中，他对此次在"旧日中国"的远行曾有详尽的记录。

卫礼贤一行先乘火车沿着已经完工的胶济铁路东段向西行进。对卫礼贤来说，铁路是区分新旧时代的标志，在已经通车的土地上，乡村的宁静被打破，千年古墓被毁弃，传统被破坏，而从地下发掘出来的甲骨、青铜器一方面诉说着中国古老的历史，一方面又成为欧洲文物贩子的猎物，这令卫礼贤更加向往到尚未被"蒸汽马"所破坏的"旧中国"去寻找不同的体验。坐火车抵达第一站潍县后，地方官为卫礼贤准备了一乘轿子，并配备了两班轿夫，同时还派了一辆大车来运送学生和行李。相对于颠簸的大车，卫礼贤很享受于轿椅的舒适。他在轿中一边欣赏着沿途美景，一边阅读着有"第二才子书"之称的中国小说《好逑传》。《好逑传》成书于明末，作者自称"名教中人"，全书带有浓郁的封建礼教色彩，但又打破了"女子无才便是德"的陈腐观念，人物刻画不落俗套。它讲述才女水冰心与侠士铁中玉惺惺相惜，多次挫败垂涎水小姐美色的富家公子过其祖，两人同时又始终以理自持，谈话吃饭时也只隔帘相对，以避流言。最后，皇后验明水冰心一直守身如玉，证明了两人的节操。于是皇帝下旨赐婚，还通令表彰二人的品行，并惩处了恶人。有趣的是，这部才子佳人小说在欧洲的名气比在中国还要大。早在 18 世纪初，它就被来华经商、传教的欧洲人作为汉语教材广泛使用，并译成了欧洲文字。1761 年，该书的英译本在英国正式出版，此后又出版了德语、法语、荷兰语等多个语种的译本。18 世纪末，德国文豪席勒获赠该书后，对其赞不绝口，并将此书推荐给了好友歌德。歌德对书中忠贞不渝、以礼自持的青年男女也留下了深刻印象。30 年后，年近八旬的歌德还向他的朋友艾克曼（Johann Peter Eckermann）和法国物理学家安培之子、比较文学先驱让-雅克·安培（Jean-Jacques Ampère）谈起过这部小说，并认为"那里一切都比我们这里更明朗、更纯洁，也更合乎道德"。卫礼贤认为，从现代人的角度来看，《好逑传》情节枯燥，书中人物也不够自然，其行为的斧凿痕迹很重，但却完全符合 18 世纪欧洲人对"礼仪之邦"的想象。换言之，带着些陈腐味道的《好逑传》与卫礼贤的"怀旧之旅"堪称绝配。

卫礼贤一行经过的第二座大城市是青州府。望着古老的石狮、古城楼的遗迹和齐国历代君王的坟丘，对中国历史已经颇有了解的卫礼贤回想起了曾经在齐国陶醉于韶乐，以至三个月不知肉味的孔子，也想起了与齐威王讨论"独乐乐，与人乐乐，孰乐"的孟子。卫礼贤不仅怀着敬意访问了古城的遗址，还饶有兴趣地对驻扎在城中的清朝军队和生活在城里的伊斯兰教徒进行了考察。

告别青州后不久，他们便到达了山东省会济南。在卫礼贤眼中，济南府仍是一个未遭到西方文明入侵的"老式"中国城市。城南的千佛山上满是寺院和庙宇,城中到处是泉眼和清澈的泉水。众多的泉水汇成小溪,几乎从每一条街道旁流过,使城市显得十分洁净。茶馆在城中随处可见,河岸边摆满小摊,喧嚣的人声使街道生机勃勃,城北的大明湖更是游人如织、莺歌燕舞。在济南,卫礼贤还受到了山东巡抚热情友好的招待,这令他受宠若惊,同时又颇感欣慰,因为这证明他超越宗教和民族界限,在中德两国之间播下和解宽容种子的努力并没有白费。尽管他在传教业绩方面与其他传教士相比大为不及,但事实却证明他的工作是很有意义的。

过了济南,卫礼贤一行穿过一条古老的驿路,来到了宁阳。此地的县官正好是他的一个老朋友,于是这一行人就直接住进了县衙,并有机会近距离观看了中国官员在公堂上审案的过程。恰好这位官员与孔子的第七十六代世孙、居住在曲阜的"衍圣公"孔令贻私交不错,于是卫礼贤又跟随这位朋友去曲阜参加了在孔府举行的一场婚礼。

卫礼贤在曲阜首先拜谒了参天古柏守护下的孔庙。对卫礼贤而言,这是一块充满厚重历史气息的圣地,其历史可以追溯到 2400 多年前生活在这里的孔子,甚至是更为古老的孔氏先祖。卫礼贤在此大发感慨,因为历代中国王朝都对这位古老的圣人崇敬有加,将孔子视同为神,对留有"孔圣人"生活痕迹的每一棵树都用石刻加以纪念。而孔氏家族成员的墓地则给卫礼贤留下了更为深刻的印象,这里古树参天、气氛肃穆,而孔子本人的坟墓却极其简朴,只是一座绿草覆盖、苍柏掩映的小土丘,仅有一块简朴的石碑立在墓前,告诉后人是谁在此安息。这种神圣的简朴与宁静更增加了古墓的神圣感,使卫礼贤相信,就连长在这里的草也充满魔力。事实上,卫礼贤后来在学习《易经》时就特地弄来了孔子墓上的一把"神圣的"蓍草,并认为用它卜卦特别灵验。

卫礼贤尤其称赞孔子为"地球上最伟大的民族指出千百年的安宁和太平之路",因此理所应当得到世人尊敬。他指出：孔子依据当时的社会条件构想出了一个极端和谐的世界。由于孔子认为人对家族都有一种本能的执念,于是在这种执念的基础之上设计了世界秩序的蓝图,即以家庭为中心,将国家视为一个扩大化的家庭,由此从家庭中那些最自然不过的事情推导出了每个人所应具备的修养,并同时确立了一种博爱的观念："四海之内皆兄弟"。卫礼贤还特别赞扬孔子通过整理、阐释古代文献建构了中国文化中最核心的凝聚力,并延续了千年之久。卫礼贤由衷地赞叹道："在人类历史上众多的伟大人物中间,恐怕没有第二个人能像孔子一样,如此成功地让自己的思想精髓得到大众的认可。"而孔子思想中的伟大真理——自然与文化的和谐——将永远存在下去,并成为促进人类新发展的巨大推动力。因此,从这个角度讲,"孔子是真正不朽的"。从卫礼贤后来的汉学研究轨迹来看,也许正是这次孔府之行的感悟激发了他对《论语》的研究热情,并从此走上了成为伟大翻译家的辉煌道路。

相比之下,到孔府出席当代"衍圣公"孔令贻的婚礼并没有给卫礼贤带去特别的感受,因为在他看来,此类婚姻并不是基于爱情,而是基于彩礼的变相买卖。因此,婚礼不过就是在双方家庭代表前举行的一个盛大仪式而已。卫礼贤对作为新郎出来迎接的衍圣公表示了祝贺,但他与这位孔子后人的谈话内容也只是表达对孔子敬仰之情的寥寥数语。晚饭时,戏班子在特意搭设起的戏台上唱起戏来,为宾客表演助兴。这给初次接触中国舞台戏剧的卫礼贤带来了不小的惊喜,他不仅由此了解了中国的折子戏,而且还亲自点了一折。这场热闹的婚礼一直持续到深夜,最后,卫礼贤才带着对中国式婚礼的深刻印象高高兴兴离开了曲阜。

离曲阜不远便是东岳泰山,卫礼贤将它比作"中国的奥林匹斯山",

认为中国人对泰山的崇拜是远古时期自然崇拜的一种残余。卫礼贤的旅程从泰山脚下的东岳庙开始。无数带有历史印记的古迹依然矗立在这里，岁月的磨蚀使这片宏伟的建筑显得有些荒凉破败，但在卫礼贤眼中，这却为庙宇增加了几分神秘的色彩。与当时游泰山的许多外国人一样，卫礼贤上山时选择了最舒适的交通工具——滑竿，由几名中国轿夫轮换着把他抬上山去。他则一边惬意地欣赏着泰山上的古树、石刻、山门、庙宇，一边沉浸在对历史的回忆中。这边有秦始皇亲封的五大夫松，那边有孔子当年携众弟子登山时曾经歇息过的山门，而随处可见的则是历代名人在泰山石上留下的题记，它们构成了超越时代的诗歌和箴言的大合唱。卫礼贤特别赞扬了当地官员对山林、石刻、寺庙的保护，正是他们的努力才使泰山这座圣山没有遭到破坏，后人才能够如古人一样通过对自然和历史的直观认识在此获得美的享受。

来到南天门之内，卫礼贤发现陡峭的山路根本就无法阻挡虔诚的香客们，这里同样游客如织，他甚至惊讶地遇到了一位 70 岁的老奶奶。在攀谈中，这位步行登上泰山的小脚奶奶告诉卫礼贤，因为她对自己的一生已经非常满足，所以心中宁静，漫长的旅程对她来说也就没有什么艰难可言。这番话令卫礼贤久久不能忘怀。随后，卫礼贤游览了山上的斗母宫、孔庙、玉皇顶、舍身崖，对中国人的宗教信仰有了更深一层的直接认识。晚上，山上下起雨来，卫礼贤在借宿的道观中喝着热茶，在摇曳的火光映照下，听一位老道讲起了神话传说。恍惚中，卫礼贤仿佛在云雾笼罩的群峰之间看到了冥冥之中的天数，也看透了生与死的秘密。

也许是受此行的激励，卫礼贤翻译中国文献的热情在 1905 年上升到了一个新的高度。同善会的机关报《传教信息与宗教学》上发表了卫礼贤翻译的《论语》第一章和《尚书》中《大诰》的译文。不久，卫礼贤在同一刊物上又刊登了小说《三国演义》部分章节的译文，关于中国新法典、天文学、秘密宗派的研究论文也相继出版。它们标志着卫礼贤在汉学家道路上又走出了坚实的一步。

短期回国

　　根据同善会的规定，传教士每 7 年为一个服务期。到 1906 年，卫礼贤转眼已经在中国度过了 7 个年头。因此，随着 7 年期限的临近，他必须做出抉择，是继续作为同善会派往中国的传教士在青岛服务，还是从此返回德国。从家庭的角度来看，返回德国无疑更加合情合理。因为卫礼贤的母亲近期一直在信中抱怨自己的身体一天不如一天，希望还能与她唯一的儿子再次团聚。但是对于卫礼贤而言，他在青岛、高密亲手开辟的工作才刚刚走上正轨，青岛的中国商人们正对新式学校表现出越来越大的兴趣，在高密建立一所医疗和技术学院的计划也正在推进之中，此时放弃未免可惜，所以他决定继续留在岗位上。但不幸的是，就在这年夏天，他的母亲还来不及等到儿子归来就在斯图加特去世了，幸而卫礼贤的岳父布卢姆哈特牧师在她去世前去探望过几次，这对卫礼贤和他去世的母亲来说都是莫大的安慰。

　　1907 年秋天，德国海军部又计划以礼贤书院为基础在青岛建立一所面向中国人的学校，由卫礼贤担任校长，且聘期至少有 5 年。这意味着，学校建成后，卫礼贤就要退出同善会的工作，正式成为德意志帝国政府的雇员。因此，卫礼贤一家决定在此之前先回德国探望一下亲人，并与德国海军部就书院的未来进行更为深入的商谈。于是，在与同善会协商后，舒勒牧师暂时接手了礼贤书院的管理工作，舒勒夫人和美懿的两个妹妹则在学校中负责起了教学组织。

10 月，卫礼贤与妻子美懿以及他们在青岛出生的 3 个孩子一起踏上了返回德国的旅程。他们在上海登上"海因里希亲王号"，并在福州进行了短暂的停留。由于卫礼贤来到中国后还从未到南方进行过旅行，因此福州之行虽然只有短短 3 个小时，但中国南方与北方文化的巨大差异仍引起了他的浓厚兴趣。卫礼贤于是计划以后要到南方去对当地民俗和传统文化进行更多研究，但后来由于世界大战的爆发，这一计划中途夭折。不过，关于中国南北文化的差异问题，卫礼贤在他后来发表的多部著作中都曾论及。

回到巴特鲍尔之后，卫礼贤先与岳父讨论了未来的发展计划。此时的中国正在被势不可挡的历史洪流推向一个新的转折点，巨大的变革已迫在眉睫，因此布卢姆哈特牧师认为卫礼贤应该顺应大势，继续将他在中国业已开始的事业向前推进。随后，卫礼贤在 11 月初前往柏林与同善会就他自己的未来进行了商谈。同善会董事会中的多数成员都希望挽留卫礼贤，让他继续在青岛为宣教站服务，但作为主席的金德博士还是同意卫礼贤接受青岛学校校长的任命。作为支持，他还同意再安排 3 名教师到青岛做他的助手。

但是卫礼贤与帝国海军部的谈判就不那么愉快了。为实施扩建中学和新建大学的计划，卫礼贤希望得到 30 万马克的资助。预算委员会却只同意拨款 5 万马克。而且因为资金有限，究竟这笔钱是该投入中学还是大学建设也成为难以决断的问题。这些意外的挫折令卫礼贤对自己此次德国之行的意义都表示了怀疑。

1908 年 1 月，为了争取更多支持，卫礼贤不得不拖着疲惫的身躯，代表同善会在柏林举行了一些演讲。2 月，卫礼贤与帝国海军部关于组建学校的讨论继续进行，但最终双方不欢而散，海军部决定放弃接管教会学校，一切又都回到了原点。在回顾德国之行时，卫礼贤写道："与德国国会关于在中国建立学校系统的谈判有了结果，政府暂时没有批准预算资金。目前还不能确定帝国议会今后的立场。因此，政府接管我们的学校并将其纳入公办学校系统的计划被推迟了。这使我所面临的前景变得清晰起来，我们很高兴能保持上帝给予的自由之民身份，尽管我们的处境有些困难。"因此，卫礼贤只能继续为同善会在中国的事业效力。1908年4月，卫礼贤一家又回到了青岛。

返回青岛工作后，卫礼贤一家受到了老同事们的热烈欢迎。欢迎晚宴刚一结束，卫礼贤夫妇便马上又为学校的事情忙得热火朝天。几个月的短暂别离还使感觉敏锐的卫礼贤觉察出了中国政治中的一丝新气息。此时，同盟会等革命组织已经成为影响中国未来的一支不可忽视的力量，民族革命的思想也日益深入人心。尽管青岛并没有爆发革命党人的起义，但是归来之后的卫礼贤发现，学校中有几个男生已经剪掉了作为清朝统治标志的长辫子。学生们也改变了过去对政治和时事漠不关心的态度，当老师在世界历史课上讲到现代欧洲宪法的发展时，学生们都兴致勃勃，眼中闪动着兴奋的光芒。显然，他们从欧洲的崛起历程中看到了改变中国落后面貌的希望。而在青岛的德国人则担心革命会冲击他们在殖民地的既得利益，并由此产生了种种谣言。卫礼贤不得不现身说法，用自己的亲身经历来消除不必要的恐慌。

北京之行

1908 年，卫礼贤在柏林期间结识的作家保尔·鲁尔巴赫（Paul Ro-hrbach，1869–1956）正好到中国来旅行。他非常支持卫礼贤在中国的事业，在青岛之行中便住在了卫礼贤家里。正好鲁尔巴赫还要到北京等地对农业生产进行考察。于是，1908 年 6 月，卫礼贤便与他一起动身前往北京。这次旅行对卫礼贤而言有多重意义，他不仅希望能增加对中国内地的认识，而且希望能深入了解北京的教育状况并与高等学府建立联系，以便为礼贤书院的学生进一步深造铺平道路。其实，从礼贤书院毕业的学生当时供不应求，很容易找到高薪职位。但卫礼贤能未雨绸缪，为学生的未来作更为长远的打算，这的确是难能可贵的。

卫礼贤和鲁尔巴赫首先乘汽船前往天津。当船沿着山东海岸航行时，两人看着沿岸破败的渔村，文化上的优越感再度涌上了他们心头。在他们的宏伟蓝图中，殖民者将通过把欧洲文化与科学输入这片土地使之摆脱衰落状态，将中国带入新的辉煌。然而当他们在天津和北京考察中国教育系统和文化市场时，却被现实情况当头泼了一盆冷水，因为德国在这两个领域中对中国的影响简直是微不足道。不仅在中国大学中到处是从日本留学归来的教师，而且在书店里很容易找到日语和英语书籍的汉译本，甚至也能找到一些从法语、俄语翻译来的书，但却找不到一本译自德语的书。对于谋求成为世界霸主的德意志帝国来说，文化影响上的弱势地位与其野心相比显然极不相称。在北京，他们恰好碰到了被德国政府临时派往中国与清廷商谈合办大学的汉学家福兰阁（Otto Franke，1863–1946，中文名博兰克）。其实早在 1904 年底，卫礼贤就与胶澳总督府的中国事务专员单威廉共同起草过一份建立高等学校的方案，希望以此扩大德国在中国的影响，因此他对福兰阁的计划十分支持。此后，经过中德双方一年多的谈判，1909 年 7 月 9 日，福兰阁终于与洋务派代表人物、学部尚书张之洞（1837–1909）签署了协议，决定在青岛合办中德高等专门学堂，即德华大学。卫礼贤不仅在建校过程中提供了很多咨询建议，而且在德华大学成立后，也与校方保持了密切的合作关系。

值得一提的是，德国外交部翻译出身的福兰阁此后回到德国，转型为职业汉学家，甚至比卫礼贤还早 15 年成为德国汉学教授。福兰阁比卫礼贤年长 10 岁，一生可谓顺风顺水。他出生在德国中北部哈尔茨山脚下的小城格恩罗德（Gernrode），父亲是市长。早年曾在柏林大学和哥廷根大学攻读历史和梵文，1886 年获得博士学位。为了能成为外交官，他又在柏林大学读了两年法律，并学习了中文。1888 年作为外交部译员来华后，福兰阁先后在北京、天津、上海等地工作长达 13 年。1903 年至 1907 年，清廷聘请福兰阁担任中国驻柏林公使馆秘书。1908 年至 1909 年，福兰阁又接受帝国海军部委派，再次来到中国，筹办了中德高等专门学堂。作为德国外交部里的"中国通"，福兰阁很早就意识到在德国建立专业汉学研究的重要性。在 1905 年的德国殖民大会（Deutscher Kolonialkongress）上，福兰阁曾做专题报告，呼吁尽快在德国高校中建立专业汉学系，从而为德国人"根本性地理解东亚文化世界"奠定基础。1909 年，汉堡殖民学院（Kolonialinstitut）创办了东亚语言与历史研究所，众望所归的福兰阁被聘为首任所长和德国历史上首位汉学教授。此后，他还当选为德国学者联盟主席。1923 年至 1931 年，福兰阁又转赴柏林大学汉学系任职，并成为普鲁士科学院院士。作为德国职业汉学的开创者，福兰阁执教 20 余年，几乎整整一代德国汉学家都出自他的门下。同时，他勤于著述，一生发表的文章和著作有 200 多种，其中最负盛名的是五卷本《中国历史》（*Geschichte des Chinesischen Reiches*），也是德国专业汉学初创阶段的标志性成果。

　　与福兰阁分手之后，卫礼贤和鲁尔巴赫继续在北京进行他们的文化考察，最令卫礼贤着迷的当数承载着厚重历史记忆的北京古建筑。庄严的孔庙将他的思绪带回到百家争鸣的时代。他认为，在那个"真正人性的时代"，思想家们"真正在为塑造人类共同生活的理想、为地球和平而进行着热烈的斗争"。而辉煌的喇嘛庙让他想到了藏族和蒙古族部落对活佛的崇拜，想到了清朝出于政治考虑与草原民族的联盟。而破败的颐和园不仅让他想到了皇家园林曾经拥有的童话般的辉煌，而且也想到了义和团运动时八国联军对北京所进行的破坏。长城让他想到了中国古代农耕文化的边界，想到了从北方闯入的游牧民族，想到了被中国击败的匈奴人如何转向西方，最后在欧洲引发了日耳曼民族的大迁徙。明朝遗留在北京郊区的辉煌遗迹则不仅让他回想起了明清两朝的交替，也预感到这个古老国度有一种新的生命正再次从废墟中生长出来，新的精神正在破茧而出，而他们一行人则幸运地站在了这个历史的转折关头。美懿在回忆录中写道："一阵风吹过，古塔上响起了忧郁的铃声。云层的薄纱被撕开了一道口子，明亮的阳光照亮了暮霭沉沉的大地，希望出现了，在这里，新的生命也将从废墟中生长出来；我们感激地认识到我们在这项伟大的生命工作中的地位。"

　　在回程中，卫礼贤一行选择了陆路旅行。他们先乘火车到达顺德府（今河北省邢台市），然后在当地雇了一辆最常见的马车，穿过风沙滚滚的华北大平原，再经临清渡过京杭大运河，而后穿过盛产棉花的高唐县，最后在齐河县渡过黄河，抵达济南府。新任山东巡抚袁树勋热情地接待了他们。这位新任巡抚在对外政策上素以强硬著称，不过他对卫礼贤倒颇为友好。同年 10 月，袁树勋也如他的前任一样对青岛进行了巡视。

　　就在卫礼贤从北京旅行归来后不久，1908 年 11 月 14 日（光绪三十四年十月二十一日），光绪皇帝突然驾崩，他死后第二天，慈禧太后也一命归天。12 月 2 日，3 岁不到的末代皇帝溥仪举行登基大典，继承了帝位。虽然当时大家还无法预料到大清王朝只剩最后 3 年苟延残喘，但几乎所有人都明白，一个旧时代已经终结，因而对中国的未来也更加关切。这一时期，青岛本地出版的《青岛新报》（*Tsingtauer Neueste Nachrichten*）、上海出版的《德文新报》等报纸纷纷向卫礼贤发出邀请，希望这位"中国通"能为报纸撰稿，向德国人传递和解读来自中国政坛的新闻。于是在接下来的几年中，卫礼贤在这些德文报纸上发表了一系列关于中国时局的文章，同时发表了大量介绍中国历史、文化、科技等方面知识的小文章，他的名字也开始引起德国公众的注意。

第五章　崭露头角的翻译家（1909-1911）

　　1908 年从北京旅行归来后，卫礼贤继续回到学校工作，除了编写化学、天文、几何、物理等科目的教科书和小册子《2000 个最重要的汉字》外，他将更多的精力投入对中国经典的研究和翻译中，他选择的第一项工作是《论语》的新译本。

翻译《论语》

　　卫礼贤对中国经典的系统研究与翻译从《论语》开始并非偶然。早在 1904 至 1905 年间，卫礼贤在《论语》节译本的序言中就已经指出："在中国所有的古典文学作品中，《论语》可能占据了最重要的地位。"这部作品在中国是"学校中首先被背诵和解释的经典，为整个中国受教育阶层提供了道德和宗教信念的基础……"同时，他意识到："我们要了解中国知识分子的生活，就必须从顶层着眼。"因此决心通过翻译让德国人"更接近中国的伟大导师……并弥合我们的知识生活与我们普通概念中的远东之间的鸿沟"。

1907 年，在返回德国休假期间，卫礼贤利用闲暇时间完成了计划中的《论语》译本初稿。但与鲁尔巴赫的讨论却使他对德国人能否真正理解书中的内容产生了怀疑。在与鲁尔巴赫从北京考察归来后，卫礼贤决定以平行译本的形式向德国人介绍这部经典：一个译本采取直译，另一个则侧重于解释其内涵。为此，已完成的译稿必须推翻重来一遍。然而，要为整部《论语》的德译本找到一家出版商却更加艰难，卫礼贤联系了许多出版商，他得到的答复都是："这里有谁会关心中国？"为了打开局面，经鲁尔巴赫介绍，卫礼贤节选译本中的部分内容发表在了《普鲁士年鉴》（*Preußische Jahrbücher*）上，同时还刊登了一篇介绍孔子的文章：《孔夫子》（*Konfuzius*）。1909 年，他又在同善会的《传教信息与宗教学》上发表了名为《孔子的意义》（*Die Bedeutung von Konfuzius*）的论文。

不过，在卫礼贤带着手稿和失望回到青岛后不久，他就收到了哲学家格奥尔格·米施（Georg Misch，1878–1965）的来信。米施博士当时正在中国、日本等亚洲国家旅行，他虽然与卫礼贤素不相识，但这位日后的马尔堡大学和哥廷根大学哲学教授却敏锐地感觉到了东方哲学的魅力，于是介绍卫礼贤与出版商迪德里希斯父子联系。他们虽然是出版商，但却并不仅仅只看重金钱，而是更看重文化的传播，正有意出版一套介绍东方宗教与哲学思想的丛书。于是，卫礼贤就这样开始了与欧根·迪德里希斯出版社的合作。

在 1909 年 2 月 9 日写给出版社创始人欧根·迪德里希斯的信中，初出茅庐的卫礼贤感谢对方有意出版《论语》译本并将其纳入《各民族宗教之声》（*Religiöse Stimmen der Völker*）丛书，他对出版社方面提出的版税标准表示完全同意，随信寄上了《论语》前两章的译文，并表示剩下的译文也只需稍加修改就可以寄出。于是，《论语》译本的出版事宜就这样敲定了。此后，他们又就《论语》译本出版的细节以及后续译作的选定问题进行了多次通信交流。7月6日，卫礼贤将整理好的整部《论语》译稿寄给了出版社。但仅过了一周，卫礼贤似乎又有些动摇了。因为这期间福兰阁写信给卫礼贤，表示计划出版一套《人类宗教经典》丛书，其中将收入包括《论语》在内的"四书"。卫礼贤在7月13日将这一消息转告了迪德里希斯出版社。9月16日，他再次致信，表示他已从其他出版社收到翻译"四书"的邀约，暗示自己愿意将剩余三部儒家经典也翻译出来，但更愿意将译本出版的优先权给迪德里希斯出版社。迪德里希斯出版社显然做出了非常积极的反应。因此，在《论语》译本正式出版时，我们发现，一个独立的"中国宗教与哲学"系列取代了原先的丛书出版计划，《论语》则成为系列丛书中第一部呈现给德语读者的经典作品。

从这一时期卫礼贤与欧根·迪德里希斯之间的往来信件中我们可以得知，新的系列丛书计划正是出自卫礼贤之手。卫礼贤在1910年3月就已提出了一个几乎囊括所有中国儒家道家重要思想经典的庞大翻译计划。在此后20年里，卫礼贤令人叹为观止的中国典籍翻译工程正是以此为基础展开的，甚至直至1930年1月，即他去世前夕，他还在与迪德里希斯商议丛书最后一部分应包含的具体书目。对卫礼贤而言，中国哲学思想无疑正是同善会章程中所说的"现存的真理要素"中最为重要的一环，值得他为之奉献毕生的心血。

我们不妨在此审视一下卫礼贤在1910年3月6日的信中所列出的中国古代思想经典翻译计划：

1. 远古的《易经》选译
2. 《列子》选译（泛神论哲学）

3. 《韩非子》和《淮南子》选译（玄学—炼丹术）

4. 玄学文献选译

5. 《中庸》和《大学》全译以及《礼记》（包括了前两部经典）中的宗教内容选译，合为一册

6. 儒家的自然哲学（周敦颐、二程、朱熹）选译

7. 或许还有《庄子》和老子的《道德经》？

8. 最后是《孟子》选译？[①]

　　这一丛书计划即便在今天看来依然十分惊人，更不用说在一百多年前，其中大多数著作当时在德语世界中都还罕有人涉足，其翻译难度可想而知。对于这一选题方案的代表性与全面性，卫礼贤在信中进行了详细的论证：

　　《中庸》与《庄子》之间并无联系，庄子是道家学派最重要的哲学家之一。而《中庸》和《大学》这两部书中的宗教素材比《论语》更为丰富。这两部书的篇幅总共只相当于《论语》的三分之一。此外，照我的思路，我非常愿意继续翻译道家经典。我提议出版《易经》最重要部分的节译本，该经典是中国宗教和哲学的基础，也是道、儒这两个分支宗教的共同基石。至于道家经典，老子的《道德经》已有多个译本，基本不值得再出新译本了。泛神论者列子（大约公元前450年）的著作已有1877年花之安发表的全译本，但非常难读，且有曲解之处。然后是持怀疑论的神秘主义者庄子（约公元前300年），岛屿出版社刚宣布要出版《庄子》，须看一下他们的译本和选段，才能知道有无必要重译。另外，还有《韩非子》（公元前3世纪）和《淮南子》（公元前2世纪）也很有意思，也许可以将这两部书整合为一卷出版。此后，也许还可以选译一些秘密

---

① Ulf Diederichs（ed.）：*Eugen Diederichs. Selbstzeugnisse und Briefe von Zeitgenossen.* Düsseldorf／Köln：Diederichs，1967, pp. 172–178. 下同。

宗派的宗教文本，我手头就有这么一批，它们常让人想到诺斯替教的推想。至于儒家经典，除《中庸》和《大学》外，还可出版一部仅限于宗教和自然哲学的材料汇编，并进一步深入探讨宋代的自然哲学家，包括周敦颐（1017-1073）、二程兄弟（1032-1085，1033-1107）和朱熹（1130-1200）。

在 3 月 6 日的信中，卫礼贤还提出了两项中国文学经典翻译计划：一是中国诗歌选集，卫礼贤和任教于德华大学的赫善心（Dr. Harald Gutherz）博士已成功合译出了一些诗篇；二是选择当时非常热门的宗教史研究，翻译相关文学作品，其中首推《西游记》，卫礼贤说德华大学的另一位教师莱辛（Ferdinand D. Lessing，1882-1961）愿意接受这项任务。也许是因为中国思想经典翻译工程此后几乎占去了卫礼贤所有的工作时间，这两个文学翻译计划最后都中途夭折。卫礼贤后来虽然推出了译诗集《中德岁月四时诗》，但规模很小，而《西游记》中的故事则只翻译出了两篇，后来收入了 1914 年出版的《中国民间故事》。

1910 年夏，《论语》的全译本 Kung Fu Tse Gespräche 由迪德里希斯出版社正式出版，书名回译为汉语便是《孔夫子谈话录》。9 月 9 日，卫礼贤曾致信欧根·迪德里希斯，感谢他于 8 月 17 日寄来《论语》译本样书。当时由于中国国势衰微，与卫礼贤同时代的许多欧洲汉学家大都从西方中心主义出发，带着文化上的优越感，将在中国文化中占据核心地位的儒家思想视为导致落后的根源，对孔子的评价也大都较为消极。而在卫礼贤之前，德语世界中翻译过《论语》的仅有 19 世纪汉学家硕特（Wilhelm Schott，1802-1889）一人。因此，在 20 世纪初的时候，德国学界大都是跟在英国、法国汉学家后面重复一些带有殖民主义色彩的陈词滥调，直接将儒学视为导致中国贫穷落后、僵化腐朽的根源。正是卫礼贤的努力才使得《论语》这部儒家典籍在 20 世纪初重新以"东方经典"的身份进入德国人的视野，尤其在力图重建西方道德秩序、消除资本主义弊病的进步知识分子眼中，《论语》中所描述的个人修养与社会秩序、政治生活与道德基础之间的关系更是发人深省。对于一度被西方妖魔化的孔子形象，卫礼贤也挺身而出，提出了重新认识孔子的要求。他在《论语》译本前言中写道："数千年以来，孔子是绝大多数中国百姓心中的理想化身。不理解他的思想，就不可能对这样一个民族做出评价。然而，西方还远未对这一人物给予充分的肯定。要想对这一伟人做出客观的评价，我们就必须首先抛开个人的主观倾向，而只将其实际的作用和影响纳入视野。"而一旦抛弃偏见，人们就不得不承认，孔子"的确是一个伟大的人"。为了使德国读者抛弃成见，尽可能去接近孔子思想的真正核心，卫礼贤挑选了德国哲学中最为生动的一些概念，用它们在《论语》译本的前言中建构起了一座跨越东西方文化差异的沟通桥梁。他将孔子的道德观简要总结为"克己复礼"和"为政以德"两个原则。首先，"人们要想持久地克制自己，只能通过一种道德人格的力量，而非外部法律的强迫"；其次，"国家的整体秩序须建立在人的自然基础事实之上，政治生活要以道德为基础"。德国读者很容易由前者联想到康德提出的建立在理性基础之上的"道德律令"，由后者联想到在启蒙时代德国大行其道的自然神学及实践哲学。卫礼贤进一步解释道："孔子给我们印象最深的就是在道德人格上的独立——不被报酬、惩罚等任何外部视角所干扰，冷静地对一切迷信、歪曲敬而远之，孜孜不倦地钻研追求人生的真理、圆满的统一，始终追求正确表达内心的信念——正是这些因素使他超越了所处的时代乃至一切时间上的限制，赋予了他榜样的力量。"而这个榜样使得"中国历史上出现了层出不穷的仿效者"，他们"即便在不利的条件下，也充满了坚决捍卫真理和正义的勇气"。

卫礼贤还从世界历史的角度对孔子形象进行了新的定位。其实，早在 1908 年发表于《普鲁士年鉴》的《孔夫子》一文中，卫礼贤就已经非常明确地提出：孔子与创立犹太教的摩西一样，不仅同样创立了一整套社会秩序，而且在民族发展史上也扮演了决定性的角色："在所有同时期的古老民族当中，除犹太人外，只有中国人存续至今并充满青春活力，这要归功于孔子。"而历史上的摩西并没有能挽救以色列国，因此，卫礼贤认为，从对世界历史的贡献来看，孔子"为占全世界四分之一人口的中华民族所做的，或许比摩西为犹太人所做的还多，故而我们对他的崇敬也应不逊于对任何一位人类的代表"。后来，卫礼贤还在《孔子的生平与著作》《孔子和儒家》等著作和演讲中多次强调了孔子在人类历史上的伟大地位，指出孔子理应受到后世的爱戴和世人的敬仰。卫礼贤的这番描述构建起了一个作为思想启蒙宗师的超越时代的孔子形象。而这一时代欧洲人面对高速发展、令人难以适应的现代社会，正试图到东方哲学中找寻一些似乎可以亘古不变、超越时空的古老智慧，卫礼贤塑造的孔子形象正迎合了这种心理需求。因而他的《论语》新译本刚一问世，就在德语世界引起了广泛的关注。

对于《论语》译本的出版，黑塞马上以最快速度在 1910 年 7 月 6 日出版的《慕尼黑报》上发表书评，表示了祝贺。他称赞卫礼贤译本"精确细致"，使德国人改变了对孔子的看法，在阅读过程中，"起初似乎令我们困惑的事物，不久变得自然，起初令我们震惊、让我们觉得单调的，不久变得富有吸引力"，读者从中了解到孔子与"西方伟大思想家最核心的特质是相同的"，并由此看到"两种世界的融合是可能的"。这让人不得不对卫礼贤的译本肃然起敬，并"感谢其工作"。中国学者辜鸿铭在 6 月 10 日给卫礼贤的信中也祝贺道："很高兴得知您正在进行的出版计划，这会使欧洲人更好地了解中华文明。在我看来，和传播欧洲现代文明到中国来相比，这项工作更为必要。"

《论语》译本的出版对卫礼贤成长为一代汉学家的道路具有重要意义。如果从 1901 年涉足翻译算起，此时的卫礼贤已有 9 年的中国典籍翻译经验。如果说他对《三字经》和《圣谕广训》的翻译只能算最初的练笔，到选译《论语》篇章和中国诗歌时，他才算是小窥门庭，进入了业余译者的行列。现在《论语》终于以全译本形式正式出版，再加上卫礼贤在 1904 年和 1905 年两度发表的《大学》节译本，这些译作已开始成为一个系列，意味着 1910 年的卫礼贤已经不再是一个初出茅庐的业余翻译。而从他精心构建的《论语》全译本可以看出，一种带有互文特征和阐释韵味的文化翻译风格开始清晰地呈现在读者面前，其对前人译本的批评与改进也越来越切中要害。总而言之，他已成长为一位在儒家典籍研究与翻译方面都颇有造诣的专业人才。

在 1910 年出版的第一版《论语》译本前言开头，卫礼贤强调了理解"远东宗教和伦理"及其"文化基础"的重要性，而这不仅要求译者跨越文化之间的障碍，同时也要跨越两千多年的岁月鸿沟。因此，他必须为《论语》找到"一种既忠实、简明，又易于现代人理解的译文"：

> 最后，我找到了一条出路，在大多数情况下，我给出双重译文，一种是字面上尽可能贴切的翻译……另一种是用现代语言进行的如实翻译。在如实的翻译中，我利用了古老的注释，并且还努力把那些经常有点神秘的中文短句背后的关系表现出来，了解背景知识对于真正的理解是绝对必要的。在中文翻译中，最真实的情况莫过于：若只译出词句，就会言之过简。尽管如此，我相信我不能没有这些术语。原因在于，尽管我为把握真正的意义做出了种种努力，但恰恰只有这些术语能准确反映出我对意义的领悟。当然我不能说我的领悟是唯一正确的，它应该只不过是为现代读者发掘文本中隐藏的宝藏而做的一种尝试。……当然，有时在欧洲读者看来，改写后的内容远远多于文本中的内容。

从表面上看，有时的确如此，因为我常常吸纳了理解所需的材料。然而，客观地说，这种改写是以我所理解的文本为基础的。至于那些必不可缺的历史文献和文本考据材料，我已在注释中做了说明。①

卫礼贤在此所说的"字面上尽可能贴切的翻译"便是通常所说的直译，"用现代语言进行的如实翻译"则是意译，也就是他在后面提到的"改写"。下面这段摘自德译本第一版中《学而》开头的例子可以帮我们了解一下卫礼贤的"双重译文"的具体呈现形式。此段原文为"子曰：学而时习之，不亦说乎？有朋自远方来，不亦乐乎？人不知而不愠，不亦君子乎？"。在卫礼贤给出的第一种"字面上尽可能贴切的翻译"中，此段被译为：

> 大师说："学习并且不断地实践，这难道不是令人满意的吗？有来自远方的朋友，这不也是快乐的吗？如果人们不认可一个人，他却不埋怨，这难道不算高尚吗？"

而在同一页的第二种"用现代语言进行的如实翻译"中，这段话则呈现为：

> 幸福在于有可能贯彻自己的原则。但这并不取决于我们。即便那些被剥夺了这一切的人，也会有幸福感。占有过去时代的（精神）遗产，并在实践中将其拥有，这也同样带来满足感。如果此后越来越大的名气又引来了来自遥远地区的追随者，这同样带来欢乐。看到自己被世界误解，而并不在内心中感到痛苦，这同样是灵魂的伟大。

---

① Richard Wilhelm: *Kungfutse*: *Lun Yu*. Gespräche. Düsseldorf, Köln: Diederichs 1975. 下同。

很显然，第一种译法准确给出了原文字面的含义，而第二种译法则带有解释性，对原文背后的语境、上下文逻辑关系、文字内涵都进行了交代。为了对术语进行准确的解释，卫礼贤还为文中的"学"字添加了以下注释：

> 中国的"学"字，通常被翻译为"学习"。在孔子这里，它应理解为以实际应用为导向来研究正确的生活行为原则。它是对传承下来的文化遗产的占有，这对人格的形成是必要的。对孔子来说，没有脱离伦理意义的纯理论知识。（参见翟理思，第53页）文中提到的各阶段对应了大师自己的人生历程。

卫礼贤的这段译文显示出他非常熟悉同时代英国汉学家翟理思（Herbert Allen Giles，1845–1935）、理雅各（James Legge，1815–1897）等人的中国经典研究和译本。虽然自19世纪末以来理雅各的《四书》英译本一直备受推崇，也是卫礼贤学习的榜样，但卫礼贤仍然有意与之保持了距离，没有像前者那样就《论语》中的古代词汇进行大量考证和注释，他仅仅把注释限制在很小的范围内，主要精力则放在通过"改写"为读者提供易于理解的译文方面。但这一点也使他的译本在一些汉学家那里备受争议，因为在许多汉学家心目中，他们的任务是深入研究中国文化，而并不负有向公众传播中国文化知识的责任。由于学究们在卫礼贤译本中无法找到他们期望看到的详尽考据和无数脚注，便认为这是一个肤浅的业余译本。事实上，从这一译本的产生过程来看，卫礼贤与他身边的邢克昌等中国学者进行了大量合作，甚至还向孔子后人进行过讨教。辜鸿铭的《论语》英译本也成为他重要的参考资料。如果仅仅因为卫礼贤译本没有展示出语言学方面的深入考据就否定其价值，显然是过于武断了。

在解读方面，卫礼贤与前辈汉学家最大的区别在于他放弃了自明朝以来被视为正统的朱熹的《四书集注》，在中国学者的帮助下使用了更为古老的注释本作为理解《论语》的参考。同时卫礼贤打破成见，毫无保留地对孔子做出了十分正面的评价，他的这种做法自然会遭到同时代相对保守的欧洲汉学家的质疑。福兰阁便写信给卫礼贤，直言"正如我以前所说，我个人并不完全赞同您对孔子的表述。另外，在具体的翻译和解释上，我也有很多地方不能苟同"。对此，1910年10月，卫礼贤曾致信迪德里希斯，对福兰阁的批评做出如下回复：

> 我丝毫不感到惊讶。从专业文献的角度来说，我可以坦然面对自己观点中的矛盾之处。之所以如此，正是因为我摆脱了对中国正统注释的依赖，正如我摆脱了国内汉学的正统学说。我这样做自有我的理由……此书所面向的是一个更广的群体，我们这个时代的汉学家还是没有丢掉陈旧的神学思想偏见，用自己的标准去衡量非基督教的现象。而我始终坚信，现在要想真正理解一种像孔子这般与我们如此迥异的现象，唯有充满爱心地沉浸其中，并具有不带成见去加以理解的诚意。[1]

事实上，卫礼贤的"双重翻译"非常适合非专业人士阅读，在受过良好教育的中产阶级和高级知识分子中找到了广泛的读者群。因为《论语》原文主要由简短的对话组成，对于具有相关背景知识的汉学家来说，第一种贴近字面的翻译就已足够，而对于普通读者来说，第二种经过了改写的译文则可以使他们对孔子思想的体系性和实际意义都获得更深的

---

[1] Ulf Diederichs（ed.）：*Eugen Diederichs. Selbstzeugnisse und Briefe von Zeitgenossen.* Düsseldorf, Köln：Diederichs, 1967, p. 179.

认识。这也是卫礼贤译本问世后大受欢迎的直接原因。此外，《论语》译本问世后，卫礼贤又根据出版社的建议对第一版进行了少量修改，并依据新资料更新了部分历史描述，在 1914 年推出了第二版，此后再版的卫礼贤《论语》译本均以该版本为准。

为了使中国儒家思想更贴近德国人的语言世界，卫礼贤在译本中引入了大量西方文化中的概念和事物作为参照系，例如他将孔子称为中国的康德，并通过使用康德式的术语和论证使之更为具体化。他还将基督教、犹太教、希腊罗马文化乃至歌德、莎士比亚、卢梭都引入比较研究，在强调人类思想共同性的基础上对儒家思想进行了重新阐释，甚至屡屡通过创造性的翻译使中国文化中的关键词在西方语境中获得新的外延。但这并非一种殖民主义的翻译模式，因为欧洲文化中的概念在被引入中国语境之后，东西方文化内涵之间往往建立起了一种奇妙的相互阐释关系。例如儒家的核心概念"仁"在西方并没有完全对等的概念，卫礼贤认为，虽然通常将其译为"人性"（Menschlichkeit）、"人道"（Humanität），但如果注意到"仁"字在结构上包含着"二人"，再联想到儒家有"仁者爱人""己之不欲勿施于人"的原则，那么"仁"其实更对应于康德哲学中的"德性"（Sittlichkeit），"它带有社会性，进一步发展，便拓展为公正、友爱地对待周围人群的理想，其目标是最大限度地促进自身和他人本我中的人性"。这一解读恰到好处地拓展了"仁"所指涉的社会理想，在德国的道德哲学和儒家的"仁爱"思想间架起了一座沟通的桥梁。在译文之后，卫礼贤还特地通过一个注解告诉欧洲读者，儒家的"仁"所追求的是人性的完美及完满的人格状态，接近于《新约》里的"博爱"，从而引导欧洲读者将思绪从"仁"延伸到《圣经》中"爱你的邻人"的教诲，进而加深他们对儒家伦理的理解。基督教的博爱思想与儒家伦理中的"仁爱"思想之间也由此打开了一扇对话的窗口。因此我们可以认为，卫礼贤笔下开启了一场生机勃勃的文化互动和交流互鉴，其结果对于东西双方而言都是富于创造性的。

在大众读者中，卫礼贤所强调的中西文化共通性和他对儒家思想的正面阐释也赢得了很多拥护者，例如德国牧师肯特（August Kind，1854-1915）就盛赞卫礼贤的《论语》译本，指出"我们要想理解中国人，就要了解他的精神特质，我们若要影响中国人，用基督教影响他们，就要与他们那里的真理元素建立联系，但要做到这一点，我们就必须了解这些内容，第一个要求就是要熟悉孔子这个人和他的学说，因此，卫礼贤牧师对《论语》做了可靠的翻译和阐释，是一个伟大的贡献。"肯特还特别引用卫礼贤译本中的"子温而厉，威而不猛，恭而安"一句来刻画孔子。由此可见，卫礼贤1910年出版的《论语》译本有效地向20世纪的西方人展示了孔子的思想和人格魅力，对于德国文化界转变立场，重新积极评价孔子乃至整个儒家文化都发挥了积极作用。

翻译《道德经》

在《论语》译本出版后，卫礼贤又马不停蹄地奔向了他的下一个目标。卫礼贤的日记显示：1910年1月31日，卫礼贤就已经开始着手准备《道德经》的翻译工作；3月6日，卫礼贤在与迪德里希斯商讨《论语》译本的标题、插图时，提出了翻译中国宗教与哲学系列丛书的计划，不过，道家经典《老子》《庄子》那时仅出现在第七位，另一部道家经典《列子》反倒作为"泛神论哲学"的代表名列第二。值得注意的是，卫礼贤还在《道德经》这一行最后加了个问号："或许还有《庄子》和老子的《道德经》？"卫礼贤之所以如此犹犹豫豫，是因为他认为《道德经》"已经被翻译过多次了，几乎没有再次翻译的必要"。卫礼贤此言不虚，从 1870 年首个德语全译本问世开始，此时在德语世界中至少已经有了 8 个风格各异的《道德经》译本。其中尤以神学家维克多·冯·施特劳斯（Victor von Strauß，1809-1899）的 1870 年全译本最为著名，它带有内容极为丰富的导言和注解，篇幅长达 440 页，曾被著名社会学家马克斯·韦伯（Max Weber，1864-1920）等人多次引用。但卫礼贤显然很快便被迪德里希斯所说服，优先考虑了《道德经》的翻译工作。1910 年 4 月 27 日，卫礼贤便已正式开始动笔。1910 年 9 月 9 日，在给迪德里希斯去信确认已经收到《论语》德译本的首印本时，卫礼贤承认："《道德经》在欧洲比孔子的《论语》更有吸引力。"并提到他正忙于该书的翻译工作。他写道：

> 我为老子忙得不可开交。一切程序都必须十分仔细，这比我在翻译《论语》时还要麻烦许多。我经常会对一段写上个 5-6 遍，希望能得到最贴切的翻译方式。但我希望能在 10 月份基本完工。

1910 年 10 月至 11 月，卫礼贤分数次寄出了德译《道德经》的手稿。12 月 3 日，寄出了最后完成的前言和序言部分。当时就职于青岛特别高等专门学堂的赫善心因为早年也研究过老子哲学，所以对卫礼贤的翻译工作产生了浓厚的兴趣。卫礼贤只要有新的段落翻译出来，就会朗读给赫善心听，让他对译本质量和可读性做出评价。在正式出版的译本序言末尾，卫礼贤还附上了赫善心从社会学角度撰写的一篇《道德经》研究论文。他们还一起翻译了《桃花源记》，作为对老子"小国寡民"

理想的进一步解说，同样也发表在了这一译本中。

1911 年初，代表这一时期汉籍德译最高成就的卫礼贤译本《道德经——老者的真谛与生命之书》（*Taoteking. Das Buch des Alten vom SINN und LEBEN*）终于在迪德里希斯出版社正式出版，并在德语世界取得巨大成功。这种成功首先来自卫礼贤在译本中的"艺术再创造"，他针对德国普通读者的语言习惯和教育水平，大量使用路德版《圣经》和歌德作品中的词汇来重构《道德经》中的概念体系，使之更容易被大众读者所接受。正如黑塞所指出的，与其他汉学家的译本相比，"卫礼贤译本以更强劲有力、更确切和更富个性化的语言而见长，因此也更为通俗易懂"。在德语知识分子的圈子里，卫礼贤富于创造性的《道德经》译本掀起了一场令前辈黯然失色的"文化传教"。德国哥廷根大学的戴特宁教授指出，这种成功一方面要归功于他卓有成效地颠覆了基督教神学对道家思想的解读，另一方面则要归功于他在《圣经》和歌德的语言艺术之间取得巧妙平衡的诗学创作能力，这尤其深深吸引了同时代的德语作家。例如在卫礼贤的影响下，奥地利诗人、剧作家达拉果 1915 年也出版了他的《道德经》译本，而卡夫卡（Franz Kafka，1883－1924）、荣格、布洛赫（Ernst Bloch，1885－1977）以及一大批学者都在此时开始了对道家学说的研究，推动"寻道"在 20 世纪 20 年代的德语世界成为一种风尚。加拿大华裔学者夏瑞春（Adrian Hsia）教授曾对此给予高度评价："德国整整几代人对中国思想的了解都归功于卫礼贤。开始时，他在中国为基督教信仰传教，然后，他在德国成为中国文化的传播者。"

在卫礼贤有生之年，《道德经》就已是他再版次数最多的一部译作。卫礼贤的译作能产生如此之大的影响在很大程度上也与同时代欧洲文化中的悲观倾向密切相关。这种倾向首先从尼采开始，在奥斯瓦尔德·斯宾格勒（Oswald Sprengler）的著作《西方的没落》（*Der Untergang des*

Abendlandes, 1919）中达到顶峰。正如卫礼贤在报告《东方之光》（*Licht aus Osten*）中所说，这种悲观倾向使得在德语世界"有许多人出于不满回避自己的过去，而在东方思想中寻求幸福，也使得这些东方思想潮流在我们整个精神生活中变得引人注目"，在寻求对抗"当代欧洲人的仇恨与狂热"的工具时，西方恰恰需要东方的思想（如道家思想）来抵抗斯宾格勒所预言的"西方的没落"。由于一战前后德国社会陷入空前的思想危机，古老东方智慧的吸引力大增，因此卫礼贤译本尽管并非首个德语全译本，但其优美的语言、令人感到熟悉而又陌生的比喻却使其在读者中备受青睐。该译本仅在 20 世纪中就再版 21 次，事实上，尽管卫礼贤的《道德经》译本一度颇受德国专业汉学家的非议，并且在其之后又陆陆续续诞生了 100 多个《道德经》德译本，但其影响力却无人能与之媲美。

《道德经》在德语世界取得的巨大成功无可争议地开启了卫礼贤作为中国思想经典翻译权威的辉煌。为表彰其翻译工作，1911 年夏，耶拿大学授予卫礼贤荣誉博士学位，这使他的中国文化研究工作更加受到来自各方面的关注，进而使卫礼贤在 1911 年开始清楚地意识到，他对中国文化的研究将有助于在中德文化之间架起一座沟通的桥梁，并将远远超越宣教站的作用。他指出："德国文化……也有一种伟大的心态，它可以起到理解和欣赏一切真正伟大和美好事物的作用……因此，我们可以这样认为，国内那些将从中国和德国文化领域的和睦关系中受益的人，如大商人，也会欣赏我们的工作，并用资金支持我们的工作……为此，我们也间或强调我们的文化活动，这对我们来说并不意味着背离原则。"随后，卫礼贤在 1912 年又连续出版了《列子冲虚真经》《庄子南华真经》的译本。此后，《孟子》《大学》《易经》等译作也相继问世，使得卫礼贤在欧洲文化界赢得了巨大声誉，从而奠定了卫礼贤作为 20 世纪德国最重要翻译家和汉学家的地位。

除《道德经》的翻译工作外，1911 年卫礼贤还出版了一本《德英汉技术词典》，其中包括技术、自然科学、人文和社会科学方面的基本词汇。此外，另一项影响深远但常被忽视的贡献是卫礼贤参与设计的汉语语音转写方案。此前，欧洲汉学界有多套用拉丁字母转写汉语语音的方案，其中最为大家所熟悉的是英国人发明的威妥玛-翟理思式拼音，但由于欧洲语言众多，而且历史上许多汉学著作是用拉丁语、法语写成，威氏拼音并不被德语国家所认可。为结束各种方案并存所造成的混乱，1909 年 10 月青岛特别高等专门学堂落成之后，卫礼贤和来此工作的汉学家费迪南德·莱辛合作，对中国文字的拼音转写系统进行优化和规范，设计出了符合德国人习惯和青岛商人需要的新方案。1911 年，"莱辛—卫礼贤式拼音"在青岛举行的德语教师会议上被正式采纳为德语区的标准转写方案。在此基础上改进而成的"莱辛—奥瑟默拼音系统"后来被用于汉语教科书的编写，并在 1928 年德国东方学大会之后成为德语地区通行的中文拼音转写系统，其影响一直延续至今。

改革与鼠疫

卫礼贤来到中国时，大清王朝正处在内忧外患和风雨飘摇之中。1901 年《辛丑条约》签订后，中国开始从"天朝上国"的迷梦中觉醒，从朝廷大员到民间百姓，要求改革维新的呼声越来越高。清朝不得不开始推行所谓"新政"，以求挽救颓势。1905 年，清廷派出载泽等五大臣出洋考察各国政治制度。1906年9月1日，清廷正式发布上谕，宣布"预备立宪"，宣称要在数年后参照各国法律，实行立宪，并宣布了一系列政治改革措施。1908年8月27日，清廷正式颁布《钦定宪法大纲》，这标志着中国历史上一次重大政治制度改革的开始。卫礼贤一直怀着极大的热忱、兴趣和善意关注着中国的巨变，他在1902年时曾写道："中国真的开始了一个新时代，正在发生着最急剧的变化。它们不再只停留在法令上，而是现实中。它不仅是高层官员发起的一场运动，全国人民和各个阶层都在推动着改革。这给我们的工作带来了欢乐和希望。"

　　1910年，清廷任命皇族溥伦和载泽为制宪大臣，负责起草正式宪法。此外，各省成立谘议局，在北京则仿效西方议会成立资政院，并于10月3日在北京召开了第一次资政院会议。卫礼贤在他发表的关于中国时局的报道中赞扬了清朝根据西方模式为"新的中国法典"所做的准备以及各省为"制宪"及"自治"所做出的努力，认为古老帝国终将焕发出新的希望。但与此同时，卫礼贤对孙中山领导下的资产阶级革命却没有加以太多的关注，这一方面是因为卫礼贤接触的中国人主要是清朝官员和接受过传统教育的举人秀才，另一方面则是因为卫礼贤在思想上偏于保守，认为革命过于"激进"，所以并不看好"年轻的改革者（革命者）"反对清朝的努力，而寄希望于改良派能够改变中国的落后面貌。直到1910年底，卫礼贤在谈到他对北京之行的印象时，还依然把希望寄托在王公贵族把持的资政院会议上："以前认为不可能的事情现在正如火如荼地进行着，中国的现代化，这是其主动性的结果……给我印象最深的是，议会形式在处理一般性事务时显得应对自如。"卫礼贤敏锐地觉察到，这些政治上的变革甚至一直影响到了礼贤书院中的莘莘学子："学生们从来都不太关心那些大众利益问题，我们阅览室里的日报也从没有人去翻阅……但如今在历史课上，当讲到现代欧洲宪政发展的历史教训时，他们却聚精会神，眼睛中放出光来。从中可以看出，他们被祖国的惨淡处境所深深触动，对此甚为关切。"不过，卫礼贤坚持认为"对热忱不应丧失谨慎"，并不支持自己的中国学生参加革命活动。对于参与革命的学生，他的态度非常强硬，用退学加以威胁，结果使得礼贤书院的学生数量一度从百人下降到了60人。

在给《德文新报》撰写的时局评论中，卫礼贤将制宪工作和资政院视为中国政治转型的标志，他写道："我们生活在这样一个时代，几千年来主宰中国生活的旧有的僵化体制开始解体，其结果是在百姓的各个圈子里出现了异常匆忙和兴奋的情绪。各种各样的改革计划接踵而来……摄政王坚定地屹立在这些党派潮流中，而宫廷阴谋甚至在紫禁城之外也成为人们的谈资。"但中国复杂的政治局势也给卫礼贤心中燃起的希望蒙上了阴影，他尤其指出政治改革目前并未能真正挽回民心："当各种各样的党派在有教养阶层中翻云覆雨时，民众并没有从内心参与所有这些努力，甚至是以不信任的态度袖手旁观。"在关于革命党人的活动方面，卫礼贤在报道中提到了1910年4月汪精卫等人对摄政王载沣的未遂暗杀，并指出："人们对扩大人民权利的冲动越来越强烈。各省议会于去年开幕，并立即开始积极处理公共生活中的所有问题，包括那些远远超出其权限的问题。政府对这些努力没有下定论，一方面对他们表现出些许让步，另一方面却又反对他们的愿望。这种态度，就像每个弱点一样，只会引起新的不满，所以暂时很难说要如何摆脱这些乱局。"不过卫礼贤仍然将即将到来的政治变局视为德国在中国的宝贵契机，他说："如果我们成功地保持与中国变局的内在联系，抛开个人的考虑，那么当时机成熟时，新的大门就会打开。"①

---

① Salome Wilhelm（ed），Richard Wilhelm：der geistige Mittler zwischen China und Europa，Düsseldorf，Köln：Diederichs，1956，p. 181.

为了更好地把握中国政局的风云变幻，1910 年夏，卫礼贤利用暑假的机会到上海进行了访问。因为对他来说，上海是"欧洲文明最早进入中国的地方，已有长达几十年的接触"，欧洲在此的影响也较其他城市更为明显，从剪了辫子的革命党到一身欧式打扮的改良派，中国的各种新旧势力和党派都在此粉墨登场，可以说构成了"中国改革状况的晴雨表"。其中给卫礼贤印象最深的当数与一代名士辜鸿铭的交谈。

　　辜鸿铭（1857-1928）生于英属马来西亚槟榔屿，早年随义父到英国读书，1877 年在爱丁堡大学获得文学硕士学位，此后又赴德国莱比锡大学等学府深造。回到中国后，从 1885 年起，辜鸿铭被湖广总督张之洞招入幕府任职长达 20 年。他一边帮助张之洞推动洋务运动，一边将《论语》《中庸》《大学》译成英文，并在海外刊行，大力宣传儒家文化的价值。在政治方面，辜鸿铭是坚定的保皇派，1908 年宣统即位后，辜鸿铭曾出任外交部侍郎。1910 年，辜鸿铭辞去外交部职务，到上海任南洋公学监督，辛亥革命爆发后，又到青岛隐居。除译著外，辜鸿铭在外交部侍郎任上用英文撰写了《中国的牛津运动》（原名《清流传》），卫礼贤于 1911 年将其翻译为德文出版，定名为《中国对欧洲观念的抗辩》（*Chinas Verteidigung gegen europäische Ideen*），这部书与辜鸿铭的另一部著作《中国人的精神》尤其在第一次世界大战之后的德国受到了广泛关注。20 世纪 20 年代，几乎所有德国大学的哲学系都将辜鸿铭的著作列为必读书，甚至有教授规定，如果学生没有读过辜鸿铭的书，根本就没有资格参加考试。

　　卫礼贤的夫人美懿对此次与辜鸿铭的会晤也印象深刻，她在回忆录中写道："与张之洞的前秘书辜鸿铭的谈话让我特别感兴趣。他曾在欧洲学习，对欧洲语言的了解几乎和母语者一样，长期以来被视为是一个顽固的排外者。然而，我发现他对我们的工作非常理解。他说，'中国人需要基督教，但不是以任何现有教派的形式，教会是应为人民而存在的，而不是像现在这样，光做些表面文章，让人民为它而存在。我们所缺少的，但又必不可缺的是来自耶稣的爱的力量。那些被如此慷慨地送到中国来的现代化成果其实在我心中无足轻重。没有铁路，我们就步行。真正的文化并不会因此而受到多少影响，现在的欧洲实在太高估物质生活的影响了……尽管我们暂时处于衰败，但中国人所拥有的理想在客观上要远胜于外在的东西。我们并不缺乏文化和知识，就人类文明而言，那终会实现'。"辜鸿铭的尊孔立场和他对基督教的积极态度很合卫礼贤的口味，因此两人在会谈之后保持了密切联系。辜鸿铭移居到青岛后，两家人来往更加频繁，卫礼贤也成为辜鸿铭作品的德语译者和推广者。美懿也认为："在与欧洲知识分子的对抗中，辜鸿铭是中国的最佳代言人之一。虽然他的守旧立场使他无法理解中国社会进步的意义，后来还把他引上了反动的政治道路，但他的思想却足够自由和敏锐，为对抗因欧洲思想入侵而带来的文化危机贡献出宝贵的观点。这些观点之所以如此富有成效，是因为他接受了全面的教育，同时掌握了中国和欧洲的思想。"可见，辜鸿铭与卫礼贤在捍卫中国文化价值、向欧洲传播中国传统文化方面有着诸多共同点，两人后来走在一起并非偶然。

1910 年 12 月初，为迎接同善会巡视员维尔特博士，刚刚完成《道德经》翻译的卫礼贤又与夫人美懿一起到北京进行了访问，进一步加深了他们对中国社会变革的认识。此行中，他们先乘火车沿胶济铁路西行，到达济南后再沿津浦铁路北上。由于济南附近的黄河大桥尚未完工，他们还要乘坐拥挤的渡船先渡过黄河再继续搭乘火车，因此在黄河边上颇费了一番周折。此次北京之行距上一次已经有两年多，卫礼贤夫妇欣喜地看到，北京在此期间发展非常迅速。几年前，轿子还在街道上与两轮马车并驾齐驱，现在已经被镶着玻璃的西式马车和其他交通工具所取代，驻扎在城中的军队也换上了西式的新军服。

另一项让卫礼贤赞叹不已的成就是中国人在长城脚下独立修建的铁路——京张铁路。这条铁路兴建难度很大，一路上都是隧道、陡坡和山地，但杰出的中国工程师詹天佑克服了设计中的所有困难。同时，铁路完全是由中国人建造、中国人管理，与欧洲铁路相比毫不逊色。即便是修建在长城下的中国式铁路旅馆，在物资供应和价格方面也比在中国的许多欧洲式旅馆要好。这令卫礼贤不由得再一次感慨中国人民的勤劳智慧："如果中国人在几千年前便能完成长城这样伟大的工程，建造、运营跨越长城的铁路又怎能难倒他们的后辈呢？"

通过德国公使馆翻译的帮助，卫礼贤夫妇还获得允许，去旁听了一次资政院的会议。但对这个"准议会"，卫礼贤却在慢慢地丧失信心。因为随着局势的恶化，清廷在改革上的畏首畏尾、举棋不定，反而会刺激革命者采取更加激进的行动。这让卫礼贤夫妇想起了1789年法国大革命前的局势——虽然法国国王路易十六召开了三级会议，但为时已晚，三级会议反而成了革命的导火索和波旁王朝的催命符。最终，国王夫妇也被送上了断头台。

此行中，卫礼贤夫妇还特地去参观了明代的十三陵。为了能在当天就返回北京，他们早上4点钟就骑着驴子、冒着冬天刺骨的寒气出发了。当他们来到包围着明朝帝王陵墓群的宽阔盆地时，红日正好从东方升起，将金色的阳光映照在十三陵入口的大门上。由于陵园规模宏大，卫礼贤骑着驴子在甬道上又走了大约一个小时，才到达十三陵中规模最大的陵墓——永乐皇帝的长陵前。在叫来看陵人打开陵园大门后，他们穿过古树参天的陵园，来到近30米高的宏伟陵殿前。面对如此宏伟而古老的建筑，欧洲游客们感觉仿佛一下回到了古代的童话世界中，不禁赞叹不已。只是这些建筑已经有些破败，殿中的祭祀物品也被一些纸板制成的仿品所取代，甚至连这些纸制品都已有了被虫蛀的痕迹，这让游客们不由得又感慨起尘世繁华的转瞬即逝。此时，旭日逐渐从东方升起，使整片山林都沐浴在了金色的光芒中，让卫礼贤他们感觉陵墓仿佛已经与整座山谷中的森林、岩石、溪流和谐地融为一体，就如中国古代园林一般和谐统一。而所有这一切都共同指向了一种与天地和谐相处的高尚文化，为已故的帝王们提供了真正的安息之地，也给欧洲游客们留下了刻骨铭心的印象。

一转眼，1911 年新年到来了。也许 1911 年注定要在中国历史上留下深刻的印记，时间还未进入农历辛亥年，神州大地就已被一场突如其来的鼠疫笼罩上了阴影。这场瘟疫首先于 1910 年 11 月 9 日在哈尔滨的傅家甸暴发。当天，有一名 3 天前由满洲里来到哈尔滨的铁路工人被发现因鼠疫死在工人宿舍中。由于地方长官对现代防疫知识几乎一无所知，疫情很快波及哈尔滨，并迅速蔓延至东北全境。直至从英国剑桥大学毕业的伍连德博士赶到东北后，才确认这是通过飞沫传染的肺鼠疫，并有针对性地提出了佩戴口罩、控制铁路公路交通、建立隔离疫区、分区防疫、推行火葬等防疫措施，使每天死亡人数从高峰时的 200 人开始逐渐下降。为防止疫情从东北蔓延至中国境内其他地区，清廷在南下的必经之路山海关设立检验所，从 1911 年 1 月 13 日起，所有从东北进入关内的旅客都要在此进行 5 天隔离，连钦差大臣都不能例外。1 月 21 日，津浦铁路沿线发现疫情后，清廷又下命令"将京津火车一律停止，免致蔓延"。

在这种山雨欲来风满楼的气氛中，元旦刚过，卫礼贤夫妇和巡视员维尔特博士三人就匆匆踏上了返回青岛的旅途。当他们到达青州府时，卫礼贤在高密时就认识的一位中国官员派了马匹和护卫到火车站迎接了他们。在官衙里，他们享用了一顿中国大餐：鱼翅、海参、竹笋、鸡、鸭、鱼、河蚌……还有其他各种各样的菜肴和精心酿制的葡萄酒，主人还特地从高密运来了欧式餐具，让客人们大为尽兴。然而物极必反，当他们晚上准备就寝时，美懿的头却剧烈疼痛起来，随即晕倒在地，卫礼贤本来已经睡下，听到响声急忙过去查看，但他也突然感到全身无力，倒在了妻子身旁。原来他们所住的房间在冬天是靠煤炉取暖，虽然他们在就寝前出于安全考虑已经熄灭了炉火，但因余烬犹在，他们还是没有躲过煤气中毒。幸而卫兵就睡在门口，听到卫礼贤呼救后及时冲进来打开了门窗，夫妇二人这才幸免于难。

除去青州府的小插曲，卫礼贤此行还是相当顺利的，他在返程途中还顺便访问了济南等地，以拜会山东省的各路官员。当卫礼贤一行到达济南府时，他们同样受到了热情招待。礼贤书院的一些毕业生此时已在济南工作，他们听说卫礼贤夫妇到来，便聚集到酒店迎接恩师，为他们接风洗尘。卫礼贤夫妇与几年未见的学生们重逢，对于能够再叙师生之情倍感欣慰。同行的维尔特博士看到这些从礼贤书院毕业的学生，同样非常高兴，与他们共度了一段愉快的时光。新任山东巡抚孙宝琦收到消息后，也热情招待了卫礼贤一行。前一年孙宝琦访问青岛时正值卫礼贤生日，于是便出席了卫礼贤的生日晚会，这无形中拉近了两人的距离。在此次会见中，他们在一起商量了成立国际科学协会以促进学术交流的计划，这一计划如果真能付诸实施，对于推动中国学术研究与国际接轨将具有重要意义。此外，即将到山东进行访问的海因里希亲王也成为他们谈论的话题。

与卫礼贤 1902 年第一次济南之行时所看到的那座老城相比，1911 年的泉城已经出现了许多西式建筑，如 1904 年德国人修建的胶济铁路济南站和 1911 年底竣工的津浦路火车站，尤其是后者，由德国建筑师赫尔曼·弗舍尔设计，号称亚洲最大的火车站，一直使用到 1992 年。面对这些西式以及中西合璧式样的建筑，卫礼贤夫妇既感到欣喜又感到担心。因为新建筑虽然代表了城市的现代化进程，但随着讲求实用却偏于单调的现代建筑悄然入侵，古老、和谐的中国城市风格也无可挽回地慢慢消失了。

与几年前要不断在火车、马匹、马车、轮船之间切换的旅程相比，卫礼贤此次的行程要轻松得多，因为从济南到泰安的铁路已经开通，所以他们又乘火车到了泰安府。但到达后却发现因为山路结冰，登泰山实在过于危险，只得放弃了这个计划。这显然是一个明智的选择，因为即便在仲夏时节，游客在泰山山顶过夜也会冻个半死，更不用说寒风凛冽的冬天了。让人颇感庆幸的是，他们最后都平安抵达了青岛，而铁路沿线美丽的山乡和古城风景也弥补了他们未能登上泰山的遗憾。

但火车的开通同样也便利了瘟疫的流行。1911年初，从黑龙江开始暴发的鼠疫疫情已经沿铁路传入华北地区。由于山东人有闯关东的传统，随着农历春节和返乡高峰的临近，山东的防疫局势也骤然紧张起来。就在卫礼贤一行返回青岛不久，1911年1月24日，因瘟疫逐步逼近，德国胶澳总督府也学习清廷封锁山海关的做法，下令沿胶济铁路布置了三道防线，对进入青岛的铁路乘客进行严格的防疫检查。随着疫情升级，2月4日，胶济铁路被迫全线停运，青岛外围被拉上了带刺的铁丝网，仅留一个通道保持青岛与外界的交通联系。外来人员必须先在隔离区隔离10天才能进入青岛。

卫礼贤虽然长期在中国参与医院建设，与各种疫病打交道，但这场突如其来的瘟疫同样让他闻风色变。他在《内部通讯》中写道："这种可怕的疾病源自一种常年携带病原的旱獭。美国公司收集了大量这种动物的皮毛，在对它们进行疯狂猎杀时也将疾病传染给了人类。特别危险的是，在中国新年到来之际，一年到头在东北工作的几千名山东人要成群结队地返回家乡，他们走到哪里，就会把这种疾病带到哪里。一连串的哨所将青岛完全与内地隔离开来，因此才幸免于瘟疫的侵袭。然而，斑疹伤寒还是夺去了不少人的生命；医院里挤满了病人，而且由于疾病的传播性很强，一些中国助手也被夺去了生命。翁施医生想尽一切办法努力照顾他们，并使他们成功活了下来；然而，翁施医生自身脆弱的健康状况却使他无法再与疫病抗衡下去。在得了斑疹伤寒后，他很快便于3月13日去世了。"面对疫情，胶澳总督府下令德国军队组成防疫分队，日夜在大街小巷巡逻，严防疫情输入和传播，这种高度封闭的断然措施不仅令所有人都大吃一惊，而且也使医院之外的各种工作几乎完全停摆。居民们不仅在生活上大为不便，而且还被瘟疫和隔离所带来的恐惧压抑得喘不过气来，卫礼贤夫妇管理的书院此时也只能完全停课。

幸而由于采取了科学的防疫措施，中国东北地区的疫情逐渐被遏制，在农历新年即1911年1月31日之后，染病人数和死亡人数都稳步下降，到3月1日，鼠疫死亡人数终于降至零，此后数日再无死亡报告，疫情才告结束。3月19日，山东省也宣告鼠疫被扑灭。4月6日，胶济铁路在中断两个月后终于恢复运营。这场罕见的疫情在中国共夺走了6万多人的生命，其中山东省因感染致死者约300人，青岛地区无一人直接因感染鼠疫而死亡，总算是不幸中的万幸。值得一提的是，中国在此次抗击鼠疫疫情中取得的胜利，也是人类历史上第一个依靠现代科学手段在人口密集的大城市成功抗击疫情的案例。

从卫礼贤的日记可以看到，在学校被迫停课的这段时间里，他并没有虚度时光，而是从2月9日就开始着手翻译《列子》，以平均每两周一章的速度向前推进，到6月12日就完成了《列子》的全部翻译工作。同年，他还在《德文新报》上发表了《列子》选段的译文，题为《古代中国对世界没落的看法》（*Altchinesische Ansichten über den Weltuntergang*）。

1912 年，卫礼贤翻译的《列子冲虚真经》（*Liä Dsi. Das wahre Buch vom quellenden Urgrund*）在迪德里希斯出版社正式出版。

卫礼贤在译本前言中对中国古人的智慧和创造力倍加赞扬："那些来自远古时代的神话异彩纷呈，让我们了解了古代中国极其活跃的创造力，它们以多姿多彩的形象交相辉映，时而是名震一时的英雄人物，时而是朝堂上的政客。"① 书中众多的智者更令卫礼贤印象深刻，他写道："书中记载了那一时代大大小小的众多杰出人物，向我们展示了他们的智慧和人生经验……一份几乎取之不尽的财富展现在我们眼前。我们在此遇到了圣人和嘲讽者，遁世的智者和享乐生活的人，被众弟子环绕的哲学家，在国王宝座前舌灿莲花的诡辩家，还有质朴的农民、妇女、儿童、乞丐、杂耍者，甚至是兽医和驯兽师。这所有人在书中向我们走来，在有意无意间与我们分享着他们要慷慨赠予我们的智慧。"由于此书中集合了众多学派的观点，因此卫礼贤认为《列子》并非《论语》和《道德经》那样主题鲜明的著作，而是在《道德经》和《庄子》之间扮演着承上启下的角色。他指出，作为道家门徒的列子同样追求隐遁无名，因此中国历史上关于列子的记载比老子更少，甚至于是否真的有过列子其人都还存疑。不过，卫礼贤还是倾向于相信列子的历史真实性，并从《庄子》《列子》中剥茧抽丝，整理出了一个生动的列子形象："总体来说，他是一个和蔼可亲的人，似乎有着迷人的气质，受到众人的仰慕。但他也因此未能像那位更粗暴、更果断的朋友伯昏瞀人一样成功地摆脱人间的各种羁绊。他有正式而简朴的婚姻生活，并吸引了许多学生。当他因饥荒而背井离乡时，仍有一些学生追随着他。"在精神层面上，列子追求的是一种更高层次的存在："他可以帮助妻子操持家务，面对她激动的抱

---

① Richard Wilhelm: *Liä Dsi. Das wahre Buch vom quellenden Urgrund*. Jena: Diederichs, 1911, pp. VII-XXIX. 下同。

怨也只付之一笑，任其埋怨；他可以在射箭练习中找寻修身之道，也能独自御风而行，但他追寻的人生并不在此，他始终在苦苦思索彼岸世界，那种彼岸之境并非个体在与现世相近条件下的一种延续（粗糙的永生概念在中国出现得极晚）。列子如此看重的彼岸世界在时空上并未与现实世界完全割裂开，它在本质上只是另一种存在形式。"卫礼贤的这番描写强化了列子作为东方哲学家的形象，甚至使他的思想具有了某种存在主义哲学的味道，从而大大拉近了列子与西方读者的距离。而卫礼贤精彩的译文则为《列子》中的寓言故事增色不少，书中道家圣贤对精神自由的追求和他们所达到的"御风而行"的超然境界更是令同时代的德国知识分子心驰神往。1915 年，德国文学家阿尔弗雷德·德布林（Alfred Döblin，1878-1957）发表的表现主义小说《王伦三跳》（*Die drei Sprünge des Wang-lun*）就特地引用卫礼贤的《列子》译文作为献词，并宣布将"这本无力的小说献给智慧的老者——列子"。卫礼贤译本在德语世界的影响力由此可见一斑。

辛亥革命

　　由于受鼠疫疫情的影响，原定在 1911 年上半年建成的淑范女子学堂也不得不暂时停工，直至 9 月，学堂才在新任胶澳总督迈耶-瓦尔德克（Alfred Meyer-Waldeck）的见证下正式举行了落成典礼。卫礼贤夫妇将学堂取名"淑范"是取"培养高贵女性形象典范"之意。早在 1909 年，卫礼贤就已经对中国的妇女问题进行了多次评论，曾在《德文新报》上发表过关于中国妇女在婚姻中的地位以及中国人生育女孩习俗的长篇论文。纵观全局，卫礼贤夫妇认为女童教育领域的工作尤为重要，因此决定从女校建设着手。这在当时相当具有进步意义。该学堂的建设资金主要来自德国国内的捐款和鲁尔巴赫在不来梅和汉堡筹集到的款项，其目的是为中国官员和商人的女儿们提供高中教育，并通过这种方式为当地培养一批训练有素的女教师。美懿书院则作为新学校的预科班继续存在了一段时间，直至1912年两校最终正式合并。

与此同时，中国的政局日益动荡。1911年4月，广州黄花岗起义爆发。6月，保路运动爆发。随着清朝民心尽失，其统治已摇摇欲坠。最终，随着1911年10月10日驻扎在武昌的新军发动起义并成功占领这座华中重镇，各地纷纷响应武昌起义，革命浪潮迅速席卷了全国。

武昌起义爆发前，卫礼贤曾满怀希望，期待中国能转型为一个君主立宪制国家，从而挽救危亡。但直至1911年9月底，负责制宪的溥伦等人才将宪法条文草拟完毕，上呈摄政王载沣，但不待核准颁布，保路运动、武昌起义便相继爆发，制宪工作被迫停止。在革命起义的冲击下，各省纷纷宣布脱离清廷独立，早已丧失民心的清王朝立时陷入风雨飘摇之中。随着革命浪潮席卷全国，神州大地陷入巨大的动荡。卫礼贤也敏锐地感觉到了历史转折点的到来，他评论道："这场革命是一个最具历史意义的事件。一种旧世界的沉沦正活生生地发生在我们眼前——以儒教国家和社会伦理为基础的旧中国已然崩溃……旧中国的经济已经成为一种障碍。问题只在于人民是应该在它的束缚下窒息、腐烂，还是应该打破这些束缚。"但偏于保守的卫礼贤此时还只是希望中国能够借此契机转变为一个像英国那样的君主立宪制国家。由于他高估了儒家文化在中国的影响而低估了革命者的力量，他并未准确预见到中国会在这一"最具历史意义的事件"后短短4个月就成为共和国。在1912年初发表的《中国革命》（*Die chinesische Revolution*）一文中，他还坚持认为："那些狂热的自由英雄想用手中的左轮手枪迫使人民获得自由，他们已经变得非常不受欢迎，因此，像英国这样温和的君主制很可能会是当前转型的结果。"

　　作为辛亥革命的亲历者，卫礼贤密切地跟踪着革命形势的发展，不断见证着战乱、流血、叛乱和劫掠。面对危局，腐朽的清王朝很快便失去了控制全国的能力。眼见局势已经无法收拾，1911 年 11 月 1 日，清廷不得不起用野心勃勃的袁世凯为内阁总理大臣，指挥北洋军进攻武汉三镇，企图镇压起义。但在革命军的英勇抵抗下，北洋军攻克汉口、汉阳后便无力继续进攻。而与此同时，南方各省都爆发了起义，清廷能够控制的仅仅只剩北方数省。1911 年 12 月底，孙中山结束在海外的流亡返回中国，12 月 28 日被南方 17 省代表共同推举为中华民国临时大总统，成为辛亥革命的实际领导者。同日，南北议和正式开始。孙中山和袁世凯一时成为决定中国政局走向的关键人物。为迅速结束内战，孙中山正式就任临时大总统后发表声明，宣布只要袁世凯赞成清帝退位，他将自行辞职，让位于袁世凯。于是袁世凯通过威逼利诱，最终迫使隆裕太后在御前会议上同意清帝逊位。1912 年 2 月 12 日，隆裕太后与 6 岁的末代皇帝溥仪在养心殿举行了最后一次朝见仪式，正式颁发了逊位诏书。在中国统治了两千多年的封建帝制到此最终画上了句号。于是孙中山依约于 2 月 13 日提出了辞呈。3 月 10 日，袁世凯在北京正式就任中华民国第二任临时大总统。

　　在卫礼贤看来，孙中山是一位富于理想主义的"革命领袖"，但他是一个"纯粹的理论家"，有"某种煽动性和吸引力"，却没有"展开有序工作的实际能力"。而靠出卖清王朝上位成为中华民国临时大总统的袁世凯"尽管有杰出的智慧，但缺少一点，那就是建立在无私和道德人格基础上的单纯的伟大，对国家领导人而言，这一点在中国也许比在其他地方更为重要。这种来自儒家思想的意识作为一种理想仍然不可磨灭地存在于整个民族中，它永远不可能被官僚主义的阴谋所统治，也不可能屈从于野蛮的军事力量，而只能由拥有人民的信任并符合国家最深切需求的统治者来实现。但正如我的一位中国朋友所说，这种信任不能通过迎合大众的低级本能来获取，而只能通过敬畏上帝和他的意志来获得"。因此，卫礼贤在 1912 年时准确地预见到袁世凯的"最终意图是让自己登上帝位"，颇有远见地预言了袁世凯称帝的丑剧。

不过，尽管卫礼贤已经清晰感受到"旧中国已然崩溃"，但出于对旧时代的迷恋，同时也由于他结交了大批前清遗老，所以他免不了要对清王朝的土崩瓦解表示出一丝惋惜。他写道："皇室的垮台对群众来说是一个沉重的打击，他们还无法轻易接受。人们必须始终牢记，在中国，皇帝制度不仅是一种国家观念，也是一种宗教观念。对中国百姓来说，它不仅是维护国家秩序的基础，也是凝聚人民之间所有道德关系的基础。人们把皇帝当成有形之神来崇拜，剥夺了皇帝，他们看到自己面对的就是一片空虚。而农村的百姓远远不能理解什么叫成为共和国的子民——对他们来说，这与无政府状态没什么两样。一个小农民最近非常天真地向我解释说，'西方人可能已经准备好接受人人想做什么就可以做什么的状态；但在这里的农村中，我们还没有准备好'。"在卫礼贤看来，在清王朝统治结束后的第一个夏天，中国"处于完全无政府的状态"。由于国家机构被摧毁，"建设一个繁荣的共和国"看上去"几乎没有可能"。因此，卫礼贤对中国的前途充满忧虑——皇帝没有了，中国将要走向何方呢？

第三部分

在中国的汉学家生涯

(1912—1919)

第六章　尊孔文社（1912-1914）

　　1912 年，在对中国的未来感到担忧的同时，卫礼贤也在为辛亥革命所引发的另一个后果感到高兴——由于担心遭到革命党人的清算，许多曾在清廷担任要职的官员和皇室贵族在革命爆发后仓皇逃往外国租界寻求庇护。位于"胶澳保护地"的青岛便成为除天津、上海之外最受前清遗老们青睐的避难所。一时间，前清的亲王、总督、巡抚等大批遗老纷纷跑到青岛的德国殖民地寻找避难所。据统计，当时来到青岛的遗老遗少多达 70 人，他们当中包括恭亲王溥伟、两广总督（前山东巡抚）周馥、军谘大臣徐世昌、两江总督张人骏、东三省总督赵尔巽、外务部尚书吕海寰、邮传部尚书吴郁生、学部大臣刘廷琛、学部副大臣劳乃宣等，其中很多都曾与卫礼贤有过交往。一些深受儒家传统文化熏陶的饱学之士如康有为、辜鸿铭等文化界名人也来到青岛寓居。这批遗老宿儒的到来，为卫礼贤进一步深入研究中国古代典籍创造了更为有利的条件，有力地推进了他的汉学研究和翻译工作。

前清遗老

卫礼贤为这些拖家带口来到青岛的前清遗老提供了很多帮助，他不仅积极地为他们寻找寓所，向一些突然失去收入来源的人如辜鸿铭提供资助，还让许多遗老家庭中的子弟直接插入礼贤书院就读，并为他们单独开设了课程。1912 年的圣诞节，卫礼贤夫妇也是与逃到青岛的所谓"中国革命难民"一起度过的。美懿曾回忆道："当时，我们率先成功尝试了邀请中国和德国的熟人在一起聚会，很快，其他家庭也都取得了成功。"德国胶澳总督府也被说服，特地修改了法规，对这批遗老贵胄大开方便之门，允许他们在德国人居住的青岛区购地置产。

在卫礼贤的"故人"中，与之相识已有 10 年的周馥举家来到青岛定居后，不仅买地造屋，而且让自己家中众多子弟都进入礼贤书院完成学业。1912 年，卫礼贤还应邀参加了周馥孙女在青岛海因里希亲王酒店举行的婚礼。在这座德国风格的酒店中，来自德国和中国的客人济济一堂，中国的婚礼仪式和欧洲的食物交相辉映，新郎穿着西方的燕尾服，而新娘穿着中式的红色吉服。中国宾客看到欧洲人享受于"在大厅里让女士们旋转"忍俊不禁，但到了最后，连新郎和新娘也被拉入了波罗乃兹舞的行列中。卫礼贤与周馥两家人的私交也非常不错。1913 年 1 月，周馥的曾长孙周一良在青岛出生。他出生第二天，生母便不幸去世。卫礼贤夫妇便将婴儿接到自己家中喂养。周一良晚年曾回忆："当时父亲年轻，悲痛之余，不知所措。他的朋友、德国的卫礼贤牧师夫妇见义勇为，把无人照看、嗷嗷待哺的新生儿抱回自己家，由卫夫人用牛奶喂养了一年，再送回来。"卫礼贤的第三个儿子、1905年底在青岛出生的卫德明也记得自己7岁那年，妈妈告诉他家中来了一个中国小弟弟。美懿对这件事情同样印象深刻，她曾回忆道："亲戚中没人愿意照顾这个不足4磅重的孩子，所以我们果断地收留了他。他成功地活了下来。在这一年里，我们待他如自己的第五个孩子。理查德把这个孩子作为'第五个儿子'收留了一年时间。"后来，两家人的交往延续数辈，历经风云变幻的考验，一直持续至今。

在前清遗老中，地位最高的自然是道光皇帝的嫡系曾孙"铁帽子王爷"恭亲王溥伟。辛亥革命爆发后，他曾与顽固派结成"宗社党"，坚决反对清帝退位，扬言要与大清共存亡。但等到大势已去，溥伟并没有真去为大清王朝殉节，而是把豪华的恭王府以40万两银子的价格卖给教会，然后拖家带口逃到了青岛。由于一路颠沛流离，生活一落千丈，溥伟的夫人一到青岛就精神崩溃，陷入神经错乱中，堂堂恭亲王只得放下身段向卫礼贤求助。于是第二天一早，卫礼贤便将恭亲王夫人送进了同善会医院。在美懿的回忆录中，恭亲王的妻子"是一位很美丽的蒙古公主，既聪明又幽默，但是她身体脆弱，没有经受住种种变故的刺激，她到达青岛的时候已经精神恍惚。理查德把她安置在我们医院并用他柔和的方式治愈她，于是她恢复了以往自由的天性，并且又能够和家人重新生活在一起了"。由于有了这么一段交往，恭亲王夫人对美懿和德国学校的好感大增，"她充满热情地学习德语，并且将兴趣转向了历史和地理。她每星期有三个上午会来拜访我几个小时，我们成了很好的朋友。她的两个儿子也来我们这里学习德语"。恭亲王与卫礼贤夫妇在一起，则总是免不了要兴致勃勃地谈起紫禁城里的故事，尤其是他从"内部消息人士"角度讲述慈禧垂帘听政、囚禁光绪、驾驭群臣的掌故，更是让德国人倍感新奇。卫礼贤还经常就满族人的信仰、历史向溥伟进行讨教。这位前清王爷谈起祖先的丰功伟业自然豪情万丈，他自豪地讲起了满族是如何在白山黑水间诞生、发展，又如何在菩萨保佑下创出了光明的天地。如此一来二去，恭亲王与卫礼贤两人也很快成了好友。

作为顽固派宗社党的中坚力量，溥伟当然一刻也没有放弃复辟的计划。他不仅坚持保留象征清王朝统治的大辫子，而且刚刚在青岛安顿下来，就马上联络遗老遗少，研究复辟大业。在他们眼中，卫礼贤作为与清王朝一向友好的德国友人正好可以帮助他们穿针引线，游说德意志帝国作为外援，于是便让卫礼贤夫妇也经常参与会议。而卫礼贤也很快就与遗老们打成一片，甚至有些飘飘然起来。他回国后曾在其书中如此描述这些"在青岛的故人"：

在青岛，聚居着大臣、总督、巡抚等各种职务的高官、学者和工业家。有教养的中国人的生活方式在这个海滨之地会合。由于这些人的到来，便有了各种文化的和科学的报告会。三江会馆设备极佳的俱乐部内定期举行聚会。出席的学者和官员们来自中华帝国的各个地方，从蒙古到甘肃，从最西部再到最南端的云南。这些人成为融汇各种文化知识的载体。除了长期居住的那些人外，还有些重要的客人或长或短在这里逗留一段时间。于是，青岛为古老文化最杰出代表的相识提供了最好的机会，这在当时中国其他地方都是不可能的。在那段日子里，学者与各党派政治家生活在一起，这不由让人想起了中国历史上的许多巅峰时代。那时学者和艺术家们常常聚集一堂，如诗人王羲之笔下学者名流在兰亭的聚会：

夫人之相与，俯仰一世，或取诸怀抱，晤言一室之内；或因寄所托，放浪形骸之外。虽趣舍万殊，静躁不同，当其欣于所遇，暂得于己，快然自足，不知老之将至。①

　　每天听着遗老们畅想复辟伟业，卫礼贤对他心目中这群充满怀旧情绪的朋友倒是颇有好感，也学会了与宗社党、革命党等各派政治势力打交道的诀窍。卫礼贤本人曾对1912年复杂的政治环境有过这样一番描述："与各派重要人物的关系已经很自然地建立起来。他们中的大多数人……内心中都拥护帝国，许多人只是在等待一个机会来公开自己的立场。前帝国将军、总督同时也是共和国新任总统的袁世凯也与我们有交往，那些主张与共和国和平共处的人也找到了我们。"卫礼贤一直坚守同善会不插手政治的原则，因此他至少在表面上保持四平八稳、概不得罪的态度："对于每一个来找我们的人，我们都会以友好的方式，在单纯的人际关系层面上与之交往，如果他们需要帮助，我们很乐意帮助他们。毕竟，政治塑造并不是我们的任务。"卫礼贤的这种保守态度甚至也影响到了礼贤书院的工作。当时，一些中国学生也响应辛亥革命，要求与旧式教育决裂，他们采取砸毁教具、烧毁笔记等方法表达自己的诉求，使书院不得不停课三天。卫礼贤好不容易才凭借自己的威望，与教师们一起阻止了学生们的革命行动。1912年9月28日至30日，卸任临时大总统之职的孙中山以个人身份到青岛访问，此事再次在书院中掀起了波澜。起先，因为孙中山计划到德华大学访问并举行演讲，大学生们给礼贤书院、淑范女子学堂的学生们也发来了邀请，但卫礼贤夫妇却以担心现场发生混乱为由表示了回绝。此后，孙中山又应邀去参加基督教青年会的群众大会，他的女随从也将同时出席。这一带有女性解放运动意味的活动使淑范女子学堂的女学生们大受鼓舞，她们希望也能去那里对孙中山

---

① ［德］卫礼贤：《青岛的故人们》，鲁海著，王宇洁等译，青岛出版社，2007年，第98页。

表示欢迎。卫礼贤夫妇却再次以"良好秩序和道德原因"为由拒绝了学生。作为对此的报复，当第二天海因里希亲王访问女子学堂时，女学生们也拒绝到礼堂中用合唱和颂词欢迎亲王的到访。最后，美懿只得匆忙从美懿书院调来小学生解围，才避免了尴尬场面的出现。

　　但卫礼贤事实上绝不是时时刻刻在政治上保持着中立，只是他对政治活动的参与要隐蔽得多。例如他是恭亲王和海因里希亲王之间的重要中间人，虽然没有直接参加政治活动，但却秘密帮助他们翻译来往信件。然而，革命形势的迅速发展使卫礼贤很快发现，恭亲王的复辟计划只是一厢情愿，在当时根本就是无法实现的幻想。卫礼贤曾对前清遗老幻想的破灭进行过这样一番描绘："起先，恭亲王心中还充满了许多政治设想。作为一个忠实的卫道士，他希望能够帮助年幼的皇帝再度夺回皇位。但袁世凯在全国遍布耳目，发现之后，这些努力也都付诸东流了。"而对于恭亲王来说，他与卫礼贤的交往正是他在雄心壮志付之东流之后的安慰剂。卫礼贤则觉得"流放奔波的经历使亲王的整个性格受益匪浅，他变得更朴素、更富有人情，在不失往日皇家风度的同时，更显得平易近人"。卫礼贤曾对他与这位"青岛故人"的某次交流进行过这样一番颇具神韵的描写：

　　　　有一天，亲王来找我，想让我用小提琴表演一段欧洲音乐。我努力将欧洲音乐的精华都展示给他，我的努力确实令他如痴如醉，他说这与中国最优秀的音乐是相通的。接着便坐在屋中一角，聚精会神地用一支笛子演奏起动听的曲子，它好像是古代神庙中的祭曲，专门用来纪念皇帝亲手推动铁犁，开始耕出第一畦田地。不知不觉中夜幕渐渐降临，屋内陈设逐渐黯淡，一股恍若隔世的深情伴着那悠扬的笛声四处飘荡，虽然这优美的旋律将来或许不再被记起，但今天谁又会在意。这段珍贵的回忆，已使人生旅程充满了令人留恋的亮色。

毫无疑问，谙熟中国古代文化的卫礼贤在青岛很快成为中德文化界人士交流的一座重要桥梁。1912 年，德国哲学家赫尔曼·凯瑟林（Hermann Keyserling）伯爵在他的环球之旅中到达了青岛。卫礼贤回忆道："应他的要求，我把他引荐给重要人物……凯瑟林伯爵在他的旅行日记中报告了他对这次聚会的印象。我只想在此补充一点，我很少以如此愉悦的心情扮演口译员的角色。欧洲人和中国人的聚会往往很难超越最肤浅的常规谈话，而在这里，双方建立起联系，谈话涉及了本质的问题……中国人果然对此印象深刻，甚至多年以后，当时也曾在餐桌上的（中华民国）总统徐世昌还向我问起他。"而凯瑟林伯爵同样对前清遗老们的冷静态度和清晰思维留下了深刻印象，他曾认为中国人在活力方面比不上西方人，但当他有一天晚上拜访文化名人辜鸿铭后却不得不承认，在他对面确实站着一个活力四射的中国人。后来，凯瑟林伯爵在畅销书《一个哲学家的旅行日记》（*Reisetagebuch eines Philosophen*，1919）中详细描述了自己与卫礼贤和他的中国朋友的交往，尤其记述了他与辜鸿铭的对话。而与凯瑟林伯爵的交往对卫礼贤后来在德国学界的发展也起到了重要作用。

尊孔文社

那些来自各地的前清遗老中有很多是学者宿儒，他们突然会聚到青岛，不仅使青岛成为一个中西文化的融汇点，而且也使青岛的国学研究水平一下达到了历史上的巅峰。对于守旧派遗老们的到来，卫礼贤自然大喜过望，通过这个圈子，他才开始真正有机会深入了解儒家思想与文化。因此，卫礼贤产生了将前清遗老们组织起来成立一个中西文社的想法。恰好1912年10月康有为、陈焕章等人在上海成立了孔教会。两个月后，卫礼贤专程前往上海拜访了孔教会的负责人陈焕章和沈曾植，并表示了在青岛组织支会的想法。康有为的弟子、留美博士陈焕章当场赠送了1册《孔教会杂志》给卫礼贤，在场的前清遗老沈曾植也拿了4册《孔教论》送给他。卫礼贤则当即加入孔教会并缴纳了会费，还订阅了3年的《孔教会杂志》。

卫礼贤对于孔教会的积极态度有其特定的时代背景。在卫礼贤看来，在政治繁荣稳定的时期，中国国家政权被赋予了神圣的尊严，也吸引了所有势力为其效劳。而现在的中国政府所表现出的只有腐朽无能，许多有能力的人对权力斗争的喧嚣感到了厌倦，这才使得各种宗教力量在这片土地上得到了释放，并希望参考基督教教会的方式转变为宗教团体。正因为如此，中国的佛教和道教力量才在这一时期成立了各自的宗教会团。

回到青岛之后，卫礼贤成立社团的想法立刻得到了周馥等人的响应。1913年初，在前清遗老们的支持下，卫礼贤正式成立了以保护中国古代思想遗产为宗旨的社团，其活动场地就设在礼贤中学。而守旧派辜鸿铭则认为社团还不如叫"尊孔文社"。于是，将卫礼贤与前清遗老密切联系在一起的尊孔文社（Konfuzius-Gesellschaft）就此应运而生。在现存的卫礼贤遗物中，有一篇用毛笔书写的《尊孔文社纪念文》，对卫礼贤在文社成立过程中的贡献倍加赞许。文中写道：

中国文学艰深而普通语言则趋于简易。其自古相传高深学说思想非文言无由通达，故其本国普通人民亦多不能了解，更无论外人。尉礼贤先生长中国，幼而好学，深思精研，颇读其古代典籍，遂通中国文言与古代学说思想。一九一一年，先生在青岛，值中国革命，一时抱君主思想之达官学者相率避居于此。其间多深研中国旧学高尚之士。先生以能为中国文言之故，乃得相与交接周旋。诸君见先生深通中国旧学，推重孔子，娴习礼貌，有儒者气象，咸许为学者，乐与谈论。知先生方致力传译中国古书，欲阐扬东方文化真象于欧土，以中国古代学术思想向以孔子为中心，遂议创立尊孔文社，拟先办讲演会，延通儒轮流讲演，并设藏书楼供人阅览。周总督复为先生介聘劳先生来讲译中国古经，劳先生为当时众望所推之宿儒，官学部副大臣，以革命隐退涞水乡间为农民。时年已七十二。喜闻外人尊孔，乃应聘而来，先为先生译解《大学》一篇。是冬，尊孔文社遂告成立，社友多为一时名流。兹就所知略记于后……

附于此文之后的是 20 多位参加文社的前清遗老如周馥、徐世昌、赵尔巽、劳乃宣等人的官衔和大名。此后，在青岛的一些政治活动中时常可以看到尊孔文社活动的身影。如 1913 年农历正月十七，颁布清帝逊位诏书的隆裕太后郁郁而终，以遗臣自居的周馥等人在海关前设立了祭坛，率 50 多名遗老进行了祭奠，卫礼贤也以礼贤书院院长身份参与其中。1913 年 5 月，卫礼贤再次访问了孔教会。同年秋，曲阜举行祭孔大会，康有为作为孔教总会会长亲自主祭，卫礼贤也前去参加，俨然开始以儒家门人自居。

尊孔文社成立之初的活动其实主要限于以"消寒会"名义举行的定期聚会。这里所涉及的是文人雅客中的一个古老习俗，即在"数九寒天"开始之际，每隔 9 天就聚会一次，总共 9 次。在这些消寒会上，宴会开始前还会有图画、书籍、青铜器和其他艺术品被陈列出来供大家玩赏。来客们还会讨论一些问题，例如中华民国决定采用西元纪年，从 1912 年起以阳历 1 月 1 日为元旦。遗老们认为这是放弃中国文化传统，比推翻清朝统治还要严重，为此发生激烈讨论，最后以投票形式决定是否应引入新历法。除前清遗老外，为推动中德学术交流，消寒会还邀请一些在德华大学任教的德国学者参加。在第一次消寒会上，卫礼贤登台演讲，"宣言拟将《圣哲画像记》所载三十二人传记多译德文，以通中西学术之邮"。在五九消寒会上，卫礼贤再次登台，介绍"欧洲文化之大概"，可见尊孔文社并非只是探讨儒家学说，也起到了中西文化交流桥梁的作用。在 1914 年《传教信息与宗教学》上，卫礼贤还发表过《尊孔文社》（Konfuzius-Gesellschaft）一文，称尊孔文社的目的一方面在于拯救中国古代思想瑰宝，另一方面则是要增强基督教在中国的传播，从而聚集各方力量推进对中德两国精神财富的相互理解。文中还称尊孔文社虽只是小众组织，但对中国民众影响颇大。不过，在消寒会之后，文社成员的聚会活动并没有继续长期坚持下去，除了因为尊孔文社本来就是一个松散组织外，语言上的障碍是主要问题所在。由于语言不通，参加聚会的中德两国学者很难进行有效的对话。前清遗老们在台上之乎者也时，德国人只能干瞪眼；等到德国人登台演讲，遗老们则昏昏欲睡或者干脆回家了。从相关文献来看，文社仅有从 1913 年底到 1914 年春的活动记录，此后第一次世界大战爆发，日德在青岛开战，前清遗老们纷纷避走他乡，文社成员便更无重聚的机会了。与会者在活动中发表的演讲部分刊登在了《良友》（Freund）杂志上，另一部分发表在文社自印的《尊孔文社杂志》上，但目前仅存一册，收录有劳乃宣和卫礼贤的两篇演说。此外，劳乃宣的《桐乡劳先生遗稿》中收录有《论为学标准——尊孔文社演说辞》一篇，强调"欲尊孔子之道，当学孔子之学"，又将西学强行解释成儒学所涵盖的学科，所谓"中学西学，一以贯之，无二致矣"，进而推论出孔子之学并未过时。从这些文章中，后来人也多少可以一窥当年尊孔文社的活动内容。

在成立尊孔文社后，1913 年初，为推动中德文化交流，卫礼贤还正式向同善会提出成立德华交流社（Büro für deutsch-chinesischen Austausch）的申请，并附上了策划书。卫礼贤在这份策划书中说，辛亥革命爆发后，中国古老的神圣经典遭到抛弃，其中所蕴含的精神价值正面临被消灭的危险，因此中国有识之士决定联合起来成立德华交流社：一方面为中国学者提供庇护，另一方面努力"保护中国文化及中国文化之载体"，促进东西方的相互理解。卫礼贤还指出，西方列强都在努力扩大在华影响，德国虽已在科技、工业领域有所建树，但在思想财富的输出方面却落在其他强国之后，斯宾塞、赫胥黎、孟德斯鸠等人的著作已经有了中译本，而德国典籍在中国却无人知晓。德华交流社的成立正是为了推进两国在人文领域的交流合作。随后，卫礼贤还列出了为中国学者设立常设职位、建设图书馆、译介重要德国文学作品等 10 条具体措施，并在策划书后面附上了周馥、徐世昌、赵尔巽、辜鸿铭等 19 人的名字和头衔。从名单来看，德华交流社与尊孔文社在成员构成上高度重合。

1913 年 2 月 21 日，德华交流社在海因里希亲王饭店正式宣布成立。中德学者约定，除定期聚会外，双方学者还要轮流讲演，卫礼贤作为发起人当仁不让地承担起了首次讲演，主题为"孔子和康德"。交流社还计划出版《德华哲学杂志》和《德华宗教学年鉴》。为了寻求对这些计划的资金支持，1912 年曾在卫礼贤家做客的马尔堡大学神学家鲁道夫·奥托（Rudolf Otto，1869-1937）教授曾想邀请卫礼贤到德国讲学。但卫礼贤认为，在中国的积极工作表现会比在德国的巡回演讲更有宣传力，考虑再三后还是拒绝了邀请。为了增强吸引力，卫礼贤还设想由德国的某个神学院组织竞赛，为四福音书等文献的最佳汉译本设立一个奖项，使大家更加关注翻译事业。

1913 年 5 月 13 日，卫礼贤再次致信同善会负责人，谈到创办"德华文社"（Deutsch-chinesische literarische Gesellschaft）以推动中德文化交流和建立良好双边关系的计划。卫礼贤对实现这一目标很有信心，因为青岛人才济济，条件得天独厚，唯独缺少足够资金。如建立图书馆一项需6000美元，虽得到了中国同人的积极支持，但目前也仅筹措到4000美元。所以他计划以花之安图书馆为基础，再通过暂借和募捐的方法获取足够的图书。较之前一项偏于行政事务的规划，卫礼贤为德华文社所拟定的任务具有更多的文化价值。除保存中国古代文化精华外，卫礼贤还提出与青岛德华大学合作，推动德国重要文学作品的汉译和中国重要作品的德译。

事实上，卫礼贤在信中提到的图书馆计划最后得到了尊孔文社成员的有力支持，因为文社成立后的一项重要工作就是保存中国古代典籍。劳乃宣援引孔府夹壁藏书的故事告诉卫礼贤，中国在古代战乱时有将"圣人之书之可贵者藏之山居屋壁之间"的传统。卫礼贤对此深以为然，于是在他的号召下，在青岛的前清遗老纷纷捐款，李鸿章之子、前邮传部副大臣李经迈一次就捐出5000马克用于购买中国古代典籍。面对急剧增长的藏书，1914年3月19日，卫礼贤在给同善会的信中报告了修建藏书楼的计划，希望同善会批准将藏书楼修建在礼贤中学的花园中。4月2日，他再次详细汇报了修建藏书楼的计划。最后，卫礼贤决定做出牺牲，捐出自家宅院中的网球场作为场地，在上面修建起一座藏书楼。4月7日，藏书楼正式开始动工建造。5月11日，藏书楼落成，收藏了近3万册珍贵图书。作为皇亲国戚的恭亲王溥伟亲自为之题写了"藏书楼"匾额。劳乃宣则撰写了《青岛尊孔文社建藏书楼记》以纪念卫礼贤的功绩，为表示自己忠于大清，他还拒用民国年号和新历，署下了"大清宣统六年岁次甲寅四月辛巳朔月十七日丁酉"的日期。文中写道：

秦之所以焚书者，以圣人质道适足以彰其丑也。当秦时，知圣人之书之可贵者，率藏之山岩屋壁之间。汉兴求书，乃得有所凭，借以明圣人之道，而人道赖以不灭，则藏书之功也。比者革命之变，神州陆沉，学校禁读经书，私家有授经者，官吏至加以刑罚，人道之不绝者如缕矣。德国尉君礼贤以西人而读吾圣人之书，明吾圣人之道者也，时居青岛，闻而忧之，与中国寓岛同人结尊孔文社，以讲求圣人之道，议建藏书楼以藏经籍。同人乐赞其成，相与捐资，克期兴作，行见不日成之。圣经贤传之精，子史百家之富，萃集于斯，圣人之道将不外求而得焉！青岛为德国租界，内地官吏势力所不及，虽欲摧残之而不能。他日内地谊书者日少，来者既代谢，后生不获窥圣人之典籍，寰宇之中晦盲否塞，芸芸群生必且如秦代黔首之见愚，莫克知人道之所在。有欲考寻圣人之书以为人道之指导者，将不可得。而是楼也，然独存且卷帙富有，足资探讨，与古昔之抱残守缺者尤不同。人道之晦而复明，绝而复辟续，不于是乎在，而安在其功不胜于山岩屋壁之藏万万哉！楼基建作之始，尉君属为文记之，编诸铁函，埋之基下，以为千百世后久远之征。爰述其建设颠末，与所以守先待后之意，以俟来者。

而卫礼贤则在尊孔文社藏书楼地基上铭刻下这样一句文字："这座建筑将在至高的精神财富中实现为人类的统一而合作。"但不幸的是，藏书楼建成后仅仅两个多月，第一次世界大战就爆发了。根据卫礼贤日记记载，在日本开始进攻青岛后，尊孔文社与礼贤书院、淑范女子学校等机构一起成了战争难民的避难所。卫礼贤在《中国心灵》一书中写到，当时有数千名德国妇女、儿童被困青岛，尊孔文社图书馆就成了他们的客厅。这里举行的讲座、儿童节、音乐会、戏剧演出，在最难熬的时刻带给这些人以莫大的安慰。这也成为关于尊孔文社的最后记载。

一战结束后，卫礼贤20年代在北京又创建"东方学社"，其目的也依然在于通过中德学术交流机构帮助消除国家间的误解和恶意。柏林自由大学汉学家罗梅君（Mechthild Leutner）认为，卫礼贤创办"东方学社"正是继承了"尊孔文社"的理念，两者一脉相承。

经典翻译

在保存经典的同时，将中国典籍翻译并传播到西方也是卫礼贤在1912年至1914年期间的核心任务。1913年问世的《尊孔文社纪念文》就曾提到卫礼贤有意"传译中国古书，欲阐扬东方文化真象于欧土"。因此，在成立尊孔文社的同时，卫礼贤致信同善会希望在德华大学中成立一个由他领导的翻译中心，以推动中德两国文化典籍的翻译与传播。卫礼贤在《中国心灵》中写道："我们若真能拯救当时已岌岌可危的中国文化宝藏，必将造福于后世。所以大家决定尽力一试，希望通过翻译、报告和科学著作，推动东西方在精神领域的联系与合作。于是，康德的著作被译成了中文，中国经典被译成了德文。我们希望能在未被中国革命风暴波及、山清海秀、风景如画的青岛做一些建设性的工作。"而在卫礼贤翻译中国经典的过程中，曾有数位中国学者对他多有帮助，这些人都功不可没。

在日记中，卫礼贤曾多次提到李鸿章的外甥张士珩，认为他是一个"杰出的中国学者，可能是目前中国最好的道教专家"。张士珩（又作张世珩）早年曾中举人，因张家早年曾接济李鸿章兄弟，两家结为姻亲，关系密切，张士珩也在李鸿章的扶持下担任了北洋军械所总办，兼办武备学堂，后因在甲午战争期间涉嫌泄露情报、盗卖军火而被革职。1902

年周馥出任山东巡抚后，张士珩被保奏主持山东学务处兼参谋处，办理武备学堂，这大概是他在人生轨道上第一次与卫礼贤发生交集。后来，周馥升任代理两江总督兼南洋大臣，张士珩也随其南下，主持江南制造总局事务。1911 年辛亥革命爆发后，张士珩先逃往上海法租界，随后又逃到青岛。他与卫礼贤重逢时正是他最为狼狈的时刻。美懿对此也印象深刻，她在回忆录中曾提到多位遁居青岛的前清遗老，"这些官员中有几位卫礼贤的老朋友，他帮这些人解决了在青岛的寓所问题"。其中第一位便是张士珩。因为张士珩曾担任江南制造局总办，在《中国心灵》一书中，卫礼贤将其称为"前兵工厂厂长"，对他的渊博学识十分钦佩，并赞誉他"是一位受过良好教育的学者，在中国文学方面学识渊博，罕有人能与之匹敌。除此之外，他还和所有学者一样是一位儒家学者。为了在生活中有更好的行为，他花费了大量时间和精力用于道家式的冥想。而且一旦听说有人能对他的努力有所帮助时，他就尽力去结识……他是一个沉默寡言的人，一晚上都难得听他说几句话。但他聪明理智，能够明了发生的所有事情。他个性极强，意志坚定。尽管他文笔非常不错，但却很少动笔。因为一旦要写，就必须是精品，以便能流芳百世"。张士珩对道家思想尤其深有研究。卫礼贤曾写道："目前我的翻译工作主要涉及道教著作，而在中国学者中几乎没有人比他对道教的见解更为深刻，因此对我的翻译工作而言他的价值尤为突出。但我们的谈话并不仅限于道教。这种严肃的时刻——这位官员刚刚死里逃生——特别适于将我们的注意力引向严肃的问题。就这样，我们很偶然地谈到了基督教和耶稣，而我则能利用许多提示来撰写我的《论上帝启示史》。"

鲁勇在《逊清遗老的青岛时光》一文中曾描述过张士珩在青岛指导卫礼贤研究道教的情形："在张士珩的讲解下，卫礼贤写了《老子与道教》一书……往往是卫礼贤早早来到张士珩的宅中，张士珩在书斋里焚上一炉香，在芳香袅袅中，张士珩讲，卫礼贤以德文记，他通记之后，再与张士珩逐句探讨、修正。"除了讲解道家思想之外，张士珩还曾邀请卫礼贤一同到三江会馆观看京剧名伶林树森演出《华容道》《古城会》，"观剧时，张士珩告诉卫礼贤，关羽在道教中被奉为关帝圣君，中国人奉孔子为文圣，奉关羽为武圣，结合《华容道》讲关羽的'义'，讲来十分动容……"

从日记来看，卫礼贤在1911年10月18日至1912年3月27日一直在翻译《庄子》，因此张士珩的到来对卫礼贤来说可谓一场及时雨，也使1912年出版的《庄子》德译本达到了极高水准。

在1912年《庄子》译本的前言中，卫礼贤也曾郑重感谢张士珩，称其为中国最精通《庄子》的学者之一，他写道："虽然中国有各种关于儒家作品的注释，那些注释对晦涩难懂的经文进行了细致的处理，因此在大多数情况下可以帮助人们形成一种有根有据的看法，但在道家作品方面却存在着一个敏感的空白区。"故此卫礼贤坦言他向"当代中国学者中最为优秀的庄子研究专家之一"张士珩进行了请教，每当卫礼贤在翻译中遇到困难，而又无法从文献中找到答案时，就会向其求助，从他那里"获得了许多有价值的启示"。①

张士珩到青岛后和徐世昌比邻而居，两人曾一同到崂山太平宫、华严寺等处游玩。此后，张士珩不再参与政治，而是潜心在崂山访道。《太清宫志》载："民国元年（1912）壬子九月，恩赐翰林张士珩，到崂山太清宫检阅藏经，访问道士马贤静，相与谈玄，数日而去，后则屡来，

---

① 卫礼贤的《庄子》1912年译本由27章组成，这与常见的33章有所不同。对比可知，《庄子》中《内篇》7个章节、《外篇》15个章节都基本完整，而《杂篇》在中文里为11个章节，卫礼贤译完整出了前五篇，《让王》《盗跖》《说剑》《渔父》4篇被略去，《列御寇》被合并进了第27章《寓言》，最后一篇《天下》则在改写后放入了前言。卫礼贤对译本中缺少部分《杂篇》篇目的解释是：他已经在《列子》中翻译过同样内容的段落，有兴趣的读者只需查阅他不久前出版的《列子》译本就可以。对其他章节中内容重复的部分，卫礼贤同样会请读者参阅前一译本中的相关章节。例如卫礼贤的《庄子》德译本并非以常见的"北冥有鱼，其名为鲲"开始，而是直接跳到了"穷发之北有冥海者，天池也"一段，因为《列子·汤问》中已经有基本相同的内容了。

自称崂山道士。"卫礼贤在《中国心灵》中称张士珩"对山岭和石头有一种偏好。根据中国哲学，山是有生命的存在，它无声地活动着。一座山能喷云孕雨，让草木覆盖着自身，而且所有这些生命都能在山中寻找某种目的和意义。因此山会慷慨赠与但是却寂静悠远。一代一代的生命都从山那里各取所需，然后逝去。这就是为什么孔子说'仁者乐山，智者乐水'。青岛附近的崂山正是一座道教名山。在山上风景特别优美的地方，你时不时会发现有石椅，有时还会发现凿刻在岩石上的警句。当你凑近去看时，会发现那出自我们的兵工厂厂长之手"。

也许是受张士珩到崂山修道的影响，卫礼贤在翻译道家经典期间也到崂山造访了当地的道观，并在数九消寒会上结识了崂山太清宫的道长。那位道长虽已七旬高龄，"但依然生机勃勃，思维机敏。他和弟子一起在道观中过着简朴的素食生活，每天的主要功课就是做法事和阅读经典"。为了劝卫礼贤皈依道教，他甚至借了一些"最具法力、最神圣的经典"给卫礼贤。1912 年，鲁道夫·奥托到访青岛时，曾向卫礼贤提出瞻仰一下道家经典的愿望，卫礼贤回答说："道教的《圣经》已在我家里放了几天，它是如此神圣，甚至在世俗之人面前都不该提到它。我相信欧洲人对它还一无所知。这本书是如此神圣，以至于它总是用红绸子包裹着。我之所以能有这样的机会，是因为我与太清宫的住持关系密切。我必须亲手将一个用红毡包裹的盒子恭送到此地的道观中，从那里的祭坛上迎请来这本来自太清宫的圣书。我还不得不遵守一些仪式。我必须在书房中焚香，并把蒙娜丽莎像从墙上取下来，因为它不合适挂在圣书上方。我还必须洗手漱嘴……现在这圣物就放在那里。这是一份来自明朝的古老印刷品。人们对它的神圣性相当敬畏，更何况道长告诉我，曾经有些亵渎之人想去读它，结果差点被雷劈死。"

在对道家有了更多了解之后，崂山在卫礼贤心目中也变得更加神圣起来。他曾在报道中写道："自古以来，崂山就在中国的传说和历史中扮演着重要角色；对于古代中国来说，它是世界的东端；从这里可以看到被祝福的仙岛，在它的山谷里居住着被认为拥有长生不老药的隐士。不止一位皇帝为获得永生在这里进行了旅行。事实上，据说这座山的名字（崂山＝劳作之山）来自这样一个事实，即整个地区都因这些帝王访问所造成的花费而感到苦恼和不安。"卫礼贤曾在崂山上的寺院道观中与许多道士进行过交谈，并从他们那里搜集了不少道家的神话传说。这段经历促使卫礼贤根据中国资料编辑出了编年史《崂山》（*Der Lauschan*），并在 1913 年以单行本形式出版。

值得一提的是，历史上曾有许多文化名人来到过崂山，其中与之关系最为紧密的恐怕当属清康熙十一年（1672）到太清宫隐居读书的文学大师、《聊斋志异》的作者蒲松龄。正是在那段岁月中，蒲松龄结交了观中道士，从他们那里听说了不少关于崂山的传说，而崂山清幽的环境也给他提供了许多创作灵感。后来他将一些故事编入《聊斋志异》，其中最著名的是《崂山道士》《香玉》两篇。前者流传之广甚至使崂山的名声也不胫而走，后者的发生地则就在太清宫，书中化身为花仙的茶花树"绛雪"至今仍屹立在宫中。受这一文学传统的影响，卫礼贤对流传在崂山地区的中国神话故事也发生了浓厚的兴趣，从崂山归来后，他搜集、编译了大量中国古代神话传说。而据美懿回忆，卫礼贤从 1912 年开始编纂中国童话故事集，其中一部分是来自口头文学，这给他带去了很多乐趣。有一天早上，当他在花厅中讲述一条金身、绿头、额上有红色斑点的小蛇的故事时，他突然停了下来，着迷地看向了花厅一角——一条如此美丽的小蛇正蜷缩在一根柱子上。

1914 年，卫礼贤正式出版了德文版《中国民间童话》（*Chinesische Volksmärchen*），共收入 100 篇故事。其中，玉帝、牛郎织女、二郎神、哪吒、嫦娥、太白金星、天后（妈祖）、女娲、祝融、孔子、关公（战神）、老子、八仙等故事都来自民间神话传说。如青岛本地有天后宫，妈祖崇拜十分盛行，因而卫礼贤也将妈祖作为"天后"来描写。有些故事则直接选自文学作品，其中译自《聊斋志异》的有《婴宁》《娇娜》《画皮》《崂山道士》《种梨》等15篇，译自《太平广记》的传奇和志怪小说有《虬髯客传》《昆仑奴》《周穆王》等20多篇。从选篇来看，故事集中包括了从魏晋南北朝到清代的各种神仙志怪文学。值得注意的是，这部《中国民间童话》中还收入了来自《西游记》的两个片段，其一是《扬子江僧》，介绍了泾河龙王和江流儿（玄奘）的故事；其二是作为童话选集压轴之作的《孙悟空》，选入的原因主要在于这一节中出现了以玉皇大帝为领袖的庞大天庭神仙体系，体现出译者对道教神仙体系的浓厚兴趣。而卫礼贤对蒲松龄的敬仰之情始终不减，在返回德国后出版的《中国文学史》中，他还特意附上了崂山上蒲松龄故居的照片。

在卫礼贤的中国合作者中，著名音韵学家劳乃宣（1843-1921）无疑最为重要。在周馥担任两江总督期间，劳乃宣曾在其手下做过幕僚，后来官至学部副大臣、京师大学堂监督。他能到青岛来与卫礼贤合作，也要感谢周馥的推荐。据卫礼贤回忆，周馥在移居青岛后有一次对他说："你们欧洲人只了解中国文化的浅层和表面，没有一个人明白它的真正含义和真实深刻之处。原因在于你们从未接触过真正的中国学者，你曾拜作老师的乡村教师只不过了解些表面的东西。因此毫不奇怪，欧洲人有关中国的知识只是一大堆垃圾。如果我给你引荐一位老师，他的思想真正根植于中国精神之中，会引导你探讨中国精神的深刻之处，你觉得怎么样？你就能翻译各种各样的东西，自己也写一写，中国也就不会总在世界面前蒙羞了。"周馥的这番话与卫礼贤深入研究中国文化的志向不谋而合。因此，卫礼贤马上欣然同意，请周馥为他推荐合适人选。当时，劳乃宣还隐居在河北涞水县的郭下村，因为他曾考证崂山为"吾家得姓之地"，认为崂山是劳家祖先发源地，所以他将去青岛视为"归故乡"，在收到周馥来信并听说卫礼贤已经为他准备好寓所后，立刻欣然前往。劳乃宣在其《韧叟老人自订年谱》中曾有如下记述："山东青岛为德国租借地，国变后，中国遗老多往居之。德人尉礼贤笃志中国孔孟之道，讲求经学，设书院于岛境有年，与吾国诸寓公立尊孔文社，浼周玉山制军来函，见招主持社事。适馆授餐情谊优渥，于十月移家至岛。"此外，劳乃宣在写给罗振玉的信函中，也特别提到他应卫礼贤之邀前往青岛的来龙去脉："友人周玉山及刘幼云诸君来函，言德国尉礼贤君久居中国，于学术流别研究最深，周秦诸子皆有译本，而独推尊孔子，如昔所称服孔子教者。近闻京师人言议废孔教，以为大戚，约中西学者为'尊孔文社'，著书论学，以昌明正学为宗，并登报传布，暨泽西文，流传西国。社中须延执笔之人，欲约弟承乏是席，代备居室一所，月赠笔资数十元，周、刘两君极力怂恿。"显然，劳乃宣对于能将满腹经纶传授给一位德国学生，并让儒家思想在海外发扬光大十分看重。因此，按卫礼贤的回忆，劳乃宣没有推辞，"几周后，他携全家人到来了"。

事有凑巧，劳乃宣来到青岛之前，卫礼贤曾经做了一个梦，梦中有一位慈眉善目、胡须花白的老人来拜访他，并自称"崂山"，"他提议将古老山峦的奥秘传授于我。我向他鞠躬致谢，然后他就消失了，我也醒了"。等见到劳乃宣时，卫礼贤才吃惊地发现"他与梦中探访我的老者像极了"，并且此时才知道劳乃宣的姓氏真的源自"崂山"，而且老先生移居青岛后就干脆以"劳山居士"自称。这种巧合也只有说是"冥冥之中自有天数"了。

卫礼贤非常热情地接待了劳乃宣一家。他为劳乃宣租下的住处就在离礼贤书院不远的吴淞街（今上海路），视野开阔，"室中可以看山，廊下可以望海，甚是适怀"。因此，劳乃宣来青岛后一边主持尊孔文社的工作并参与礼贤书院的管理，一边"日与尉君讲论经义，诸寓公子弟亦有来受业者"。他对卫礼贤虚心求教的态度非常满意，在写给罗振玉的信中称："尉君以弟子自居，其人恂恂有儒者气象，殊难得也。"劳乃宣在信中还记录了与卫礼贤一起翻译经典的细节："尉君自以《孟子》翻译德文，每日来弟寓，由弟讲授一小时，归而笔译。又以德国哲学家康德所著之书译中文，由尉君与周玉翁之孙叔弢同译，而弟为之修饬而润色之。"此处提到的"周玉翁之孙叔弢"便是周馥（字玉山）的孙子周暹（字叔弢），两人合译了康德的《人心能力论：论意志力能制病情》（*Von der Macht des Gemüts, durch den bloßen Vorsatz seiner krankhaften Gefühle Meister zu sein*）。劳乃宣曾为译本作跋并回顾了翻译过程："岁癸丑，以尉君之招客青岛，尉君方与周子叔弢译德儒康德氏《人心能力论》，属余修饬而润色之。至次年春而卒业。"劳乃宣认为该书"印之以吾国孔孟之遗言，又多有相发而无相违。陆象山先生曰：东海西海有圣人，出此心同此理，同南海北海有圣人，出此心同此理，同信乎？其不诬欤！尉君言康德之学与吾孔孟之道什九相合，此书其一斑耳"。值得一提的是，周暹、卫礼贤、劳乃宣合作翻译的《人心能力论》也是最早被完整译成汉语的康德著作。

同时，卫礼贤还完成了《孟子》的翻译工作。在此之前，传教士花之安曾经发表过两部关于孟子的研究论著，分别是《中国古代社会主义的重要思想——哲学家孟子的学说》《孟子的思想——基于道德哲学的政治经济学说》，这使得卫礼贤很早就关注到孟子在中国文化中的作用。根据卫礼贤日记记载，1912年1月31日，他开始研读《孟子》，准备着手翻译。他的主要蓝本是朱熹的《四书集注》，同时参考赵岐的《孟子章句》等传统注疏以及英国汉学家理雅各和法国汉学家顾赛芬的译本。

到 4 月 3 日，卫礼贤翻译完了第一章；但到年底才翻译完《孟子》前三章。等劳乃宣迁居青岛后，翻译进度大大加快。据卫礼贤日记记载，1914 年 1 月期间，他每天上午听劳乃宣讲解《孟子》，而后回到家中进行翻译，并进行《人心能力论》的翻译；1914 年 3 月 5 日至 4 月 1 日期间，他还译完了《大学》和《中庸》，并开始了《易经》的翻译工作。1914 年 7 月初，《孟子》译本已修订完毕。卫礼贤能在短时期内如此进展神速，并有数量惊人的重要成果，除个人努力外，劳乃宣显然功不可没。

　　劳乃宣尤其对卫礼贤翻译中国经典《易经》起了决定性作用。根据卫礼贤的日记，劳乃宣以七旬高龄来到青岛后，建议卫礼贤翻译《易经》，以传承"濒于消亡"的文化传统。卫礼贤采纳了这个建议，开始向劳乃宣学习《易经》，并从 1914 年 3 月底开始着手《易经》的翻译工作。他的翻译方法与以前一样，上午先听劳乃宣讲一小时，然后自行进行翻译，最后再和劳乃宣商讨译文。卫礼贤在《中国心灵》一书中写道："我们工作得非常认真，他用汉语解释经文，我做笔记，然后我自己将其译成德语。在此基础上，我再将德语译文译回汉语，而不参考原书。他则进行比对，检查我是否在所有细节上都精准无误。而后我再对德语文本进行文字上的修改润色，并探讨细节问题。最后，我再对译本进行三四遍修改，并加上最重要的注释。"[1] 由于卫礼贤对每段译文都要精益求精、反复修改多次，并与劳乃宣反复商榷，直至排除所有疑问，因此翻译工作进展得极为缓慢而艰难。在后来发表的《易经》译本序言中，卫礼贤曾进一步描述道："作为一个德国人，我的空闲时间都沉浸在中国智慧中……忙于解读中国智慧，无一天停歇。"[2]

---

① Richard Wilhelm: Die Seele Chinas. Wiesbaden: Marixverlag, 2009, p. 184.
② Richard Wilhelm: I Ging : Das Buch der Wandlungen. Köln: Diederichs, 1987, pp. 21-22.

1914 年，第一次世界大战爆发后，卫礼贤的妻子美懿带着四个孩子离开青岛，劳乃宣也暂时避往曲阜，卫礼贤则留下来主持教会和医院的工作，两人合作一度中断。但在 1917 年张勋复辟失败后，因传闻新建立的民国政府正在通缉忠于清室的复辟党人，他也名列其中，因此劳乃宣再次返回青岛避祸。于是两人一直合作到 1920 年夏天卫礼贤返回德国。对于这段生活，劳乃宣颇为满意，称"日于山光海色之间，与尉君商量旧学，播越之余，得此殊为望外"，并称"与居停尉君患难相依，极为相得"。他的儿子劳健章后来也到礼贤书院担任了教员。直至 1920 年卫礼贤一家归国，两人才最终依依惜别，分手时卫礼贤还称"期明年来"。劳乃宣则对他寄予厚望，希望他能够尽快出版《易经》译本，将中国文化传播到西方。此后，劳乃宣在青岛继续主持礼贤书院工作，直至他于1921 年 7 月 21 日以 79 岁高龄在青岛病逝。

　　而卫礼贤即便是在回国的轮船上，也还一直在修改《易经》的译文。1922 年 3 月，卫礼贤被派往德国驻北京公使馆就职后，又结识了北京大学教授李泰棻（1896-1972），在其协助下，到 1923 年 7 月才最终将《易经》翻译完毕。1924 年，《易经——变易之书》（*I Ging. Das Buch der Wandlungen*）由迪德里希斯出版社出版，最终实现了劳乃宣将《易经》这一中国文化瑰宝传播到西方的夙愿。

第七章　战争岁月（1914-1919）

大战爆发

　　1913年12月，卫礼贤邀请了同事苏保志牧师、合作翻译《人心能力论》的周暹、周馥的翻译李寿仁等人来家中共度圣诞节。为展示他在师从劳乃宣之后的学习收获，卫礼贤亲自运用易学知识对来年形势进行了占卜，结果得到了第七卦"师"，爻辞为"在师，中吉，无咎"。结果不想一语成谶，青岛在1914年真的陷入了战火，但留在战区的卫礼贤最终也正如卦辞所预言的"中吉，无咎"，几乎毫发无伤地坚持到了战争结束。

　　这场战争的策源地其实与青岛远隔万里。1914年6月28日，奥匈帝国王储斐迪南大公夫妇在萨拉热窝被塞尔维亚民族主义分子刺杀身亡。这一事件成为世界大战的导火索，一个月后，奥匈帝国向塞尔维亚宣战，随后，俄、德、英、法等欧洲帝国主义国家纷纷参战，第一次世界大战就此爆发。在亚洲，与英国结成同盟的日本将此视为扩大本国势力范围的良机，于是向德国下达最后通牒，要求德国在 8 月 23 日之前交出青岛，意图从德国手中夺取青岛，进而将山东变成自己的势力范围。当然，骄傲的德国总督绝不会不战而降，他拒绝了最后通牒，并向德皇承诺要"坚持到最后一人"。

由于青岛与德国本土远隔万里重洋，一旦战争爆发，根本就指望不上本国的军事支援，因此胶澳总督在 8 月 1 日就宣布了戒严令，两天后又下达了召集预备役人员的命令。战争阴云立刻笼罩在了青岛上空。卫礼贤在 8 月 3 日的日记中写道："警察在街上抓捕中国人，强行把他们当作苦力。马匹、马车和自行车在街上被征用。因此，中国百姓陷入了巨大的恐慌。人们拥向开动的火车，又被警察用拳头赶了回去，以免出现工人短缺的情况。总督派我协助安抚中国人的情绪。"通过他的努力，中国人当中的恐慌情绪稍微得到了缓解，但卫礼贤所认识的前清遗老还是大都离开青岛去投亲靠友。同时，滞留在礼贤书院和淑范女校的师生也必须撤离青岛。由于淑范女校的一些女学生不愿就此离散，校长张松溪等教师在征得家长同意后，将学校迁到了安丘，后于 1920 年并入美国基督教长老会在胶县兴办的坤英女学。1922 年中国政府收回青岛后，张松溪校长夫妇才在 1924 年将女校迁回青岛，易名为私立青岛文德女子中学。

随着战争日益临近，卫礼贤也不得不开始为家人考虑。8 月 21 日，卫礼贤收到了已迁居济南的尊孔文社成员萧应椿发来的邀请电报，希望他将家属也转移到济南府去。于是，8 月 22 日，在日本最后通牒到期的前一天，卫礼贤在凌晨 4 点将美懿、4 个孩子和妻妹戈特利宾送上了前往济南的火车，同车离开的还有劳乃宣、周暹等密友。劳乃宣因为妻子是曲阜孔家之女，因此后来又去了曲阜。前清遗老中，只有恭亲王溥伟摆出"誓不食周粟"的架势，宁可在青岛忍受炮火也不肯到共和政体下的中华民国去寻求保护。礼贤书院中的中国教师也走得只剩下一个高孟贤。因此，在战争的间歇中，当卫礼贤见缝插针开始翻译中国典籍时，高孟贤就成为他的合作者。例如在 9 月 23 日的日记中，卫礼贤就写道："我现在（上午）与高孟贤定期编写《孔子家语》读本，每天下午我再将上午高给我写出的文章释义翻译成德文。"卫礼贤在高孟贤的帮助下不仅翻译了《孔子家语》，还开始着手翻译儒家后期代表人物荀子的著作。不过，《孔子家语》直至 1961 年才在后人的努力下出版了一个节译本，而《荀子》翻译工作则受战争影响，最终未能完成。

8 月 23 日中午，日德两国断绝外交关系，日本正式对德宣战。日英联合舰队随即封锁了德军的海上通道，切断了青岛德军的外援。当时担任大总统的袁世凯正忙于镇压国内政敌，一心为他的皇帝梦做准备，对于外国军队跑到中国土地上开战根本漠不关心。于是，大总统一声令下，中华民国政府干脆表示中立，谁也不得罪，不仅不介入武力争端，而且还划出交战区，让几个帝国主义强国在中国土地上你争我夺，自己则仿佛置身事外。

此时，卫礼贤挺身而出，说服了日本驻青岛领事宗村等人，共同组建了青岛红十字会，并与曾担任驻德国、荷兰公使的中国红十字会会长吕海寰（1842-1927）取得联系。在吕海寰的策划下，卫礼贤正式成立中国红十字会青岛分会并担任会长，会址就设在礼贤书院。书院的西偏房和福柏医院都被作为战地救护所，淑范女校在将女学生疏散到外地后也改作妇女避难所。同时，卫礼贤还组建了一支有 45 人的红十字会医疗队，配备了两辆救护车和担架。与此同时，坚守青岛的卫礼贤不仅继续维持礼贤书院的工作，而且坚持通过礼拜、讲座、文化活动等方式给未能及时撤离的数千名德国妇女、儿童带去希望与安慰。而刚刚建成不久的尊孔文社藏书楼也成了战争难民们的客厅，在艰难岁月中给这些人带去了心灵上的慰藉，同时也传播了中国文化。

战火很快就烧到了胶州湾。8月27日，占有压倒性优势的日本舰队宣布已经封锁胶州湾。31日，日军又占领了胶州湾外围的一些岛屿，但也损失了驱逐舰白妙号。9月2日，日本军队不顾中国领土主权，在青岛以北的龙口港强行登陆。9月5日，卫礼贤在日记中首次记录了日军对青岛的空袭。9月12日，日军在即墨附近与德国部队发生了首次交火。由于担心恭亲王溥伟在海湾边的别墅被炮火击中，卫礼贤将他们一家转移到了淑范女校的校舍内，后来又转移到女校的地下室中躲避战火。于是两人见面更加频繁。为转移注意力，恭亲王从战争爆发开始就在抄写《易经》，后来把这个抄本送给了卫礼贤。有一次，恭亲王问卫礼贤是否看到天空中出现了彗星，因为根据中国的天人感应学说，与大战相对应，天空中一定会有彗星出现。卫礼贤对此不以为然，他试图向恭亲王介绍关于彗星的现代科学理论。然而到了第二天晚上，当卫礼贤走在去俱乐部的路上时，却真的看见了一颗彗星！这下连他也不知道该如何去向恭亲王解释了。

此时，局势越来越危急。9月13日，卫礼贤在日记中写道："在汉萨大街，我听到两个中国人的谈话，现在一切都完了，青岛已经完蛋了……听到大众情绪的这种直接宣泄，我真想为之哭泣。人们预料战斗在未来几天内就会开始。"随着战火不断蔓延，济南也不再绝对安全。于是，9月14日，美懿带着孩子们从济南出发，向北京转移。令美懿感动的是，卫礼贤的中国朋友和以前的学生们热情地伸出援手，尽其所能帮他们摆脱困境。济南府的道台帮他们运送行李，并亲自陪同他们到了北京。一到北京火车站，就已经有备好的马车准备把他们送往目的地。德国公使馆的守卫部队此时已经为逃出青岛的德国家庭腾出了一些房屋，而北京的德国学校则为孩子们提供了继续接受教育的机会。妻子、孩子平安转移的消息让卫礼贤多少减轻了一些后顾之忧。

而胶州湾外围的战火还在不断升级。9月18日，日军进占李村，并在仰口湾第二次登陆。德军部队无力抵抗，只得在炸毁了工事、桥梁后向青岛撤退。23日，英军从流清河湾登陆，与李村的日军会合。26日，日德两军在白沙河、女姑口一线展开激战，双方指挥官均在战斗中阵亡，战斗之激烈可见一斑。10月18日凌晨，德国鱼雷艇S90号偷袭日本高千穗号巡洋舰得手，击沉了日舰，取得了开战以来的最大战果，令德国人的士气为之一振，但德军的这一局部胜利根本改变不了战场上的颓势。

卫礼贤在青岛的战时日记中曾多次记录日德双方在海陆空展开激战的场面。9月16日下午，日本飞机轰炸青岛时，一枚炸弹在医院附近爆炸，弹片击中了屋顶。9月底，日军的炮火首次击中了教会所在区域，有一些弹片甚至落到了卫礼贤家的院子里。而卫礼贤日记中出现得最多的则是中国平民无辜死难的场面。在日记中，我们可以找到这段令人心情沉重的记录："一枚炮弹炸掉了书院礼堂屋顶的一角……几枚炮弹落进女校，一枚炮弹炸掉了学生寝室的两个房间。恭亲王在我的建议下搬进了教学楼的地下室内……我从楼上看到几颗炮弹接二连三地击中了南面学生们居住的院子。很快，我听到了痛苦的呜咽和呻吟声。其间，炮弹和弹片的呼啸声、撞击声在这边那边不断响起，很快逼近了身畔。我去学校查看众人的情况。在院落一角，一个人躺在血泊中，远处的另一个人似乎伤得更重。我去了礼堂，那里的人都无助地聚拢在一起。我让他们取来一副担架，把伤员送到屋内……幸运的是，他们被安全转移，没有受到进一步的伤害。我又回到家里去给伤员拿酒，这时我看到另一个从瓦砾下爬出来的人。他的脸和手被烧成了黑色，身体还被半压在门下，陷入了昏迷状态。因为没有担架了，所以我让人挖出一扇门板，把他抬进了礼堂。但在我去取酒的时候，他死去了。另一人在废墟下当场死亡。整个院子到处是鲜血和碎片……不久后，炮弹也击穿了公寓楼的屋顶，穿过了我几分钟前驻足观望的房间。许多东西被打碎了，一切都被震得乱七八糟，整个房子里充满了烟雾和火药刺鼻的味道……花园里也落下了几颗炮弹，其中一颗直接落在图书馆后面……晚上，其中一名伤员在医院死去。我们得到许可，在空旷的地方埋葬死者，但警局派不出多余的人手，所以我们必须自己完成一切。"10月底，医院中已挤满了伤员，卫礼贤写道："他们接受了手术，包扎了伤口。我去安慰那些受伤的人，并给他们喂水，他们对此十分动容地表示了感激。有许多人腿骨骨折，腹部中枪，还有一只手臂必须被截肢。候诊室的地板上有一大摊血迹。晚上非常难过。伤员们都在发烧，有些人很不稳定，在神志不清的情况下撕掉了绷带。其他人则在呻吟、哀号。还有一些人静静地躺着，对此已经麻木。有很多人需要抚慰。"

在这种局势下，不仅鸡蛋、黄油、土豆等物资日渐短缺，连卫礼贤的奶牛也被炸死，于是牛奶供应也没有了。在10月21日的日记中，卫礼贤带着调侃的口气写道："鸡蛋已经没了。早上，德国飞行员到达战场后遭到了日本炮火的猛烈射击……但德国飞机就像日本飞机一样很少中弹……在熟人那里吃晚饭。现在饭局都带有了一些特别的战时风味。照例是煮熟的米饭搭配上用相当原始的做法烹饪的鸡肉，再配上些贝类、罐头、坚果或其他什么的。还拿出了储备物资中最好的葡萄酒。这种搭配就像出来介绍自己时身着内裤却配上燕尾服一样蹩脚。但气氛通常是相当好的。"日记中那位英勇的德国飞行员普吕肖夫（Gunther Plüschow）少尉是德国人眼中的孤胆英雄，不过因为德国在开战前仅有两架飞机在青岛，而且因为起飞不顺又损失了一架，仅存的一架"鸽"式战斗机连自保都很勉强，最终在青岛德军投降之前，被吹捧为"青岛雄鹰"的普吕肖夫只得驾机冲出包围圈，迫降在中国控制的海州（今连云港）城外，并几经周折重新回到了欧洲。1916年，他出版了回忆录《一个青岛飞行员的冒险》，一举成为德国家喻户晓的英雄人物。不过，德国飞行员的"英勇"丝毫也掩盖不了一个事实，就是德国人一直在日本的炮火下苦苦挣扎，几乎毫无还手之力。因此，在弹药用尽之后，德国在青岛的军队只剩下无条件投降一条路。11月6日下午，德军在伊尔蒂斯山（太平山）上的两座炮台被日军攻占。至此，青岛已门户洞开，无险可守。11月7日，卫礼贤在日记中写道："在旭日的光芒中，人们看到了信号山上的白旗。"11月9日，卫礼贤再也掩饰不住自己的沮丧，在日记中写下："晚上在俱乐部。抑郁的气氛。结局没有任何崇高的意义，让人觉得现在开始了一个渺小的时代。主使人贫穷，也使人富足，他使人谦卑，也使人尊贵。"[①]

幸运的是，卫礼贤与日本驻青岛领事馆官员的关系一直不错。战争刚一爆发，他们就一起组织了一个红十字会，并设法前往高密，利用那里的德军旧营地建立了一个分会，用以接纳难民和伤员。也正因为如此，当德国总督府下令将所有适合服兵役的德国人都征召入伍时，卫礼贤的同事苏保志和那年4月才刚刚抵达青岛的博乐（H. Bohner）牧师都未能幸免，他本人却因为被委托管理红十字会而留在了教会中，在战争期间也一直是自由之身。不过，这个红十字会并没有得到交战国的承认，因此在围城期间同样遭到了炮火的袭击。卫礼贤在日记中写道："11月4日，我在俾斯麦军营地下数层深处的水泥拱顶下拜访了总督，要求他将紧挨着学校和医院的炮台移走。当我回到家时，因为电力公司在此期间被（炮火）光顾，所以家里的电灯也全罢工了，这时我收到消息，一发

---

① ［德］卫礼贤：《德国孔夫子的中国日志》，秦俊峰译，福建教育出版社，2012年。下同。

炮弹击中了医院。它从屋顶飞进来，落入老王躺着的角落，然后穿过整个病房，在另一端又弹到天花板上，最后落到两个病人之间，没有爆炸。病人们自然陷入了极度恐慌中，纷纷逃出来，所以我们后来不得不在整个医院到处找他们。在我看来，这似乎是医院需要转移的一个信号。当天晚上，我们搬到了大鲍岛的一家中国公司的大楼里。在用汽车转移病人的同时，一个大储藏室被清理出来，地上铺了垫子，用来安置病人。我安抚病人，给他们水喝，将他们安置在各自的位置上。一切安排妥当后，我又上楼在我们的房子里过了一夜。这是一个奇怪的夜晚。在遭受猛烈炮击的时候，人们可以清楚地分辨出不同口径的火炮。你可以从呼啸声中听出炮弹是要落在近处还是远处……事实证明，我们转移医院是无比明智的举动。差不多是我们刚一搬完，中间居住着大部分病人的病房就几乎被完全摧毁了……现在，医院已经全都搬到了大鲍岛，我也必须搬家了，以便在需要的时候随叫随到。"在医院被摧毁三天后，德军投降了。

日本占领军带来的首先是恐慌和劫掠。日军进城后，红十字会的汽车很快被拦下来，卫礼贤一行必须下车接受搜查，以检查他们是否携带了武器。他们回到医院后，看到一个日本士兵正拿着啤酒瓶从护士站出来，储物间的门也被撞开了。由于他们无法继续前行，因此在翻译的带领下先回到家中查看。结果卫礼贤在家门口遇到一个会讲德语的日本中尉，从而得以顺利通过了哨卡。而军纪涣散的日本兵则向他索要食物，出于恐惧，卫礼贤只好把所有东西都给了他们。而另一支日本巡逻队则干脆通过厨房窗户闯了进来，在橱柜和抽屉里翻找东西，最后留下一片狼藉才离开。因为医院被日本兵占领，第二天卫礼贤只好将医院搬进了礼贤书院。由于同善会是由德国和瑞士共管，而瑞士是中立国，所以日本在占领青岛后并没有刁难同善会。同时，卫礼贤没有在德军中服过役，日本人也没有理由抓捕他，故而允许他继续作为同善会的代表在青岛开展工作。在一位日本军医访问医院后，日本占领军还派出一名副官和翻译向卫礼贤承诺将为医院提供特别保护。但这种保护显然很难兑现。在战争刚刚结束的混乱时期里，盗匪四起，很多德国和中国平民都过着朝不保夕的生活，许多人遭到抢劫，卫礼贤也未能幸免于难，差点丢了性命。这件事情发生某天晚饭后，3个带着枪的蒙面劫匪闯进卫礼贤家，把他绑了起来，抢走了他放在保险柜里的钱。卫礼贤还想努力试图劝说劫匪至少留下属于红十字会的一部分钱，但蒙面大汉们表示，他们作为劫匪，对红十字会根本不屑一顾。不过，他们对卫礼贤面对劫匪时的冷静还是颇感惊讶，所以并没有堵住卫礼贤的嘴，只是松松垮垮地把他绑了几下，抢完钱就反锁上门走了。在确认劫匪已经离开后，卫礼贤才从厨房的窗户跳出去，喊人给他松了绑。对于能够平安脱险，卫礼贤自然感到万幸，他并没有惋惜自己失去的身外之物，而只是哀叹自己因此失去了晚上宝贵的工作时间。此事过后，为保险起见，卫礼贤搬进了楼上的两个房间，把住宅底层的所有窗户和门都用木板封了起来，还把花园的所有入口都用砖头封住，只留下看门人把守的小门。由于劫匪抢走了他的所有现金，而银行又被日本政府查封了，存在银行的钱也无法取出来，卫礼贤一时陷入了窘境，幸而中国朋友们雪中送炭，借钱给他渡过了难关，这令他非常感动。

对于青岛所陷入的混乱，卫礼贤的评价是："日本政府似乎有最好的意愿来尽可能做好每一件事，但却缺乏坚定而明确的命令以及适当的执行。地方当局和日本政府之间也存在分歧。所有这些都引发了一种不确定的感觉，不知道第二天会发生什么。"不过，因为有一个日本中尉要来向卫礼贤学习德语，因此他还是幸运地受到了特别的关照。有一次，日本士兵趁卫礼贤不在城里时闯入他家中，拿走了大约价值100美元的东西。这令标榜日军军纪严明的日本中尉非常尴尬，于是第二天就把所有被盗的东西都找回来还给了他。

此后又过了几个星期，青岛与外界的联络才逐渐恢复。美懿收到了德国总督发去的电报，得知卫礼贤和留在青岛的朋友都平安无事，一颗心才终于放了下来。11月底，红十字会派出的医生从青岛到达了北京，美懿从他们那里了解到了围城战的更多细节。卫礼贤当然希望能去北京看看妻子和孩子们，但是由于占领军不发回程证，卫礼贤只要离开青岛就再也没有回去开展工作的机会，而他在青岛又扮演着举足轻重的角色，因此，卫礼贤决定继续留在青岛。

重振旗鼓

随着战争阴云逐渐过去，青岛的社会秩序逐渐得到了恢复。卫礼贤所在的同善会宣教站也再次开始发挥作用。由于卫礼贤早在1914年10月就已从德国政府手中买下了同善会使用的土地，因此日本人在战后并没有将宣教站作为敌产没收。不过，由于同善会在大战爆发之初就认为青岛宣教站已不可能再运行下去，因此在9月份就已经下达了放弃宣教站和解雇人员的命令，但因为通信中断，这一命令直到12月才传达到卫礼贤手中。鉴于重建工作已经开始，同善会此后只得收回撤销青岛宣教站的命令。

重振礼贤书院是卫礼贤在1914至1918年间最耗费心血的一项工作，因为原有的教师大都已经流失，剩下的老师还常常领不到工资，许多工作和课程都必须卫礼贤亲力亲为。此时，虽然青岛刚刚经历了战争，但是许多留在当地的中国学生并不愿意按德国的安排转入在上海的同济医学堂继续学业，而是希望能回到在青岛的德国学校来上课。因此卫礼贤在 11 月份就开始着手恢复礼贤书院和淑范女子学校的工作。在对遭到战火破坏的建筑进行维修后，礼贤书院于 1915 年 3 月重新开学，有 50 名学生回到了学校中。

但学校很快在运行经费方面又发生了困难。当时，日本占领军极力想让学校成为他们在青岛进行文化殖民的工具，因此在占领青岛后就下达指令，要求各学校从 1915 年起增加日语课程。1916 年，礼贤书院争取到了青岛总商会的借款，但日本当局却想把礼贤书院控制在自己手中，因此对来自中国商界的资助横加刁难。这件事使卫礼贤彻底认清了日本帝国主义的险恶用心。最终，他在中国师生和社会各界的支持下停止了日语教学，同时引入英语作为第二外语，粉碎了日本当局的文化入侵阴谋。但是由于缺少教师，卫礼贤只能亲自负责早餐前的一小时英语课，他的负担又一次加重了。

由于在第一次世界大战期间同善会无法向青岛汇款，因此卫礼贤当时要维持宣教站的运行和家用异常困难。最初，他还能让同善会将工资支付给已经离开青岛的美懿。但到了 1917 年至 1918 年间，他和美懿在青岛已经无法再领到同善会的任何工资，只能靠举债和一家德国基金会的资助来勉强维持，而他手下的中国教师也全部或部分放弃了工资。

为了渡过眼前的难关，卫礼贤在咨询了驻北京的德国公使馆后，通过公使馆发出请愿，希望北洋政府至少将拨付给德华大学的部分资金转拨给他，尤其是在教师们已经表示愿意暂时免费或以半薪工作的情况下，不要让学校关门。卫礼贤在给同善会的信中写道："如果我们只追求德国的文化政策，那么我们的工作自然会与德国的统治同时停止。但我们有宗教上的目标，我们正在努力为上帝赢得世界。如果我们的事业受到上帝的祝福，它就不应该在这个时候灭亡。"幸运的是，1918年，北洋政府终于批复同意了卫礼贤的申请，将已停办的德华大学的经费拨出四分之一给礼贤书院，从而保证了学校的继续开办。

但由于大批德国人被作为战俘押送走，中国老师也所剩无几，学校面临严重的师资短缺，卫礼贤不得不亲自到学校中兼任语言教师。与此同时，他还经常被警察局传唤，并遭到日本方面一次次骚扰和入室搜查，甚至曾经遭到拘留。这应该是卫礼贤一生中最为艰难的一段时光，不过他最终还是化险为夷了。

由于福柏医院所在建筑被日军征用，医院只能在临时性场地中继续运营，德国总督府为其提供了一笔资金，以便医院至少将原有病人照顾到他们能够出院。同时，卫礼贤还要照料许多遭受战争创伤的德国人，特别是一些战俘的家属。另一些德国人因为房子被日本人征用，也只能在卫礼贤安排下住进了宣教站。其中最大的一批流离失所者来自德国人修建的一座海员之家，那里原本居住着一群丈夫沦为战俘、房屋又被征用的德国妇女和她们的孩子，但现在这座海员之家也被日本人占去了。对于这些流离失所者，卫礼贤腾出了美懿书院作为他们新的安家之所，于是11名妇女和19名儿童满怀感激地搬进了为他们准备的临时公寓，而原本在那里上课的女校学生则转入礼贤书院学习。在德国牧师被驱逐后，卫礼贤还应日本人的要求，从1915年5月起负责照顾德国的教会会众。和战前一样，卫礼贤继续努力促进青岛多元文化生活的建设："对于众多的（德国）儿童，我安排了配有图片的讲座、学校音乐会、朗诵晚会。每周四晚上，在新建的图书馆里都有一个为当地德国人举办的家庭晚会……我也和中国朋友们在一起，因为他们又在这里了。每周三，我们在教堂举行中国基督徒的聚会。"在哲学课上，卫礼贤和学生们一起阅读他参与翻译成中文的康德著作《论永久和平》和《人心能力论》，而这些书在中国的销量都还不错。

翻译中国经典的工作在此期间也一直没有中断。完成《孔子家语》的翻译后，卫礼贤开始在高孟贤的帮助下翻译《书经》。从日记来看，由于各种事务的烦扰，工作进展不快。从 1915 年 3 月到 1918 年 8 月底，《书经》翻译工作时断时续。不过卫礼贤发现这项工作"特别是对民族心理学研究而言"非常有趣："一个重要的事实是，图腾和其他风俗在古代中国是无所不在的，但那时的文化水准已经达到了一个意义非凡的高度，那是当代这些野蛮生长的风俗传承者们无论如何都望尘莫及的。就好像是人还具有原始的动物躯体的特征，但却生活在与其他动物完全不同的精神世界中一样。"在 1915 年 3 月 17 日的信中，卫礼贤向美懿描述了经典翻译工作的进展，尽管他们身处两地，但卫礼贤还是希望美懿能在编制关键词和名称索引方面为他提供帮助。他写道："我现在已经把翻译《书经》作为我的工作……此外，我正努力完成《孔子家语》，我是多么希望你能在身边帮助我，我非常感谢你从远方向我伸出的援手。"

在 1915 年 3 月至 4 月间，卫礼贤和美懿在书信中讨论了家人返回青岛团聚的可能性。卫礼贤自然渴望家人能再次出现在身边，他的儿子们需要上学，同时也到了需要他作为父亲来教育和关怀的年龄。此外，几名德国妇女在没有获得日本人许可的情况下独自一人或者带着孩子返回青岛也没有受到什么阻挠，这让他们也看到了一线曙光。最终，美懿失去了等待入境许可的耐心，她决定先尝试一下独自一人闯过日本人的检查站，如果旅途一切顺利，那么再让妹妹把孩子们带到青岛来。不过，为了避免不必要的麻烦，谨慎的卫礼贤还是带着宣布美懿即将抵达的电报先去日本行政部门办理登记，然而他得到的答复却是："你不许接纳你的妻子。"美懿必须在到达青岛后马上乘下一班火车离开。最终，当美懿在 5 月 8 日冒着大雨抵达青岛站时，卫礼贤又去找日本管理部门进行了最后一次努力，向他们解释了他不可能在大雨之夜将妻子单独丢在车站。最后日本人稍微松了一点口，卫礼贤得到了把妻子先接回家的许可。但是美懿刚一进屋，卫礼贤就不得不向她宣布，她必须在第二天早上 7 点再次离开青岛，这让美懿从喜悦的巅峰又一下跌回了失望的深谷。不过，团聚虽然短暂，但夫妻二人能在一场大战中都平安无事，并且在分别半年多以后又团聚在一起，比起许多妻离子散的家庭，已经算是幸运了许多。因此，即便重聚只带来了短短 12 个小时的温馨，他们还是倍感欣慰。

尤其令美懿感到庆幸的是，就在她抵达青岛的当天，日本人突然宣布将所有此前未经许可就悄悄潜回青岛的德国妇女和儿童驱逐出境，并且她们的丈夫也将受到株连，必须一起离开。因此，卫礼贤的谨慎最终使她躲过了这场灾难。第二天一早，当卫礼贤准备老老实实送美懿去车站时，他们发现一个日本警察就站在家门口监视着。显然日本人想看看卫礼贤是否会信守承诺，按时将美懿乖乖送走。而卫礼贤的一些朋友就没有那么幸运了，在这批受到牵连被驱逐的人中就有温特牧师。他在青岛被围期间和战后初期曾与卫礼贤肩并肩为德国同胞工作，然而此时却不得不马上离境。这对卫礼贤此后的生活和工作产生了重大影响。同一天，日本军事管理部门传唤了卫礼贤，要求他接替温特牧师在教会中的工作。

此时，尚在青岛的德国人除了卫礼贤和 300 名德国妇女儿童外，就只剩下在大学及书院工作的两位男老师。卫礼贤理所当然地成为他们的精神领袖。幸运的是，尊孔文社和藏书楼在战争爆发前不久刚刚建成，于是这个地方便成为最好的社区活动室。一些已经返回的前清官员和中国学童们组织了配有照片展出的活动晚会。消寒会也在冬季继续举行。

应日本方面的要求，卫礼贤还为一些日本人做了关于《浮士德》的讲座。此外，他还组织了小范围的阅读晚会。中国学生则会选择他在园中休息时围着他提出各种哲学问题，这不禁让卫礼贤想起了古希腊哲学家和弟子们在蓝天绿树下自由问答的场面。9月底，卫礼贤在海员之家的花园里为德国儿童组织了一场大型的儿童聚会，到场的多达250人。最令他高兴的是，很多日本官员也来了，甚至还为孩子们带来了活动奖品，而美国领事、美国朋友和中国朋友也聚集一堂，这片和谐的氛围几乎使人忘记了正在欧洲进行的世界大战。一句话，卫礼贤在人心动荡的战争岁月中努力推动着各民族之间的和解，试图消除周围人对德国人的敌意。但这也使他比以前更加忙碌了，连翻译工作也只能时断时续地进行。

卫礼贤在青岛所做出的努力也为他赢得了一些日本官员的尊重。1916年8月底的一天，在海员之家举行的一场儿童聚会上，日本政府的一些官员代表也像前一年一样照例出席了。其中一个人问起了卫礼贤家人的情况。卫礼贤神色黯然地回答，他已经与家人分开两年多了。这令提问者颇受触动，于是答应去帮助搞到通行证，不过这件事情还必须对在东京的日本军部方面保密。就这样，1916年9月初，卫礼贤终于为美懿和孩子们弄到了进入青岛的通行证，并派仆人马上送到了上海。那时，美懿还在上海徒劳地尝试通过美国和瑞士驻日本大使馆提交前往青岛的申请，并向日本军部发出了请愿书。当通行证被送到上海时，美懿和孩子们恰好在莫干山避暑，她的朋友赶快拍电报把她叫回了上海。但到了预定出发的前一天晚上，她却突然收到了来自日本军部的电报，电报中明确宣布她不可能在这个时候回青岛。这令美懿一时进退两难，一只手中是日本驻青岛当局的通行证，另一只手中则是来自日本本土的禁令。她该何去何从？但时间容不得她犹犹豫豫，于是美懿当机立断，决定冒险一试。就这样，1916年9月，在分别长达两年之后，卫礼贤终于与家人在青岛重新团聚了。而另一个好消息是，因战争爆发而被迫推迟出版的《孟子》德译本也终于在 1916 年问世了。

美懿回到青岛后，卫礼贤在礼贤书院的负担终于得以大为减轻，设在图书馆中的文化讲座则愈发兴旺起来，其主题从歌德的名著《浮士德》《威廉·迈斯特》拓展到了印度和中国哲学，又拓展到了《圣经》中的人物传记，最后还拓展到了《易经》，仅 1919 年 9 月至 12 月，卫礼贤就做了 13 场关于《易经》的讲座。这些讲座不仅吸引了众多听众，而且还成为东西方文化对话交流的舞台。而除了学校和教区工作之外，卫礼贤还忙里偷闲，组织学童们排练了各种表演。因此，虽然世界大战还在继续，许多人的亲属还在战俘营中，但各种音乐晚会、文化讲座和阅读晚会还是让卫礼贤和他身边的友人们多少感到了一丝人间的温情。

与此同时，中国政局也再次出现动荡。1915 年初，夺取青岛后的日本以支持袁世凯称帝为诱饵，向袁世凯提出了灭亡中国的"二十一条"，企图将中国全面变成日本的殖民地。在日本的威逼利诱下，袁世凯最终于 1915 年 5 月 9 日接受了日方提出的几乎全部条款，史称"五九国耻"。此后，袁世凯加速了恢复帝制的步伐。1915 年 12 月 12 日，袁世凯在装模作样推辞了一番之后，宣布接受各省和各行各业代表的"推戴"，复辟帝制，改中华民国为中华帝国，以 1916 年为洪宪元年，实行君主立宪政体。对此，卫礼贤颇不以为然，他虽然在战争爆发后就失去了公开发表时事评论的媒体平台，但在 1915 年 10 月 13 日给美懿的信中他仍然这样阐述了自己的看法："不得不说，中国本身更适合实行君主制，而不是共和国，但眼下要恢复满洲王朝是不可想象的。很遗憾，袁世凯并不具备成为中国统治者所需的道德基础。他对皇位的渴望简直是利令智昏。"后来时局的发展证明卫礼贤的评论颇有见地。12 月 25 日，不满袁世凯复辟帝制的蔡锷将军和唐继尧将军在云南发起护国战争，宣布起兵讨伐袁世凯，南方省份纷纷响应。面对众叛亲离的局面，袁世凯只做了 83 天皇帝就被迫宣布取消帝制。1916 年 6 月 6 日，袁世凯在一片唾骂声中寿终正寝。

袁世凯的倒台使醉心于恢复清王朝统治的复辟党人又看到了希望，与卫礼贤来往密切的恭亲王就是其中一位。不过，卫礼贤夫妇并不看好君主制在中国的重新复活。虽然恭亲王和保皇派人士屡屡借卫礼贤家召开会议，商讨各种复辟计划，但卫礼贤却拒绝卷入其中，因为他早在革命之前就支持在中国推行立宪和议会制度，在目睹了袁世凯复辟帝制是如何不得人心之后，他对于在中国实行君主立宪的信心也荡然无存了。因此，他最多只是帮保皇党人将条约翻译成欧洲语言并找人进行誊抄。不过，对于在中国重振儒家文化、恢复儒学的领导地位他还是颇有兴趣。

在日本军方的暗中鼓动下，保皇党人很快就正式出手了。1917 年 6 月，盘踞在徐州的安徽督军张勋利用总统黎元洪、总理段祺瑞之间的"府院之争"，以入京调停的名义率三千"辫子军"进入北京城。在康有为等保皇党人的策划下，1917 年 7 月 1 日凌晨，张勋、康有为到紫禁城中请出了 12 岁的末代皇帝溥仪，随即逼迫黎元洪总统退位，并宣布清帝已经重新登位，通电全国改"民国六年"为"宣统九年"。张勋自任首席内阁议政大臣兼直隶总督、北洋大臣，康有为被封为弼德院副院长，连当年曾在青岛指导卫礼贤学习中国经典的劳乃宣也被任命为法部尚书。但这出复辟丑剧仅仅持续了 12 天。7 月 12 日，段祺瑞便率军击败了张勋的"辫子军"。张勋、康有为狼狈逃走，溥仪只得再次宣告退位，复辟丑剧也彻底破产。不过，这件事情却给卫礼贤带来了一个意想不到的好处：74 岁的劳乃宣虽然以年事已高为由没有进京就职，但却因此上了民国政府通缉的复辟分子的名单。听到风声的劳乃宣连忙从曲阜搬回青岛避难，并再次受到了卫礼贤的欢迎。由于卫礼贤也在经济上陷入了困顿，劳乃宣没有向卫礼贤提出任何经济上的要求，也许对他来说能够重回故里颐养天年就已经十分满足了，更何况他还盼望能够继续通过一位西方学者让中国文化在异国他乡发扬光大。因此他很快就继续向卫礼贤传授《易经》，其方法与此前一样，每天上午他向卫礼贤讲解一小时《易经》，到晚上，卫礼贤再参考其他资料，把这部分内容翻译成德语。卫礼贤在翻译时使用的底本是康熙年间编撰的《御纂周易折中》，该版本中汇集了两千年来中国一代又一代学者对《易经》的传统注释。同时，他的藏书中还有其他 20 多种与《易经》有关的中文著述。此外，他还参考过胡适等同时代学者的诠释。当然，卫礼贤最为倚重的还是由劳乃宣传承下来的传统儒家解读。在《易经》译本的序言中，卫礼贤写道，他对儒家著作的深刻理解要归功于他"尊敬的老师"劳乃宣，此译本是在他们二人"对文本进行详细讨论后完成的"，"他还第一次向我展示了《易经》的奇妙之处"。

卫礼贤的《易经》译本正文分为经文、文献、注疏三个部分。第一部分经文是对《易经》六十四卦爻辞的翻译，并包括《易传》中《大象》的译文和解读。第二部分文献包括《系辞》和《说卦传》的译文，进一步解释了六十四卦。第三部分注疏则主要是对《易传》（《十翼》）中的《彖》《象》《文言》《序卦》《杂卦》等篇的内容重新组合、翻译和解读。此外，他还在附录部分向德国读者解释了占卜的方法，从而呈现了一个形象化的世界体系，使读者对《易经》背后的哲学思想和宇宙观产生了更直接的认识。

但由于翻译难度很大，直到 1920 年，《易经》的翻译工作才初步完成，此后卫礼贤又对译本进行了反复修改，直至 1924 年才终于在迪德里希斯出版社正式出版。该译本的出版也再次为卫礼贤赢得了巨大声誉。然而，他尊敬的老师劳乃宣已在 1921 年驾鹤西去，最终未能看到该书在德国的传播盛况。

从 1917 年 9 月 17 日开始，卫礼贤还与礼贤书院的老师高孟贤合作翻译了《吕氏春秋》，大约到 1919 年才完成初稿，而最终在迪德里希斯出版社出版时已经是 1928 年了。此外，从 1918 年 11 月 5 日开始，卫礼贤还与高孟贤合作翻译《韩非子》，不过直到 1929 年《韩非子》部分章节的译文才刊登在了《中国》（Sinica）杂志上。卫礼贤十分珍视青岛时期这种得天独厚的合作研究氛围。因此，尽管德国学校处境艰难，卫礼贤还是拒绝了美国朋友的好意，不愿调到位于济南的大学中去工作。

第一次世界大战此时仍在持续，卷入其中的国家也越来越多。1917 年 7 月 28 日，段祺瑞政府正式加入英、美、日所在的协约国一方，对同盟国宣战，并与德国断绝了外交关系。虽然这件事情已经无法对处境艰难的卫礼贤造成更多的直接打击，但却使留在青岛的德国人进一步加重了对于前途未卜的焦虑。令卫礼贤非常痛苦的是，大批中国工人也被作为战争劳工招募到法国战区，间接参与对德作战。而一些来华多年的传教士也作为帝国主义的代理人参与了华工的运送工作，甚至还有人找到卫礼贤请他帮忙。尽管卫礼贤一向乐于助人，对前来求助的各国传教士更是如此，但此次也忍无可忍地拒绝了。显然很多人已经忘记，卫礼贤这个德国人正是他们要去攻击的敌对阵营国家的公民。

1918 年 11 月，随着德国陷入内外交困的局面，德国军队也失去了斗志，德皇威廉二世终于意识到大势已去，在 11 月 9 日被迫退位，第一次世界大战随即以德、奥同盟国的失败而结束。1919 年 6 月 28 日，经过巴黎和会长达 6 个月的谈判，《协约和参战各国对德和约》即《凡尔赛和约》终于宣布了德国耻辱的命运。作为战败国，德国丧失了八分之一的国土，在海外的殖民地也被战胜国瓜分一空。德国苦心经营了 17 年的胶州湾也不例外，德国在青岛的房产全部被日本人接管，虽然德国人还能居住在那里，但等待他们的只有作为战败国侨民被遣送回国的命运。而另一方面，中国虽然作为战胜国参加了巴黎和会，但却与战败国一样沦为列强任意宰割的对象，甚至无权决定德国在华殖民地的归属。德国在山东的殖民地理应交还中国，但列强却在《凡尔赛和约》中将德国在中国攫取的一切特权和利益都转让给日本。消息传回国内，舆论大哗，引发了中国人民的强烈反对，并成为"五四运动"的导火索。在全体国民的反对下，最后，出席巴黎和会的中国北洋政府代表也拒绝了在和约上签字。围绕德国在华殖民地的归属，青岛虽然处在日本的高压统治之下，但美国长老会创办的明德学堂的学生们还是在校长王守清的带领下走上街头游行抗议，高喊口号，要求收回青岛和胶济铁路，号召抵制日货。日本当局恼羞成怒之下将明德学堂的师生们全部拘捕，最后查封了学校。在这种紧张的局势下，素来谨慎的卫礼贤一面要安抚书院中的学生，以免礼贤书院同样遭到被查封的命运，另一面还要为书院黯淡的前途操劳，真可谓是焦头烂额。

雪上加霜的是，1919 年 8 月底，卫礼贤夫妇收到了从巴特鲍尔传来的噩耗：卫礼贤的岳父、美懿的父亲克里斯托夫·布卢姆哈特去世了。这位老岳父对卫礼贤的人生道路曾经产生过多么重大的影响！甚至扮演了其父亲都未曾扮演过的人生导师角色。美懿注意到，丈夫收到噩耗后在日记中的记录是："晚上。父亲的照片。每一滴血都为父亲而流。"卫礼贤在那些艰难的日子里是多么希望再一次听到老岳父对时局变化的看法！然而这一切都已不再可能了。今后，他要靠自己决定前进的方向了。

由于德国战败，坚守在青岛的德国人也彻底失去了对未来的希冀，他们只能等待和约签订后，随同被释放的战俘一起被遣返回国。德国学校虽然还能勉强运行，但完全要仰人鼻息。幸而美国领事委员会等机构提供了一些补贴，1919 年，卫礼贤的故交、周馥的第四子、实业家周学熙又向礼贤书院捐助了办学的经费，礼贤书院才终于稳定下来，并改名为"青岛礼贤甲种商业学校"。

在 1918 年至 1919 年那段时间里，卫礼贤用拼命工作来排遣自己的忧虑，也努力驱散笼罩在同胞们心头的阴霾。他不仅为书院中的高年级学生开设了定期讲座，增加了音乐会和文艺表演活动，还亲自带领高年级学生排演了浪漫派小说家霍夫曼（E. T. A. Hoffmann）的名作《金罐》，取得了巨大成功。此外，从 1918 年开始，卫礼贤还翻译了一批中国古诗。他将这些诗歌按春夏秋冬四季排列，首先完成的是《中国秋之诗》，而后是《春之诗》《夏之诗》《冬之诗》。1919 年底，他精心设计了译本装帧，别出心裁地将四个小册子一一配上了中国传统的木刻版画作为插图，并采用了中国的石版印刷工艺进行印刷。最后，他将这些精美的小册子作为圣诞节礼物和生日礼物分赠给了朋友。1922 年，这组诗歌在德国正式出版，书名照搬了歌德晚年在阅读中国文学后所创作的组诗，定名为《中德岁月四时诗》（*Chinesisch-deutsche Jahres- und Tageszeiten. Lieder und Gesänge*）。

1919 年底，滞留在青岛的德国侨民的命运终于明朗起来。1914 年被日本押送走的德国战俘将在 1920 年被分批运回青岛，随后与家人们一起被遣送回德国。这意味着青岛的德国人社区即将最终解体，德国学校也将不复存在。于是，所有的德国家庭都开始忙着收拾他们所剩无几的财产，卫礼贤家也是一样。然而，他们不得不再次面临暂时分别的局面，因为在战俘营度过了五年多时光的苏保志牧师想回国休养一段时间，而另一位博纳牧师则是在战争爆发前两个月才来到青岛，对这里的情况还不甚了了。于是，卫礼贤只能选择暂时留下来一段时间，直至工作全部交接完毕。但家里四个正在上学年龄的孩子必须回德国继续接受教育，而卫礼贤却因为找不到接替的人手不得不暂留青岛。因此，他们最终决定，美懿和四个儿子在 1920 年 4 月 1 日先期乘船回国，而卫礼贤则在交接好工作后再返回德国和他们会合。

在这段过渡时期里，卫礼贤被选为德国社区委员会的主席。他一面与日本当局进行谈判，一面继续在图书馆组织各种沙龙，每两周还举行一次礼拜。他与劳乃宣和高孟贤的翻译合作也还在继续。此外，他还利用这段时间先到中国北方进行了一场长途旅行，访问了旅顺、沈阳和北京等地。其间，卫礼贤应邀在"五四运动"的发源地北京大学发表了演讲，题目是《中国哲学与西洋哲学之关系》。北大发布的《德国尉礼贤到京演讲通告》称："德国尉礼贤博士（Dr. Wilhelm）本彼邦哲学家，到中国已二十一年，精通华文，尤研究中国哲学。已译成德文者，有《论语》《孟子》《老子》《列子》《庄子》及《大学》《中庸》等，现正译《周易》，近适以事来北京，本校特请于十五日午后五时，在第三院大礼堂用华语讲演。演题为《中国哲学与西洋哲学之关系》，届时全校同人均可往听。"而后，卫礼贤又到上海去拜访了一些老朋友，并顺便到苏杭地区去游览了一番，这段旅程也为他留下了难以磨灭的精彩印象。

卫礼贤眼中的苏州、杭州情趣十足，不仅到处是风景名胜，而且其间还点缀了无数传说、掌故和诗文。在后来发表的《中国心灵》一书中，西湖是这样一番充满诗意的景象：

> 当人们的视线终于能够穿过浓雾，杭州与西湖的本色才渐渐呈现在眼前，那掠过了座座小山的和风将人们轻轻吹拂，仿佛在诉说往日的沧桑。一只小船从平静的湖面划过，乌篷下的人儿坐在小桌旁吃着瓜子、品着清茶，耳边则回响着船夫有节奏的桨声。
>
> 两位诗人缔造了这片人间胜景，前一位是唐朝的白居易，他发现了此处的无穷魅力，后一位是他的狂热崇拜者——苏东坡，这位宋代诗人建造了一道长

堤，让游人可以漫步湖中。此后，文人墨客纷至沓来，在此流连忘返。寺院、亭台、宝塔、花园将湖泊环抱，也点缀了湖中的小岛，而历朝历代的碑刻则传颂着对它的赞叹。

西湖边的诸多美景使它恍然成为朝圣地。每处历史名胜都不断散发着新的魅力，每个季节都为这座圣湖边的风景织就了童话般的彩衣。

一说到杭州的风景名胜，卫礼贤简直就如数家珍，他不仅向德国读者介绍了"西湖十景"，而且著名的灵隐寺、钱塘潮、云雾山、龙井茶也一个没有漏掉，简直就是一份生动的导游手册。而他对苏州风景的描写则颇为简略，即便提到名满天下的苏州园林也只是一笔带过："在城里也有一座花园。是中国古代的魔法花园之一，漫步在池塘、假山、亭台和树丛间，就像走进了一座迷宫，而每走一步，眼前都会展现出一幅新的景象。"相比之下，他更为关注宋代古巷里中国市井百姓的生活，仿佛一切都还停留在数百年前，人们在这里可以完全忘记工业文明的喧嚣，在悠扬的二胡声中享受一份难得的宁静。他这样写道：

苏州也是一座音乐之城，这里的歌唱家在全中国都享有盛名。这里的二胡有着类似中音提琴的柔美音色，不像在其他地方听到的那样尖利而又瓮声瓮气……暮色渐浓时，人流开始迅速地穿过小巷，向着高高的宝塔拥去。轿夫们抬着轿子飞快地从我们身边经过。年轻美丽的女士在侍女的陪伴下羞涩地沿着小路迤逦前行，使空气中弥漫着鲜花般甜美的香气。各色人等走在路上互不相扰，商人们神情严肃地在心中算着账，工人们则边走边谈论着一日的收入。小吃摊上升腾起水汽和油烟，旁边挤满了已垂涎欲滴的食客。许多店铺已经用铺板封闭了门窗。在门洞下的长凳上，一些朋友正一边聊天一边抽着旱烟。天空中小鸟们在夕阳的余晖中围着长了一圈青草的塔顶盘旋。风儿吹过，只拂动得宝塔翼角下的铃铛轻声作响。白天似乎不愿就此陷入沉睡，在那一刻重新灵动起来。春天的声音开始回荡在这一天最后的余晖中。那是一种乐声：从熙熙攘攘的街道中传来的一种精细而甜美的乐声。一些人开始驻足倾听，另一些人则继续拥去。这春天的声音越来越近了。它就像一道闪闪发光的金线清晰地划破了街市的喧嚣，那曲调中带有一丝淡淡的忧伤，让人仿佛在春天里感受到了秋天那种几乎让人伤感的美丽。一位盲人用他小小的二胡奏响了柔和的乐曲，他走到哪里，那里的人们就会停下对金钱的讨论，孩子们停止了游戏，疲惫的游子则在那一刻站住了脚步。春天的旋律就像施了魔法一般从盲人乐师的二胡中奔涌出来。他不接受任何馈赠，继续一边走一边演奏，直至悠扬的乐声渐渐消失在小巷深处。这时，夜幕降临，世界又突然一下重新充满了熙熙攘攘的人流、阴沉沉的房舍，只有在空中还回荡着宝塔上的风铃声。

读到这样一段动人的描写，又有哪位德国读者不会相信这是一个恬静自然而又充满生活气息的世外桃源呢？也许卫礼贤将苏州、杭州描写得如此美丽、和谐而富有魅力，正是因为他即将离开这片让人能忘记一切烦恼的热土，极不情愿地返回那充满喧嚣与纷扰的欧洲去吧！

1920 年 7 月，卫礼贤搭乘最后一艘遣返德国战俘和侨民的轮船离开了他已度过 21 年时光的青岛。宣教站中仍处于闲置的一块土地被移交给中国教会，建起了一座新教堂，而已经空置的美懿书院则出租出去做了海员宿舍。此后，同善会宣教站在青岛继续存在了 32 年，直至 1952 年最后一名同善会传教士离开中国。对卫礼贤而言，他所熟悉的旧青岛已经一去不复返，在这座城市里再也找不到家的感觉，因此，与这座生活了 20 多年的城市告别对他而言并不特别困难。

在出发前，卫礼贤将礼贤学校的管理权交给了博纳牧师和他的同事兼老师高孟贤，因为战争年代的患难之交使他认定高先生是一个"非常有能力和忠诚的人"。临行前，他们最后一次共同规划了学校的发展蓝图。然而令人没有想到的是，1922 年夏天，同善会的苏保志牧师重返青岛后却因为办学理念不合与高先生发生了冲突，于是他将校长换成了早年从礼贤书院毕业的刘铨法，高孟贤则从此失去音讯。

在卫礼贤离开青岛 10 个月后，1921 年 5 月 20 日，德国政府代表卜尔熙（Herbert von Borch）与北洋政府外交总长颜惠庆正式签订《中德协约》，宣布废除《胶澳租界条约》，协约声明："青岛从 1921 年 5 月 20 日起，将不再为德国租借地。"1922 年 2 月 4 日，中日代表在华盛顿会议上签订《中日解决山东悬案条约》，解决了将青岛主权归还中国的问题。1922 年 12 月 10 日正午，日本将青岛行政权正式交还给中国，被德国、日本占领长达四分之一个世纪的青岛终于回到了祖国怀抱。

第四部分

中德之间的文化使者

(1920—1930)

第八章　战后奔波（1920-1924）

重返德国

　　1920 年 10 月初，卫礼贤终于重新回到了德国。这一路上他并没有闲着，他通过取得一位日本机械师的好感，在白天的时候可以到一个小房间去单独工作几个小时，他就利用这个机会继续进行《易经》的翻译工作。不过到了晚上，他还是要回到一个住着 300 人的大客舱去熬过漫漫长夜。同行者主要是从西伯利亚释放回来的德、奥战俘，由于海风强劲，舱门不得不常常紧闭起来。浑浊的空气加上长途颠簸，等抵达德国北部的汉堡港时，卫礼贤已经患上了感冒和其他疾病，不得不先到附近一个朋友家中去休养了几天。他与这家人曾共同经历过困守青岛的艰难时光，因此得到了女主人巴尔夫人的精心照料，很快恢复了健康。同时，他与在青岛时曾有师生之谊的莉泽尔·巴尔进一步建立起了深厚的感情。1922 年返回中国后，他频繁写信给莉泽尔，直至 1922 年 12 月莉泽尔作为卫礼贤的私人秘书前往北京。此后，莉泽尔便一直追随在卫礼贤身边。

而卫礼贤刚一康复，就马上又忙碌起来。对于 20 世纪德国汉学来说，汉堡是举足轻重的研究重镇。1909 年，德国的第一个汉学教授讲席就诞生在汉堡大学的前身——汉堡殖民学院，其首任教授便是赫赫有名的汉学家福兰阁。同时，汉堡大学丰富的中文藏书也对卫礼贤很有吸引力，他与福兰阁又早在 1908 年的北京之旅中就已结识，因此二人进行了长时间的交流。卫礼贤明白，自己在整个战争年代中与欧洲汉学的发展几乎完全脱节了，而要想成功进入欧洲汉学这一专业领域，改变自己在专业汉学家眼中的业余翻译形象，他还有很多路要走。于是他利用这个机会到东亚学会发表了演讲，并在传教士协会讲授了一些课程。

10 月底，卫礼贤终于回到南方与家人团聚。此时，随着岳父克里斯托夫·布卢姆哈特的故去，巴特鲍尔的疗养院已经被移交给亨胡特兄弟会，卫礼贤接手管理疗养院的希望也落空了。生活的巨大改变迫使他做出新的选择，然而前途却并不明朗。此时，中国正陷入军阀混战，孙中山在南方重新组建的革命武装力量还要很多年后才能打败北洋军阀。而德国在根据《凡尔赛和约》向战胜国付出第一笔战争赔款后，经济很快陷入了混乱。汉堡和柏林的汉学系中虽然看起来都有很好的机会在等着他，但家人此刻却无意远行，因为 4 个孩子都在上学的年龄，需要稳定的环境。而要留在斯图加特，就必须为一大家子人找到合适的住所，这件事情也并不容易。直到回国一年之后，卫礼贤夫妇才在一个偶然的机会下租到了整整一层房子作为寓所。此时，他们的长子齐格弗里德和次子曼弗雷德已通过中学毕业考试，决定去专科大学继续深造，三子赫尔穆特和四子瓦尔特则正在上中学。在展望未来时，卫礼贤在日记中写道："在未来，受过人文教育的绅士和来自人民的劳动者之间将没有差别。"而对于他自己的未来，卫礼贤则像以往一样，将决定权交给了上帝，等待着上天向他发出信号，而不想强求什么，就像《道德经》中所说的：无为而无不为，利万物而不争。

而这个信号也的确很快就来到他眼前。1920 年 11 月 23 日，曾到青岛拜访过他的哲学家赫尔曼·凯瑟林伯爵在达姆施塔特创立了"智慧学派"（Schule der Weisheit）。这一学派以融合多元文化为宗旨，追求建立一个以包容多元为特点的新世界，正迎合了第一次世界大战后的和平主义氛围，因此学派中聚集了一大批德国文化精英。卫礼贤作为对中国哲学最有研究的德国学者，同时又一直在追求中德文化之间的理解与包容，自然也收到了邀请，成为智慧学派中的一员。此事对卫礼贤后来的发展意义巨大，因为他不仅由此进入了战后德国最重要的文化圈，而且他日后的资助者、法兰克福大学汉学教授席位的捐助者也正是通过他在智慧学派活动上的演讲才与他建立起了直接往来。

由于卫礼贤此时还保有同善会传教士的身份，因此他还要应教会的要求，马不停蹄地四处举行宣讲，介绍他们在中国的传教事业和教育、医疗工作。如 1921 年 2 至 3 月间，同善会派他到德国中西部的黑森和莱茵地区举行了多场演讲，对外统称为"传教士卫礼贤巡回演讲"。然而，他发现德国底层民众仍然像 20 多年前一样被偏见与误解紧紧蒙蔽着双眼。每次演讲中，听众们都会兴致勃勃地问起中国餐桌上的"蚯蚓"（面条）和臭鸡蛋（皮蛋），对真正的中国文化却几乎一无所知。因此，卫礼贤每次举行此类讲座都需要经历内心的痛苦挣扎。许多传教士都会为拉来赞助而把自己要去传教的地方说得一团漆黑，或是为博人眼球而故意渲染异国世界的千奇百怪，反正只要听到银钱在捐款箱里叮当作响，他们就心满意足。然而卫礼贤却无法做到这一点，他想要让听众明白的是开辟中西文明对话这项事业的伟大意义，因此他还必须耐着性子与那些一心猎奇的听众周旋。每当这种时候他都会暗自勉励自己：一切都是为了一项前所未有的工作，要想让他的理念在听众们心中生根发芽，他必须在这里那里默默地播撒种子，即便这样的旅程带来的是地狱般的煎熬，他也决不能放弃一丝丝推动进步的希望。

但从长远来看，与传教会的合作将会使他越来越受束缚。因为卫礼贤要推动中西文明之间的相互理解，而传教会所规定的任务却是单向的，一切必须在对华传教这个大框架下进行。因此，尽管同善会的董事们迄今为止对卫礼贤的工作还是表现出欣赏和赞美的态度，但他们并没有从根本上理解卫礼贤工作的伟大意义。二者之间的背离使卫礼贤感觉到自己只是在违心地屈从于雇主，一切所带来的都是一种不真实的感觉。因此他越发向往着能够离开传教会，到一所大学去从事自己喜爱的中国文化研究工作。同时，中德和约谈判的推进也使卫礼贤看到了新的希望，他开始展望在中德两国之间打开一扇交流的大门。于是，他萌生了建立北京东方学社（Pekinger Orient-Institut）的想法。他在给朋友的信中写道："北京学社的想法一直萦绕在我的脑海中，要是真能成为现实就实在太好了。这个想法正逢其时，而且迟早都会诞生类似的机构。我认为，人类的发展实际上要求在人类交往的交叉点上建立此类机构，以消除国与国之间的误解和恶意。因为不断敌视和互相残杀的愚蠢行为必须随着时间的推移走向终结，就如同人不再像动物那般狼吞虎咽一样。"其实，在一战之后，与卫礼贤有类似想法的学者并非只有一两个，除前面提到的智慧学派外，德国还产生了多个以推动宗教交流和各国和解为目标的组织。

在 1921 年召开的魏玛大会上，卫礼贤正式向同善会提议在北京设立一个促进中德交流的机构。卫礼贤指出，对战后的德国而言，要在中国重建其影响力，与中国展开平等对话是最可行、也是唯一利在千秋的方案，因为只有平等交流才能消除敌意。因此，当前的任务不应再以办学为主，而应通过建立学术机构争取中国学界、商界、政界的领袖人物，尤其是学术界和公共生活领域中知名人士的支持，而后再进一步打开局面。由于德国此时经济实力一落千丈，根本无力再像战前一样在中国大举扩张，因此卫礼贤的提议正合董事会心意。于是，同善会的全体董事再次对卫礼贤投下了信任票，一致通过决议，希望将卫礼贤提议的北京东方学社作为一项正式使命，以推动国际间在科学、文化和宗教问题上的相互理解，而这也正是同善会中国传教团存在的意义所在。

1921 年，卫礼贤还到汉堡举行演讲，介绍了关于在北京建立东方学社的构想，并以《北京东方学社》之名出版了这次演讲的单行本。在演讲中，卫礼贤首先回顾了近代中国与西方的冲突，指出造成东西方关系紧张和彼此误解的原因。他接着问道："人类因相互误解而导致了最重要的文化圈之间的恶意，我们能做些什么来避免人类重新走向纠葛呢？这个问题的答案非常简单，必须避免和消除一切可能引起和加深彼此敌视的因素。必须消除误解，使不同民族、宗教和文化的成员能够拨开迷雾认清彼此，必须启动并且更加坚定地建立起有利于促进人民之间友谊、善意和相互利益的关系。如果每一个必须与其他人类圈子的成员交往的人都把有条不紊、郑重其事地构建这种交往视为己任，那么也就肯定会产生出行动的需求，将调解各个文化民族之间的经济、文化和宗教关系作为自己的特殊任务。"

在卫礼贤看来，将学社设在中国和东方文化的原址上，可以吸纳来自世界各文化民族的成员。而中国历史上的君主历来将"宗教和伦理义务置于统治的核心地位"，因而中国人在宗教和道德方面有着良好修养，如果德国在与中国的交往中对此视而不见，那么在中国人眼中这非但不是进步，反而是一种倒退。而此处最根本的问题在于要将迄今为止几乎完全互不相干的东西方两大思想洪流更加紧密地联系在一起，甚至是联合起来："未来不应该再有一东一西两个基本上相互忽视的科学体系，而应只有一个全人类的科学，两者都必须为之贡献自己的宝贵成分。"因而，卫礼贤认为，东方学社的使命在于从"生命的高度"上增进东西方之间的交流和理解。一方面推进宗教团体之间的往来与对话，汇总不同宗教关于人类重大问题的智慧；另一方面加强东西方在科学上的交流，消除误解。从这次演讲中我们可以看到，卫礼贤所希望的是通过建立东方学社从而真正在中德两国之间打开一扇交流的大门。

　　因为忙于推动中德交流，在整个 1921 年期间，卫礼贤的日程都排得满满的。9 月，斯图加特市举办了一个中国和日本艺术展，卫礼贤为此提供了他收藏的多件珍贵藏品，并在持续数周的艺术展期间就中国艺术的主题举办了各种讲座。随后，应凯瑟林伯爵的邀请，卫礼贤在"智慧学派"的第一次年度大会上做了两场关于中国教育和人生哲学的讲座，每次都吸引了数百名受过良好教育的知识分子和社会名流，这使他接触到了一个全新的圈子。此处尤其值得一提的是冯·弗兰肯-西尔斯托普夫（Gräfin Bertha von Francken-Sierstorpff，1876-1949）伯爵夫人。卫礼贤在 9 月 29 日至 30 日的日记中写道："中午在凯瑟林伯爵处……而后在酒店见 S. 伯爵夫人。"伯爵夫人对卫礼贤的所有作品和译作都表现出浓厚兴趣，因此伯爵夫妇特地邀请卫礼贤到位于埃尔特维拉（Eltville）附近的一座美丽小岛上去做客。冯·弗兰肯-西尔斯托普夫伯爵夫人甚至有意支持卫礼贤在法兰克福创建一所德中学院，并希望他就此留在学院中担任汉学教授。这当然是卫礼贤梦寐以求的好事。因此，在那之后，卫礼贤多次来到法兰克福，与博物馆馆长斯瓦岑斯基教授（Prof. Swarzenski）和法兰克福大学艺术史学家考茨教授（Prof. Kautzsch）进一步讨论相关细节，并在法兰克福举办了讲座，结果他发现那里的气氛特别令人振奋。

　　通过一系列演讲和有关中国文化的讲座，卫礼贤此次归国之旅虽然满打满算也只有 16 个月的时间，但却使他声名鹊起，一些朋友甚至将他推崇为最了解中国文化的德国人。此外，卫礼贤还利用这段时间对自己的著述进行了整理，为日后成为职业汉学家打下了基础。此时的卫礼贤已经从德国汉学界的边缘逐步进入了最核心的舞台。这一年，柏林大学汉学系著名汉学家高延（J. J. M. de Groot，1854-1921）教授去世后，卫礼贤也一度进入继任者的候选名单。同年年底，马尔堡大学神学家鲁道夫·奥托也将他列入了神学教授职位的后备人选名单。突然出现在眼前的这些机会使卫礼贤再次陷入了犹豫，他再次采取了将选择权交给上天的办法。结果 1921 年 11 月德国外交部正式任命卫礼贤为德国驻华公使馆科学参赞（wissenschaftlicher Berater），此外他还将受命创建东方学社。出于对中德文化交流的热情，卫礼贤马上接受了这一任命，只是在表面上表现得非常淡定，并将其视为上天的安排："我必须再次去中国，这是上天的明示，不过，时间是长是短还颇为值得考虑……我已经完全习惯了不再去制定什么计划。我唯一要做的就是每时每刻从事情的发展中推导出结果，并且按我必须要做的去行事。个人的愿望在此无足轻重。它们必须在没有我们人为干预的情况下自行实现，因此可以说是落入我们怀中，或者说我们必须放弃去追求实现。"

在动身去中国之前，卫礼贤根据他在达姆施塔特智慧学派的讲座编撰了《中国人的生活智慧》（*Chinesische Lebensweisheit*）一书，在 1921 年的《德文新报》上还发表了论文《中国的哲学诗歌》（*Die philosophische Dichtung in China*）和《在中国的德中文化政策》（*Deutsch-chinesische Kulturpolitik in China*）。他在文中指出："我们在中国已经没有任何特权利益。我们所有的利益都在经济和文化方面。"因此德国必须加大在文化方面的投入，与中国进行直接的思想交流："如果德国能成功地按照自由意志迈出这一步，即承认中国在文化上的平等，我们就有希望重新赢得许多眼下看来无可挽回的东西。"

1921 年 12 月，卫礼贤又到米兰、佛罗伦萨和苏黎世做了多场讲座。在此次旅行中，他遇到了著名哲学家、演奏家、日后获得诺贝尔和平奖、有"非洲圣人"之称的学者阿尔伯特·史怀哲（Albert Schweitzer, 1875-1965）。卫礼贤碰巧在阅读史怀哲关于音乐大师巴赫的一本著作，这使他们两人的交往从一开始就非常和睦。当卫礼贤回到中国后，史怀哲还特地把他撰写的《文化与伦理》（*Kultur und Ethik*）一书寄到了中国，问卫礼贤是否可以考虑将其译成中文。卫礼贤则在给家人的信中称史怀哲是"当今最重要的传教士""一位天才"，他们两人的心"因相互理解和相互尊重而紧密相连"。

此外，卫礼贤还在苏黎世拜访了著名心理学家荣格（Carl G. Jung, 1875-1961）。荣格从卫礼贤的译本中获得了关于无意识和原型的重要灵感，后来就此撰写了一篇很长的评论。在《纪念卫礼贤》（1930）一文中，荣格曾回忆卫礼贤如何向他展示用《易经》推衍未来的玄妙方法："应我的邀请，卫礼贤在苏黎世的心理学俱乐部做第一次演讲时演示了《易经》的操作方法，同时还做了一项预言，不到两年这项预言就准确无误地应验了。"卫礼贤根据《易经》进行的占卜实践以及他关于中国智慧的许多演讲在当时吸引了大批听众，甚至是像荣格这样与汉学原本毫无关系的学者。荣格对此总结道："他是汉学家，我是医生，如果我们两人一直专攻本行，可能永远也不会接触到对方。但我们相遇在人的土地上，而人的土地是从学术的界桩之外开始的……在那里有一盏灯被星星之火所点燃，它将成为我生命中最重要的事件之一。"[①]

在苏黎世，卫礼贤还邂逅了同样致力于化解文化冲突、超越狭隘宗

---

① ［德］卫礼贤、［瑞士］荣格：《金花的秘密》，邓小松译，黄山出版社，2003 年。

教思想的世界主义者阿道夫·凯勒（Adolf Keller, 1872-1963）。凯勒出生在与符腾堡毗邻的瑞士沙夫豪森州，早年在巴塞尔和柏林学习神学，他对神学被分为正统派和自由派的状况十分不满。他此后的思想转变与卫礼贤颇为相似。1896年，凯勒被德国新教会派往开罗担任助理牧师。在那里，他学习了阿拉伯语，研究了《古兰经》，更加不满于宗教内部发生的分裂，由此产生了超越教派界限的强烈愿望。第一次世界大战结束后，美国教会联合会（American Church Federation）在欧洲新教中寻找对话伙伴，于是瑞士教会派凯勒到美国出席了1919年克利夫兰大会。1920年，回国后的凯勒建立了瑞士新教教会联合会（FSPC），并作为其代表参加了世界归正宗联盟（World Alliance of Reformed Churches），从此毕生致力于基督教的统一，并在苏黎世大学和日内瓦大学担任讲师。由于观点相近，卫礼贤与凯勒谈得非常投机，他曾在信中说："我相信我们正在接近一个新的时代，在人类的精神生活中将产生全新的基础。这些基础将超越国家，因为它们深入到了人类的本质。未来必将在其之上建立起新的建筑，以取代我们现在称之为教堂的简陋小屋。"而凯勒对卫礼贤的印象则是："卫礼贤是一位智者……他在东方的大半生时光不是虚度的。在那里，他对人的本质有了最深刻的认识。对他而言，这种本质并非在我们的科学和道德为人类所创造的虚幻形象中得到印证。相反，他追寻东方智慧，深入到了人类整体存在的深度，这给了他和其他人以最终的宁静，这并不意味着高贵的优越感，而是对爱的理解。当时他是在心理学家圈子里向我们解释东方智慧，结果西方和东方的寻道者都发现自己达到了理性思考所不能达到的深度……卫礼贤为人与人之间、民族与民族之间架起了桥梁，让所有人、所有民族从此又能心平气和地走到一起。"①

再次赴华

　　1922 年 2 月 7 日，卫礼贤踏上了返回第二故乡——中国的旅程。他本可以将家人也一起带到中国，但由于四个儿子在德国的学业都刚刚走入正轨，在那个政治动荡、通货膨胀的年代，投亲靠友已经非常困难，美懿不得不留下来照料孩子们。因此，卫礼贤只能在慕尼黑与家人匆匆一聚，然后就独自一人踏上了前往中国的漫长旅程。

　　但这次旅行并不愉快。由于食用了变质的鱼，多名乘客在路上患病。当船航行到科伦坡和槟城之间时，有三名乘客先后死亡。到达槟城之后，一场真正的瘟疫暴发了，卫礼贤也不幸身染疾病，不得不在新加坡上岸接受治疗。另一些乘客由于身体太虚弱，无法继续旅行，只得在新加坡中断了旅行。卫礼贤后来回忆道："这可能是我经历过的最危险的航行。"

　　3 月 7 日，卫礼贤几经波折，总算平安抵达了上海。他刚一踏上这片土地，各种邀约就纷至沓来。他在这里会晤了德国驻上海总领事，还特地就典籍考证问题数次拜访老朋友康有为。此外，卫礼贤还到上海同济医工学校（后来的同济大学）举行了题为《德国的精神潮流》的演讲。上海《申报》在 3 月 24 日也对卫礼贤此行进行了报道，称"德国哲

---

　　① Salome Wilhelm: *Richard Wilhelm: der geistige Mittler zwischen China und Europa*, Düsseldorf, Köln: Diederichs, 1956, p. 273.

学博士尉礼贤居中国二十余年，研究汉学，最精中土典籍，经博士译为德文者甚多。大战以后，人心向善，博士所译《论》《孟》《老》《庄》等书在德销行极盛。前年，博士因推行东方文化及筹设中德文化编译社之故，曾返国一次。在德国周游列邦，讲演汉学，极受欢迎。前日返沪，因《春秋左传》伪经问题特请阮介凡君约黄胜白、江逢治两君偕往康有为君处，执经请教，历数小时。博士博洽群书，康君非常赞许，即席赠以所著《春秋笔削大义微言考》及《论语注》数十册而别。次日，由阮介凡、张君劢两君约往吴淞同济医工学校及中国公学演讲。昨日复偕黄胜白、江逢治两君往本埠麦根路同德医学专门学校参观。"

此后，卫礼贤与当时正在上海逗留的德国新任公使博耶会合。3月30日，两人一同乘火车北上，途中仅在济南、天津稍作逗留，4月2日便到达了北京。

卫礼贤在北京公使馆中的身份是科学参赞。其实，具体头衔是什么并不重要，只是他不能再以牧师的身份出现。新的身份使他得以活跃在北京的教育界、文化界，并与新文化运动中的重要人物胡适、蔡元培结识，在他们的支持下建立起东方学社，从而继续为推动东西方文化之间的交流与相互理解做出贡献。当时的北京学术界刚刚经历了新文化运动和"五四运动"的洗礼，正显现出一派新气象。北京大学在蔡元培校长"兼容并包、思想自由"的思想指引下更会聚了一大批有为才俊。1922年1月，北京大学正式宣布成立国学门，力求"以科学方法整理国故"，也就是借鉴西方科学的研究方法进行国学研究。因此，卫礼贤在抵达北京后迅速与北京大学取得了联系，开始积极筹建东方学社。据卫礼贤日记记载，1922年4月25日，他与蔡元培校长以及德文系的外籍教师欧尔克（Waldemar Öhlke，1879-1949）等人会面并一起吃了饭。5月3日至4日，他就筹建东方学社一事撰写并提交了报告。

6月9日，卫礼贤为东方学社的筹建工作再次拜访了蔡元培，蔡校长承诺提供支持。但此后的筹建工作显然推进得并不顺利，其原因一方面在于中国政局不稳，卫礼贤刚刚来到北京就碰上了第一次直奉战争（1922年4月28日至5月5日），战斗在长辛店等地展开，连北京城内都能听到隆隆炮声。随后，取胜的直系军阀控制了北京。在这种"城头变幻大王旗"的局势下，东方学社的筹建显然无法得到民国政府的任何支持。另一方面，中德双方对东方学社的未来定位显然并没有达成一致，比较卫礼贤起草的《北京东方学社简章》和罗振玉后来定稿的《东方学会简章》就可以知道：在卫礼贤心目中，东方学社的宗旨首先是"联合中西学者共同研究中国一切学术并介绍欧西重要学术于中国"，其次是"联络中外学者之私交，俾双方交换知识互获效果"，强调的是中西学者合作进行与中国有关的研究并促进学术交流；而罗振玉审定的《东方学会简章》则开宗明义地写道："本会以研究东方三千年来之文化，约以哲学、历史、文艺、美术四类为宗旨。"只在谈到设立接待部时才提及了中外学术交流。由于双方对东方学社的理解和定位存在较大差异，因此卫礼贤虽然得到了蔡元培的口头支持，但一直到8月份他对于自己究竟该与谁合作都还不甚了了。

从卫礼贤在日记中的记载来看，1922年秋季开学后，北大方面首先与卫礼贤进行接洽的是他以前在礼贤书院时的学生——德文系主任杨丙辰教授。9月8日和14日，他与杨丙辰两次会面，就《北京东方学社章程》的译文进行了商榷。作为中国日耳曼学的开山鼻祖级人物，杨丙辰在德语文学研究方面的功底毋庸置疑，但与国学研究就没什么关系了，北大派他出马应该是想先弄清楚德方的具体计划，毕竟斯坦因（Marc Aurel Stein, 1862-1943）、伯希和（Paul Pelliot, 1878-1945）等西方汉学家打着科考探险名义劫掠敦煌文物的惨痛教训刚刚过去没有几年，中国学界对此类合作保持谨慎也并不为过。9 月 15 日、25 日和 26 日，北大方面在初步摸清了德方的意图后再次派人与卫礼贤磋商，着手修订章程细节。但此事随后又陷入停滞。不难推断，北大在此期间就章程进行了多方讨论。因此，12 月 3 日，当北大再次就东方学社与卫礼贤接洽时，来人就换成了主持北京大学研究所国学门的沈兼士教授。沈兼士（1887-1947）曾带领学生和同人整理故宫收藏的清代档案，是语言文字和文献档案研究的大师，也是与卫礼贤进行接洽的合适人选。沈兼士代表北大表明了中方对东方学社的定位，即学社应当以系统保护中国文物为己任，这与卫礼贤在汉堡演讲中所提出的设想相去甚远，但卫礼贤对此并没有提出异议。由于筹建东方学社事宜看上去进展十分顺利，故而当天晚上卫礼贤与蔡元培、胡适等友人的饭局也进行得十分愉快。次日，卫礼贤又与蔡元培、罗振玉、沈兼士、徐志摩等人共进晚餐，磋商有关事宜。罗振玉（1866-1940）是中国近代著名考古学家、金石学家，对明清档案、甲骨文字、敦煌文卷、汉晋木简尤其深有研究，同时又和劳乃宣一样是顽固的守旧派，曾在清朝末年任学部二等谘议官兼京师大学堂农科监督，在清朝灭亡 13 年后（1924 年）还奉溥仪之召入值南书房。他的加入使学社的定位进一步向纯粹的国学研究方向倾斜。席间，与会者确定了"东方学社"为机构的正式名称，办公地址则选在原翰林院，其定位之高由此可见一斑。1923 年 1 月至 2 月，卫礼贤再次与北大方面就成立东方学社进行了多次磋商，并于 1 月 9 日成立了一个筹备委员会。随后，卫礼贤与徐志摩合作完成了中德两种文字版本的学会章程。6 月，王国维、辜鸿铭也加入了有关东方学社的讨论。章程的修订与翻译工作一直持续到了 8 月 8 日。随后，经罗振玉审定的《东方学会简章》和发起人名单（罗振玉、王国维、沈曾植、辜鸿铭、罗绍文）开始被分送学界同人。此时，不仅"东方学社"变成了"东方学会"，其对应的德语名称也变成了 Wissenschaftliches Orient-Institut，而卫礼贤仅以联络人的身份出现在简章末尾的附言中。

从表面上看，出现这一变化的原因在于中国学人一步步掌握了筹办东方学社的主动权，避免了学社被外国人控制、成为西方文化殖民工具的可能性，但最根本的原因还是在于德国在付出第一笔战争赔款后陷入了经济崩溃的窘境。仅 1922 年一年，德国马克就相对于年初贬值了98%；进入 1923 年，德国更是爆发了西方资本主义国家历史上最为严重的恶性通货膨胀，仅 10 个月的时间，德国马克就贬值为年初的一亿分之一，一万亿马克仅能买到一个面包。在这种情况下，德国已经根本无力兑现承诺，为东方学社提供启动资金。而根据罗振玉的规划，学社第一期建设资金就需要一百万元，因此，东方学社只能改由中方主办，卫礼贤则作为仰慕东方文化的外籍学者继续在学社中发挥联络作用。此外，1923 年 1 月蔡元培的去职对卫礼贤也是一个重大打击，因为蔡元培早年曾到德国求学，并在青岛学习过德语，因此在东方学社筹建初期对代表德国学界的卫礼贤给予大力支持，而罗振玉、王国维、沈曾植等元老级人物均是与日本关系更为密切。在得到蔡元培辞去北大校长职务的消息时，卫礼贤正前往武汉和南京考察当地大学并举行报告会。1 月 26 日，卫礼贤在安庆和芜湖之间的长江客轮上向美懿写信诉说道："我离开北京期间，事态再次陷入混乱。北大校长、我的朋友蔡元培因与教育部长彭允彝的矛盾挂冠而去。学生在国会前遭到警察粗暴对待，由此引发严重骚乱。结果将会如何，尚无法预料。东方学社一度进展顺利，但因此将再度被推迟。"失去了作为坚强后盾的蔡元培校长，加之卫礼贤自己也逐渐萌生去意，东方学社的主导权自然只能让与罗振玉等人，其正式名称也变成了"东方学会"。由于时局混乱，东方学会并未像卫礼贤期待的那样成为东西方学术交流的重要机构，而是在罗振玉的主持下刊刻出版了多部古籍经典，但这与卫礼贤已经没有丝毫关系了。

虽然卫礼贤的计划落空，但通过筹建东方学社，他在北京结交了一大批优秀的中国学者，其中既有蔡元培、胡适、徐志摩等在新时代中举足轻重的领军人物，也有罗振玉、王国维、沈曾植等维护儒家文化传统的国学大师。这些学者构成了一个庞大的学术网络。卫礼贤在回到德国之后，还曾为蔡元培争取荣誉博士头衔，邀请胡适做学术报告，陪徐志摩在欧洲旅行，与他们保持着良好的关系。例如与卫礼贤合作翻译《东方学社章程》的诗人徐志摩1922年8月刚刚从英国剑桥留学归来。回国前，徐志摩因为去柏林与张幼仪办理离婚手续，曾顺路到魏玛参观过歌德和席勒故居。途中，徐志摩买了一只小花篮，将随手采下的野草装入篮中。因卫礼贤1923年正好在北大德文系授课时讲到歌德，同时又恰逢3月22日歌德逝世91周年纪念，徐志摩创作了一首名为《小花篮——送卫礼贤先生》的诗篇，发表在1923年3月23日的《晨报副刊》上。在诗歌前面的小序中，徐志摩写道："卫礼贤先生，通我国学，传播甚力，其生平所最崇拜者，孔子而外，其邦人葛德（歌德）是，今在北大讲葛德。"诗歌不长，全文如下：

> 我买一只小小的花篮，
>
> 杜陵人手编的兰花篮；
>
> 我采集一把青翠的小草，
>
> 从玫瑰园外的小河河边；
>
> 把那些小草装入了小篮，
>
> 小小的纪念，别有风趣可爱。
>
> 当年葛德自罗马来，
>
> 载回朝旭似文化的光彩；

如今玫瑰园中清简的屋内，

贴近他创制诗歌的书案。

一束罗马特产的鲜莱，

如今僵缩成一小撮的灰骸！

这一小撮僵缩的灰骸，

却最澄见他宏坦的诗怀！

我冥想历史进行至参差，

问何年这伟大的明星再来？

听否那黄海东海南海的潮声，

声声问华族的灵魂何时自由？

我自槐马归来，不过一年。

那小篮里的鲜花，已成枯卷；

我感怀于光阴造作之荣衰，

亦憬然于声声无已之循环；

便历尽了人间的悲欢变幻，

也只似微波在造化无边之海！

（Rosen-garden 在 Weimar 葛德制诗处）

　　徐志摩对德国文学谈不上有多少研究，但在对歌德的崇敬方面与卫礼贤可谓志同道合。1922 年，从日本归来的郭沫若刚刚翻译出版歌德的名著《少年维特之烦恼》，在中国轰动一时，引发了一场"维特热"，也令歌德在中国名声大振。徐志摩因崇敬歌德而盼望中国也产生这样"伟大的明星"，通过文学唤醒中国人民对自由的追求。这在当时的作家中是非常有代表性的。1925 年，徐志摩还从英文转译出了歌德的一首《弹竖琴者歌》发表在《晨报副刊》上，结果引发了胡适、郭沫若、朱家骅、成仿吾等人的一场译诗竞赛。直至 1924 年 7 月卫礼贤回国，徐志摩和卫礼贤的交往一直十分密切。卫礼贤日记中常有"徐志摩来""在石虎胡同和徐志摩吃饭"这样的记载。北京石虎胡同 7 号是梁启超、张君劢等人筹建的松坡图书馆的总部,讲学社总部也在这里。徐志摩回国后不久便搬到这里居住,同时担任松坡图书馆干事。两人的长期交流使卫礼贤在古典文学之外对徐志摩所代表的中国白话诗歌也有了深入的理解。

1923 年 11 月,卫礼贤在北京期间结识了因考察丝绸之路、发现楼兰古城而蜚声世界的瑞典科学院成员、探险家斯文·赫定(Sven Hedin,1865-1952),两人相处得十分融洽。1924 年 11 月,已经回国担任法兰克福大学教授的卫礼贤曾收到赫定的来信,对方以瑞典皇家科学院成员的身份邀请他"非正式"地推荐几位中国籍的诺贝尔文学奖候选人。卫礼贤在回信中除力荐梁启超外,还提出了胡适和徐志摩两人作为候补,而这几人都是他在北京的短短两年中熟悉起来的。1926 年 2 月 12 日,卫礼贤还曾在给赫定的信中再次提到徐志摩,称赞他"写下了很美丽的诗篇",并说要将徐志摩的一些作品翻译给赫定看。而徐志摩同样也没有忘记卫礼贤,1928 年访问欧洲期间,他还在卫礼贤的陪同下在德国进行了旅行。

执教北大

卫礼贤个人在筹建东方学社的过程中也并非毫无收获。早在 1922 年 6 月 1 日,卫礼贤在与蔡元培接洽后不久便正式接到北京大学的聘请。这一方面方便了他与北大教授们就筹建东方学社进行合作,另一方面则为他到德文系授课打开了大门。但此事也并非一帆风顺，已经执教于北大的欧尔克对蔡元培邀请卫礼贤到德文系授课颇为敏感。因为欧尔克虽然在来华之前是柏林工业大学的德语文学教授，1920年受邀到北大德文系任教3年，但欧尔克对中国文化知之甚少，也不擅长英语，因此在来华期间并未能在北大打开局面。而卫礼贤不仅是德文系主任杨丙辰在礼贤书院就读时的老师，而且还是精通中文、交际广泛的汉学家，显然将是一位强有力的竞争对手，对欧尔克在德文系的地位造成了威胁。为此，欧尔克曾找到卫礼贤，提出"只有在他的工资提高到600元的前提下"，才能让卫礼贤到北大授课。后来北京大学将欧尔克的薪资从400元上涨到500元，他才没有继续对卫礼贤的到来加以阻挠。

从1922年10月起，卫礼贤开始在北京大学兼职，教授德国文学和哲学。在他以前的学生、德文系主任杨丙辰的安排下，卫礼贤给三、四年级（合班）开设的语言类课程是"德文尺牍"、"德文作文"和"德文修辞学及文体学"，专业类课程是"德国大思想家之人生观及宇宙观"，此外还开设过文学方向的"德国近世文学概论"和"德文诗学"。从该年年底开始，卫礼贤还在北大用德语做了《歌德传略》的系列演讲，他在11月19日的日记中写道："饭后在家修改为大学准备的歌德报告稿。"

1923年9月，德国外交部因经费紧张，大幅裁减工作人员。由于筹建东方学社的工作无法推进，卫礼贤此时已无特殊使命，故而也在被裁之列。为了将卫礼贤留在中国，北京大学于1923年12月1日正式聘请卫礼贤为德文教授，卫礼贤才避免了因失业而陷入困境。根据合同规定，卫礼贤在北京大学"须每周教授二十小时功课，或为讲演，或为练习"，每月薪俸为银圆350元。

但在军阀混战的年代，中国大学的办学条件也十分窘迫，卫礼贤不得不同时到北京师范大学等多所中国学校兼课，他每周的教学时间也增加到了 20 小时以上。直到 1924 年 6 月上旬，法兰克福大学催促卫礼贤回国就职，他在各校的代课工作才终于结束。

1922 年至 1924 年期间，虽然中国的政治环境和物质条件都并不理想，但是北京大学作为新文化运动中心的特殊氛围还是为卫礼贤在学术上的发展创造了良好条件。这一点从他在德国使馆工作期间递交的各类报告中可以清晰地体会到。卫礼贤对北京大学的蔡元培校长印象尤为深刻，认为他极具现代精神，不仅"代表着各种现代理论"，而且坚持"兼容并包"，具有"诚实的奋斗意志"。而胡适发起的白话文运动是"北京帝国大学圈子中最重要的一场运动"，"创造了一种新的汉语交际语"，由此产生了一场追求"能够真正适应新思想、简单易懂的语言"的文学革命。这场文学革命开始于北京大学文学院院长陈独秀创办的《新青年》杂志，代表着"政治和社会上的左翼"，要求采用自然主义或现实主义叙事文学，将文学"与巨大的社会和政治潮流联系在一起"。卫礼贤也关注到"民主与科学"口号下的思想解放进程，指出"对外的壁垒已经轰然倒塌，对西方各种思想开诚布公的研究正方兴未艾"。

卫礼贤非常积极地融入了这场新文化运动中，在短短两年时间里参加了多个学社的活动，活跃于各种文化圈中，如梁启超、蒋百里等人发起的共学社，梁启超、胡适等人发起的讲学社，段正元发起的道德学社，还有北大知行社（亦称行知会）、文友会等。卫礼贤还特别关注中国思想史的发展。在 1924 年 1 月纪念戴震（1724-1777）诞辰 200 周年的活动上，卫礼贤在清华学校（即今清华大学）做了"中国之戴东原与德国之康德"的演讲。他认为戴震思想中"严格的科学性非常适合于建立与欧洲科学间的联系"，作为一位未受欧洲知识影响的现代科学先驱，戴震的例子纠正了西方人对中国的传统看法，即"中国只沉浸在数千年的停滞与腐朽中"。卫礼贤后来还评论道："这次纪念活动具有纲领性的意义。它是引导中国科学回归到自身领域道路上的一个信号——只有一个在思想上独立的中国才能在世界科学的重组中拥有重要的发言权。"卫礼贤后来在 1928 年的国际东方学大会上再次介绍了戴震，并指出要感谢胡适和梁启超使大家再次关注到了"这位已被淡忘的 18 世纪哲学家"。

作为德国公使馆的发言人，卫礼贤还参加了 1924 年 4 月在中国举行的纪念德国哲学家康德诞辰 200 周年的活动。他在北京大学和清华学校举行演讲，就康德与中国哲学进行了比较，试图阐述老子、孔子的伦理思想与康德的伦理之间的关系。卫礼贤的演讲并非泛泛而谈，而是在有意识地针对一战后受美国影响开始在中国流行的实用主义哲学，因为在他看来，"近年来输入的美国式怀疑主义和实用主义的东西其实是具有毁灭性的"，只有通过康德，中国人才能知道什么是真正的西方哲学。值得一提的是，德国在柯尼斯堡举行的康德诞辰纪念活动也邀请了中国高校参加，北京大学的代表是当时正在德国考察的蔡元培。

总之，在北京的这段时间里，卫礼贤举办了大量讲座，并根据听众的不同，用中、德、英等不同语言进行授课，其对新文化运动的参与和活跃程度都使人很难想象他几年前还在与劳乃宣、周馥、辜鸿铭等前清遗老们大搞复古尊孔。这也告诉我们，卫礼贤并非像许多人想象的那样偏于传统和保守，相反，他的思想中不乏开放、理性和与时俱进的一面。

卫礼贤在北京工作期间的日记也印证了他在思想上发生的变化。从 1922 年秋季到北京大学授课开始，卫礼贤阅读了康德、克尔恺郭尔、斯宾诺莎、叔本华、史怀哲等西方思想家的作品，在文学方面则阅读了歌德、让·保尔、黑塞等经典作家的著作。同时，他还作为中西文化之间的中介者深度参与了一系列外国学者的讲学活动。

在卫礼贤来华前不久，1919 年 4 月至 1921 年 6 月，美国实用主义哲学家、教育家约翰·杜威（John Dewey，1859–1952）到中国进行了为期两年多的巡回演讲；在他之后，1920 年 10 月至 1921 年 7 月，英国哲学家、逻辑学家伯特兰·罗素（Bertrand A. W. Russell，1872 –1970）应讲学社之邀到北京等地进行了讲学。1922 年 10 月至 1923 年 6 月，德国生机主义哲学家汉斯·杜里舒（Hans A. E. Driesch，1867–1941）同样应讲学社之邀到上海、南京、武汉、北京、天津等地举办了系列讲学活动。德国公使馆方面注意到这是世界大战结束后德国和中国学者之间的首次友好交流活动，于是派卫礼贤以德国驻华公使特别代表的身份南下迎接杜里舒。当时，卫礼贤在 9 月份刚刚到大同云冈石窟进行了考察，收到任务后顾不上休息便连忙南下。而讲学社派去迎接杜里舒北上的则正是徐志摩前妻张幼仪的二哥张君劢。徐志摩从英国回国后不久便到梁启超、张君劢等人筹建的松坡图书馆内任干事，他与张君劢几乎朝夕相处，因此张君劢也与卫礼贤非常熟悉。张君劢早年留学柏林大学并获得政治学博士学位，曾经在生命哲学家、诺贝尔奖获得者鲁道夫·欧肯（Rudolf C. Eucken，1846–1926）门下学习哲学，两人还合著有《中国与欧洲的人生问题》（Das Lebensproblem in China und Europa），而杜里舒又正好是欧肯的学生。因此，几人在一起谈得十分投缘。借此机会，卫礼贤邀请张君劢、杜里舒以及担任陪同翻译的瞿世英一同编纂《德英汉哲学概念词典》。根据卫礼贤日记记载，1923 年 2 月 14 日，卫礼贤便与杜里舒、张君劢、瞿世英三人开始了词典编纂工作。到 1923 年年底，《德英汉哲学概念词典》的编纂工作基本完成。11 月 14 日，卫礼贤亲自撰写了序言，并决定将收益捐赠出去用于救助学生。他在序言中写道："今天是中国和欧洲哲学接触的时代，这种接触将使迄今为止彼此独立的东西方哲学走到一起，形成人类的共同哲学。"

但在卫礼贤将《德英汉哲学概念词典》寄给上海商务印书馆后，对方却婉拒了该词典的出版计划，这部词典也就此失去了音信。这对于中德在哲学领域的交流来说，实在是一个重大的损失。不过，卫礼贤在杜里舒来访期间还是大有收获，他通过参与组织杜里舒的来华活动，交际圈子进一步扩大。例如 1923 年 4 月 22 日，张君劢在北京宴请杜里舒，除卫礼贤、徐志摩、瞿世英外，时任北京农业大学校长的章士钊、北京大学教务长顾孟余等人也都出席了宴会。

在与杜里舒等人合作编撰词典的同时，卫礼贤还帮助徐志摩促成了奥地利裔小提琴家弗里茨·克莱斯勒（Fritz Kreisler, 1875−1962）在北京的一场特殊演出。克莱斯勒生于维也纳，四岁学习小提琴，曾在维也纳音乐院、巴黎音乐学院学习，12 岁赢得小提琴演奏大奖，1904 年被伦敦爱乐协会授予贝多芬金质奖。1915 年移居美国，后于 1938 年入法国国籍，1943 年又加入美国国籍。他在美国旧金山旅行时曾看过中国移民表演"华埠音乐"，于是模仿中国民间迎神大会上的欢乐气氛创作了一首《中国花鼓》，这也是他在 1923 年 5 月来华举办个人演奏会期间的主要曲目。徐志摩在得知这一消息后连续发表文章，推荐克莱斯勒的音乐会，并在文中提议"请喀拉司拉（克莱斯勒）君特别为我们学界演艺一次，或者我们可以请真光或新明的主人来主办。我不知道喀君已经到京没有，但我猜想果然我们学界方面有好艺的热心与对他个人的仰慕，他一定肯为我们特别演艺，至少一次。"果不其然，克莱斯勒于 5 月下旬抵达北京，并下榻在德国公使馆内。徐志摩马上找到陪同克莱斯勒的卫礼贤，希望能在北京安排一场加演。于是，在卫礼贤的协调下，克莱斯勒于 5 月 28 日在真光电影院举行了专场音乐会。卫礼贤在他为《北京之夜》撰写的通讯中写道："克莱斯勒下榻在德国公使馆的消息刚一传出，青年诗人徐志摩便以中国青年音乐爱好者代表的身份前来询问是否可为中国观众加演一场音乐会。此事颇有些为难，一则时间仓促，二则不知道北京人对克莱斯勒的高雅艺术是否有足够兴趣。倘若克莱斯勒要面对半空的音乐厅或大声喧哗的观众，那会怎么样呢？但大师的热心打消了我们的所有顾虑。他不愿拒绝中国人的热情。结果这场冒险非常成功。"为保证演出成功，徐志摩不仅连续撰文造势，而且还特地安排他的女性友人、民国著名才女林徽因在演出之前登台，就克莱斯勒的音乐、文化与音乐的关系进行了介绍。结果这场音乐会吸引了大批名流，出人意料地获得了巨大成功。卫礼贤写道："克莱斯勒演奏的大厅中座无虚席，观众如在欧洲一般鸦雀无声。中国的头面人物们，从总统到文化精英，包括梁启超、张君劢，艺术界的代表，如青年诗人徐志摩、林徽因和著名演员梅兰芳、姚玉芙，都与家人一起出席，并亲自向艺术家致敬。在休息时，总统还接见了克莱斯勒。每个人都被这种真正神圣的艺术所陶醉。人们发出这样的感叹，虽然我对欧洲音乐一无所知，但我感觉到了这些声音是如何悄悄地进入耳朵，使人的心变得自由而轻盈，认为自己正飘浮在轻盈的云朵中。你可以清楚地观察到东西方之间如何构建起桥梁。在人性的层面上，人们彼此接近，东方和西方在一次精神的交往中结合在一起，而那种交往只有在这罕见的瞬间才能通过最崇高的艺术来实现。"

音乐会的成功令卫礼贤此后多日都激动不已，从 5 月 30 日到 6 月 4 日，卫礼贤每天都在日记中提及后续的相关工作，要么是与徐志摩进行讨论，要么是翻译中国报纸上的评论，要么就是为德国报纸撰写关于音乐会的报道。可见，在卫礼贤的心目中，促成克莱斯勒音乐会一事确实是他那两年中最引以为豪的一项功绩。

1924 年 4 月，著名印度诗人泰戈尔（Rabindranath Tagore，1861－1941）应蔡元培、梁启超等人之邀首次率团到中国访问。泰戈尔此行在中国也颇为轰动，4 月 23 日抵达北京时，前往车站迎接的有梁启超、蔡元培、胡适、梁漱溟、辜鸿铭等各界人士四五百人。在北京期间，诗人徐志摩和才女林徽因全程陪同了泰戈尔。5 月 7 日，为给泰翁庆祝生日，刚刚创建的新月社还上演了泰戈尔的英文戏剧《齐德拉》。林徽因在剧中扮演公主齐德拉，徐志摩扮演爱神玛达那，林徽因的父亲林长民饰演春神，梁思成负责布景。由于名家云集，此剧引起了不小的震动。卫礼贤与泰戈尔、徐志摩一行自然走得很近。在泰戈尔参观北海公园时，卫礼贤、溥仪的英语老师庄士敦（Reginald Fleming Johnston，1874—1938）、胡适、梁漱溟、林长民均随行作陪。

但泰戈尔的此次中国之行最后却在毁誉参半中结束。其原因在于泰戈尔对古老的中国文明早就心怀向往，加之他来自沦为殖民地的印度，格外关注对古代文明的保存。因此他在应讲学社之邀到清华讲学时，一面赞扬中华传统文化的优越性，希望中国青年重拾文化自信，一面不断宣扬注重精神生活的东方文明要优于注重物质的西方文明，他说道："和平亲爱才是人类社会发展的主旨。西方文明一味地崇尚物质，并无珍贵之处。唯有崇尚和平、恭谦友爱的亚洲文化，才适合发扬光大。"平心而论，泰戈尔宣扬复兴东方传统文化的讲话并无新奇之处，辜鸿铭等人也同样讲过，但在"五四运动"兴起的背景下却完全不合时宜。在宣扬科学与民主、以救亡图存和科学救国为宗旨的五四知识分子看来，泰戈尔的言论无异于宣扬精神胜利，是一种误国误民的亡国奴哲学。因此，陈独秀、瞿秋白等人愤然在《中国青年》周刊推出了"反对泰戈尔专号"，批评泰戈尔是"印度的顽固派"和"中国青年思想上的大敌"；林语堂也嘲笑泰戈尔是以亡国奴的身份来中国大谈精神救国；一些学生在泰戈尔演讲时甚至大闹会场，准备将凳子掷向诗人。换言之，泰戈尔在不知不觉中被卷入了中国知识分子中由来已久的一场论战：究竟哪条道路才能救中国？是复古尊孔、全盘西化，还是共产主义？

面对中国青年的激烈反对，泰翁深感失望，因此在与卫礼贤会面时，泰戈尔描述了他与被"物质主义"征服的中国人之间的对立，以及他对于在中国再也找不到预期的"亚洲精神"而感到失望。相比之下，曾经对复兴儒家文化传统、复古尊孔具有浓厚兴趣的卫礼贤在中国却从来没有遇到类似的尴尬局面，这与他在重返中国后对新文化运动所带来的变化有了清晰认识不无关系。其实早在第一次世界大战结束后，卫礼贤就已经意识到西方国家的相互毁灭导致许多原本抱有幻想的中国人对西方文化和自由主义倍感失望，而西方列强在巴黎和会上对中国主权和正义要求的无视更引发了五四反帝爱国运动，许多进步知识分子因而转向了共产主义和无产阶级革命。事实上，由于卫礼贤来华不久便在北京大学接触到了许多"非常热情"的进步学生，他从一些经常去参加政治活动的中国学生那里更多地了解了布尔什维克思想。从学生身上，他敏锐地感觉到学生们具有"自己当家做主的坚定决心"，他们的目标是使中国"成为一个平等的国家，并在人类的伟大事业中与他国合作"。因此，卫礼贤认为，"泰戈尔在中国比在其他任何地方都更无法找到他希望找到的土壤，因为中国知识分子的生活已经完全跟上了时代"。

泰戈尔的访问引发了卫礼贤的一系列思考。他意识到，泰戈尔满怀着保守的理想，"想把古老的东方生命观从现代欧洲技术进步的丑陋中拯救出来……正如他在一次个人谈话中告诉我的那样，他试图聚集和唤醒亚洲精神，以拯救人类摆脱物质主义和暴力"。但是，"泰戈尔误判了中国的精神基础。他相信在当代中国还存在相近的情感，就像他的一样，大家会共同聚集到神圣的精神财富周围。但这种神所赐福的古代文化岛屿如今已无处可寻。今天的中国不再是一个上邦，而是一座战场，处于不同人生观对峙的中心"。卫礼贤由此联想到了如何继承儒家精神财富的问题。他指出："甚至中国伟大圣贤的精神也一度在过去几个世纪中被僵化的陈旧形式所遮蔽，现在终于开始以净化过的简洁形式重新苏醒过来。梁启超对时代氛围有着异常细腻的感受，他有力地指出孔夫子谈话中涌动的源泉，这些源泉不仅值得被科学地加以研究，而且真正值得用来作为建立人格的力量和生命之源。"在一篇名为《中国的文艺复兴》的报告中，他还指出：当代中国青年人不同于那些只知皓首穷经的前辈们，他们被进步思想所感召，同时也越来越多地"对中国文化原初价值进行健康的自我反思"。而与之截然相反的则是一些徒有其表的继承者，他们抄袭基督教会的组织形式，只靠表面文章来博取人们的关注。在卫礼贤心目中，康有为组织的孔教会就是这样一个组织。卫礼贤批评道："它的创始人确实对古代圣人的重要性抱有真诚的热情。但是，组织一个要与基督教相抗衡的教会，并试图为这个教会创造一些在引入时已然过时甚至未被参与者认真对待的仪式，显然他的事业注定要遭到失败。"

除参与和推动东西方文化交流活动外，作为德国公使馆中的科学顾问，卫礼贤还负有"促进和培养与共同文化任务相关目标"的任务。因此，他在北京期间还广泛结交各国文化界人士，共同组织了所谓的"北京之夜"的国际文化沙龙，由参加者就自己感兴趣的话题发表演讲，再共同进行讨论，其中不乏学术上的相互启发。例如卫礼贤的朋友蒙特夫人就宣布要参考卫礼贤的译本将《易经》从中文译成英文。而瑞典探险家斯文·赫定在北京期间也与卫礼贤度过了一段令两人都受益匪浅的时光。后来在卫礼贤建立法兰克福中国研究所时，赫定还慷慨捐赠了书籍，并写信鼓励卫礼贤："你必须写出一部中国史！我想不出有什么更美丽、更伟大的任务。世界正在期待着它。这比发现一些新行星要重要得多。我很佩服你的勇气和决心……"1926 年赫定访问法兰克福时还邀请卫礼贤与他一起去蒙古考察。卫礼贤因为中国研究所刚刚成立，暂时无法离开，只能拒绝了这个极具诱惑力的邀请。

卫礼贤在那两年中还作为德国公使馆的代表积极奔走于中国各地的教育机构。他与中国教育界的政治家进行谈判，并代表公使馆访问中国各城市的教育机构。他关注的合作项目包括德国人创办的上海同济大学、武汉的私立武昌中华大学等。1923 年 1 月，应湖北省教师协会的邀请，卫礼贤到武汉参加女校教师研讨班和一所工程学校的董事会会议。由于张之洞在担任湖广总督期间为武汉的教育事业打下了良好基础，这里师范学校、商业学校、大中小学一应俱全。卫礼贤用中文和英文为各种类型的听众群体举行了一系列讲座。而在汉口的德国俱乐部，卫礼贤则应邀做了一次以宗教研究为主题的德语讲座。在访问私立武昌中华大学时，卫礼贤与校长陈时讨论了中德大学帮扶计划，如武汉和法兰克福、北京和柏林、青岛和汉堡的大学与大学之间可以建立起帮扶关系。卫礼贤之所以不再像二十年前那样积极开办德国学校，一方面是因为德国自身陷于危机，无力再到中国兴办学校，另一方面则是因为中国自身的教育体系已远非当年可比。卫礼贤在一份报告中指出："由于中国现在已经进入了进一步扩张本国学校系统的阶段，建立中小学已不再是我们的选择。"

　　1924 年 5 月中旬，作为德国驻华公使的代表，卫礼贤前往上海吴淞参加了同济大学新教学楼的落成仪式。同济大学的前身是 1907 年由德国医师宝隆（Erich Paulun，1862-1909）创立的德文医学堂，它在第一次世界大战爆发前一直由德国人管理。1917 年 3 月，上海法租界当局借口防止德国人利用该校机械制造武器，占领该校并宣布学校解散。民国教育部为使学生不致失学，将其改名为同济医工学校，拨款在上海吴淞重建。学校建立了由中国人管理的董事会，但作为其特色，学校仍保留德国教师，并以德语作为第一外语。1923 年，学校改名为同济大学，吴淞校区的所有建筑都由中国政府建造，而德国工业界则捐赠了实习用的机械和实验室设备。在上海之行中，受租界华人教育机构的邀请，卫礼贤还以"康德哲学"为主题做了一次讲座。遗憾的是，由于张君劢生病，原定在上海举行的纪念康德诞辰 200 周年庆祝活动不得不取消了。

在中国各地的奔波使卫礼贤对他原来很少踏足的中国南方有了更多的认识。他曾在南京写道："我的印象是，长江边上的生活比北京的节奏更快。我在南京见到了梁启超和其他许多年轻的中国代表。这里正出现一些全新的事物。过去几年发生的事情令人惊讶，人们所面对的是一个拥有最现代的精神生活的新世界。所有这些年轻人都已取得了很大的成就。我们必须与之建立联系。"

返回德国

早在 1921 年卫礼贤与冯·弗兰肯-西尔斯托普夫伯爵夫人结识之初，法兰克福大学汉学教授的席位便似乎已是唾手可得。然而直至卫礼贤接受外交部的聘用前往中国，此事一直进展缓慢。其原因是多方面的，主要阻力来自学术界，卫礼贤虽然因其译著在德国知识分子中已经享有很高声誉，但他在专业汉学家眼中仍然是一位半路出家的代理牧师，他当时所拥有的最高认可也只不过是来自耶拿大学的神学荣誉博士学位。一些人甚至认为卫礼贤最能发挥其才能的地方是在中国，因为那里更适合他进行中国经典的翻译和研究。此外，由于政局动荡、经济恶化，法兰克福大学内部以及德国教育部对于设立一个前途不明的汉学教授席位的必要性都颇有疑虑，而冯·弗兰肯-西尔斯托普夫伯爵夫人的兴趣主要在于将卫礼贤留在身边，也不愿对捐资设立教席做出太多的承诺，这就造成了一种颇为微妙的局面。直至 1922 年 11 月 20 日法兰克福大学授予卫礼贤哲学荣誉博士学位，事情才开始出现转机。

在法兰克福大学授予卫礼贤的哲学荣誉博士学位证书上赫然写着：该荣誉头衔是授予一位"杰出的中国语言、文学和文化专家，他通过卓越的翻译为欧洲打开了理解中国思想家作品的大门"。这体现了法兰克福大学对卫礼贤在汉籍翻译和中国文化研究方面的高度认可，而哲学荣誉博士的头衔也将大大减轻他进入高等学府任教的阻力。1923 年 1 月 10 日，卫礼贤收到了法兰克福大学寄来的荣誉博士证书。他在日记中记载道："法兰克福来信，哲学荣誉博士，受聘法兰克福大学。"但此时他已经接受北京大学的聘用，开始在德文系上课，同时，东方学社的筹建工作至此还算顺利。因此，尽管法兰克福的教授职位对卫礼贤来说有着无法抗拒的魅力，但他却仍在犹豫之中。卫礼贤随后给法兰克福大学董事会回信，对大学授予他崇高荣誉表示了感谢，并表示愿意为深化北京与法兰克福之间的联系而做出贡献，但却丝毫没有表示自己有尽快回国履职的愿望。其间，法兰克福大学与教育部之间就聘用卫礼贤达成了共识，1923 年 3 月 5 日的董事会纪要证明了这一点："经国家同意，我校可以接受这位匿名女士的捐资。科学、艺术与教育部部长原则上同意把教职授予目前仍在北京的卫礼贤牧师（荣誉博士），并会向外交部通报捐资以及授予卫礼贤博士教职一事。"卫礼贤获此殊荣并不让人感到意外。他的一位朋友曾这样评价道："卫礼贤获奖是当之无愧的。他已成为中国经典的德国诠释者。正是由于他良好的理解能力、出色的文笔、清晰的译语，中国古代圣贤的妙语才得以在德国几乎成为流行语。在这个荒凉和充满内心冲突的时代，谁能从孔子和老子那里得到庇护，也就知道该如何尊重这位卓越的翻译家。"

在授予荣誉博士头衔的基础上，法兰克福大学于 1923 年 5 月 29 日正式向卫礼贤发出聘书。但卫礼贤只是在 8 月 17 日的日记中很平淡地记下了："电报，收到法兰克福大学聘书。"卫礼贤如此平淡地对待此事仍然是多种原因造成的。前文我们提到，此时，卫礼贤不仅在忙于编写哲学词典，而且就在 1923 年 8 月 8 日，经罗振玉审定、卫礼贤和徐志摩共同翻译的《东方学会简章》才刚开始分送学界同人，也就是说，除了缺少经费以外，卫礼贤酝酿已久的东方学社计划终于接近实现了，他目前在学会中是负责联系各方学者的关键性联络人，此时回国无疑就会前功尽弃。对于卫礼贤而言，这就像将刚刚呱呱坠地的婴儿直接丢弃一样难以承受。他心中的犹豫可想而知。因此，他向法兰克福大学提出休假一年的请求，以便在中国再进行一段时间的研究。他在写给一位友人的信中说，他还需要一年半的时间才能以中国人的方式看清世界根本，因此他还必须等待一段时间。

但德国外交部苦于财政吃紧，无力再将东方学社项目继续推进下去，而卫礼贤又已有大学教职在手，于是在 9 月初通知卫礼贤，将在 10 月底停止对他的聘用。出人意料的是，首先对此做出反应的却是中国外交部。9 月 8 日，中国外交部致函驻德公使，请其与德国外交部交涉，务必使卫礼贤能暂缓回国。函件内容如下：

柏林魏公使鉴：驻华德使馆学务顾问卫礼贤君在华有年，研究我国古籍，以德文移译四书五经已成泰斗，久为中人士所钦佩。顷闻卫君奉德外部电令返国，担任大学教务，行将离华。查卫君现正拟与我国通人编纂中德哲学字典，并拟融贯亚欧文化，其志愿实为宏伟，与我国关系尤深。兹请执事便中向德外部婉达中国学界希望卫君留华。如能令其从缓回国，借可促进中德文化之融洽，本部亦所乐闻。

1923 年 9 月 29 日，驻德使馆回复称："德外部东方股长来馆，面称该员现在职守原定一年。故政府预算亦只规定一年。现在已逾一年有半，兼以佛郎佛大学聘该员为教授。故本部调回。"这就将德国外交部解雇卫礼贤的原因说得非常清楚——因为预算吃紧，而卫礼贤的聘期也早就到了。因为只是预算问题，所以德国外交部也很爽快地表示，"若该员能在中国有相当事务，足敷应用，无须本部发给薪俸"，那么德方也不会反对卫礼贤留在中国。于是，决定卫礼贤去留的主动权就回到了中方手中。卫礼贤在日记中写道："自 11 月 1 日起，由于德国财政困难，我与德国公使馆的关系已经解除。"在此情况下，北京大学为挽留卫礼贤，于1923 年 12 月正式聘请卫礼贤担任了德文系教授。当时有一份德国报纸评论道："卫礼贤是无价之宝，但从某种意义上讲是柏林总部无法掌控的。"但由于中国大学此时也困难重重，教师常常无法按时及足额拿到工资，卫礼贤还不得不努力通过在多所大学中兼职来继续保障他和家人的生活，因此他每周要奔走于北京大学、北师大、医科大学、女子中学、语言学校之间，授课时间长达 20 小时。卫礼贤曾这样描述那段生活："我接受了北京大学德国文学和哲学教授的任命，这使我在不久之后非常忙碌，但另一方面，我可以在与学生的交往中获得和提供许多灵感。我还在师范大学和高等师范学院讲授了哲学、教育学以及西方哲学史。我的这些讲座部分用英文，部分用中文，而在北京大学的讲座是用德文讲授的，并附有中文解释。"

从一些德国友人的角度来看，卫礼贤此时回国也并非最佳选择，因为德国经济已经陷入崩溃，即便是正规大学教授也同样要忍饥挨饿，更何况在法兰克福等待卫礼贤的只是一个由私人捐资设立的临时性教授席位，并没有国家方面的保障，他最后拿到手的很可能只是一堆一钱不值的马克纸币，更不用说什么失业保险了。因此，他的老朋友——哲学家凯瑟林伯爵于 1923 年 11 月 18 日致信给他，劝告他："为了所有那些重要的和神圣的利益，从中国方面谋个职务——中国人毫无疑问会乐意保障您的生活，只是不要接受法兰克福这边的聘任。首先，德国面临着至少三年的混乱，用不了多久就会完全丧失在这里的生存基础——比如法兰克福大学会关闭。"这种对未来前途极度悲观的判断估计把卫礼贤吓得不轻。而且他也从法兰克福大学方面获悉，他的教授席位并非终身性质，因为捐资人目前只承诺负担 10 年费用。哲学系当然有理由认为 10 年期满后同一个捐资人极可能会继续资助，也或许那时已经找到了其他资助方，足以保证卫礼贤能够继续保住教授的职位和薪酬。但从卫礼贤的角度来看，即便是 10 年的资助承诺也依然意味着教席只是临时性的。因此，他希望该教职能成为在教育部注册的正式教授席位，也就是保证自己能直接成为在法兰克福大学有正式编制的公职人员。然而法兰克福大学却明确回复卫礼贤，称教育部不可能对私人捐资设立的教席进行官方背书。而冯·弗兰肯-西尔斯托普夫伯爵夫人在与法兰克福大学方面的磋商中也不愿做出过多的承诺。不过，法兰克福大学哲学系提出了一个解决方案：如果卫礼贤接受该教职，他们会考虑授予其荣誉教授的称号。荣誉教授头衔意味着更高的声望，就其珍贵程度而言并不比普通的大学教授席位逊色。这对卫礼贤而言的确是一个千载难逢的机会。

到 1924 年 6 月上旬，北京各校的课程陆续结束。卫礼贤也收到法兰克福大学的来电，催促他回国就职。毕竟，卫礼贤长期梦寐以求的就是向自己的国家传播中国文化，在德国大学开辟一片新天地是他早已立下的宏伟志愿。而随着 1923 年 11 月德国推出地产抵押马克以取代因恶性通货膨胀而一文不值的马克纸币，德国的经济状况也有所好转。因此，卫礼贤终于下定决心回国。

在卫礼贤研究中，1922 年至 1924 年的中国之行远不如在青岛和在法兰克福的岁月那样备受关注。在中国典籍翻译方面，卫礼贤在北京时期的成就也远不及青岛时期。其原因一方面在于他要忙于筹建东方学社并在北京多所高校中兼职授课，空闲时间有限；另一方面也在于他缺少像劳乃宣那样学识渊博的国学大师在旁相助。无论是徐志摩还是张君劢，他们所接受的都是西方高等教育，在解读高深的中国传统典籍方面都爱莫能助。虽然 1923 年 3 月卫礼贤在北京大学找到了李泰棻教授进行合作，但李泰棻的研究专长是方志学和历史学，在 1923 年 7 月 27 日《易经》翻译工作收尾后，两人之间便再没有实质性的合作。因此，在 1922 年至 1924 年间，除出版青岛时期完成的《中德岁月四时诗》之外，卫礼贤发表的新译作只有节译自《今古奇观》《聊斋志异》《吕氏春秋》中的一些短篇。与此同时，卫礼贤对中国政治、社会的关注度在不断上升。他对中国社会的观察大都发表在《北京之夜》上。尽管他积极看待中国社会的进步，但也常常流露出怀旧的情绪。例如在与莱辛教授一起去大同云冈石窟考察时，他坐在火车上惋惜当年为抵御游牧民族而修建的万里长城"早已成为多余"。到达大同城时，他注意到老城门已经破败不堪，旁边建起了一个新城门，但城门上方新建的警卫室是"丑陋的欧式多层建筑"。他进入城市之后的感觉也是一样的，现代建筑正在拔地而起，夹杂在"祥和的中国房屋"之间的是"欧洲设计的丑陋怪胎"，还有"欧洲和日本垃圾的卖家"。只有在"未被开发的老城区"卫礼贤一行才能找到一件"一流的艺术作品"——明代的龙壁。

但是就卫礼贤与中国文化的关系而言，1922 年至 1924 年的中国之行背后隐藏着一次重要的转折。那个曾经与前清遗老们一起向儒家传统文化顶礼膜拜的卫礼贤消失了，一个感受着 20 世纪时代脉搏的卫礼贤出现在了世人面前。在回国后不久完成的《中国心灵》中，卫礼贤写道：

> 一个崭新的世界正浮现出轮廓，开始时非常缓慢，但历史的车轮以越来越快的速度滚滚向前，这是涅槃重生的车轮，将旧时代幸存下来的事物都卷入轮

下，碾压、遗忘，从废墟中生长出前所未有的新事物……我本人有幸在中国度过了我生命中的二十五年……目睹了旧中国的崩溃，也看到了新生命如何在废墟中绽放。

1924 年 7 月 4 日，卫礼贤与私人秘书巴尔小姐一起从北京启程回国。临行前，许多中国友人都来设宴送行，与卫礼贤依依话别。卫礼贤选择了一条迂回的路线，来与中国进行最后的道别。他先经济南去重游了泰山，而后抵达了他的第二故乡——青岛。尽管卫礼贤在同善会的服务工作已经在 1921 年底结束，但他还一直与同善会在青岛的代表保持着联系，而同善会也同样试图借助卫礼贤的声誉提高自己的影响力，因此将卫礼贤列为协会的荣誉会员。但在卫礼贤离开后，宣教站已失去了当年的魅力，尊孔文社藏书楼中所藏图书的归属权也成为一个棘手的问题，一些图书干脆下落不明。礼贤书院中也矛盾重重，如 1922 年夏天苏保志牧师与高孟贤校长在办学理念方面爆发的冲突。在 1922 年 6 月 3 日给美懿的信中，卫礼贤心情沉重地写道："青岛像铅块一样压在我身上，只有从那里寄来的信才会让我害怕，而且这种害怕通常是有根据的。"因此，卫礼贤对青岛的最后一次访问纯粹只是为了与青春岁月进行最后的道别。但他的故人大都已经离去，劳乃宣、周馥已在 1921 年先后撒手人寰。旧识中只有康有为还住在他从胶澳副总督手中买下来的欧式别墅"天游园"中。临别时，康有为特意为卫礼贤送行，并赠送了他撰写的《大同书》和一些中国典籍。卫礼贤记下了他与康有为的最后诀别："我离开中国的时候，他送给我几本《大同书》以及其他一些著作。这位老人在临别时给我的良好祝愿将是我一生中最珍贵的回忆。"卫礼贤自然也去与礼贤书院进行了最后的告别。高孟贤老师此时已挂冠而去，书院先是改名为礼贤甲种商业学校，后又改名为礼贤中学，只有藏书楼等建筑还让人想起往日的辉煌。

告别青岛后，卫礼贤前往上海，乘船返回德国。途中，他在福州和香港稍作停留。在香港这块英国殖民地上，海员工会刚刚在 1922 年取得了香港海员大罢工的胜利。卫礼贤清晰地感觉到了中国无产阶级崛起所带来的冲击："在这里，西方人就像在其他殖民地一样作威作福……但中国雇员、仆人和工人发起了大罢工，使习惯于享受中国人服务的主人陷入窘境。从粪便收集到食物供应，欧洲人现在必须自己操持一切。"卫礼贤清晰地预感到："欧洲在中国的统治行将结束。这是我从香港获得的最深刻的印象。"此后，卫礼贤转变为殖民政策的坚决反对者。他认为："一个国家有权占据另一个国家及其领土作为殖民地，这是人类历史上最大的错误之一。"最令卫礼贤感到欣慰的是，由于在第一次世界大战中的失败，德国已经不再是殖民地宗主国，而是作为第一个欧洲大国"在完全平等的基础上"于 1921 年 5 月与中国缔结了和约，他说："我们德国人手中的殖民地是在世界大战中被夺走的，现在我们有机会占据一个新的位置。道德伦理要求我们与过去的不公正行为一刀两断。"而德国在一战后所遭受的屈辱也使卫礼贤对长期以来遭受列强欺凌的中国有了更多的同情。他指出，中国在不平等条约下遭受的"许多苦难也是我们的苦难"，因此中德两国之间有团结一致的基础。他的这种新立场也得到了他的中国朋友张君劢等人的支持。

7 月 22 日，卫礼贤告别了香港，从此再没有回到他度过了半生时光的中国。在返回欧洲的客轮上，卫礼贤翻译了胡适的《中国哲学史》，但他对其中的观点并不完全认同，最终并没有出版这一译本。9 月，卫礼贤赶在法兰克福大学冬季学期开始前抵达了德国。他先在柏林与外交部、文化部以及中国大使馆进行了一系列会谈。9 月中旬，卫礼贤终于在斯图加特再次与家人团聚了。

第九章
开启法兰克福大学汉学研究（1924-1928）

　　1924 年 9 月，当卫礼贤重返德国，踌躇满志，准备开始一段新征程时，法兰克福对他而言无疑是一个理想的城市。这里是歌德出生的城市，也是神圣罗马帝国皇帝举行登基典礼的城市，有着丰富的历史和文化底蕴。城市中受过良好教育的市民阶层也乐于赞助各项文化和教育事业，为思想传播创造了自由而宽松的环境。在给斯文·赫定的信中，卫礼贤也强调了这一点："法兰克福的土壤是可以接受的。法兰克福是一个文化中心，在那里比在其他德国城市更容易跨越一些过于狭窄的障碍。"此外，卫礼贤的童年好友、古典语言学家瓦尔特·奥托、智慧学派的创始人赫尔曼·凯瑟林伯爵也都在法兰克福工作。冯·弗兰肯-西尔斯托普夫伯爵夫人捐赠的基金则使卫礼贤建立专业汉学和中国学研究所的愿望一步步成为现实。最后，德国科学、艺术和国民教育部在 1924 年 6 月 23 日正式致函法兰克福大学哲学系，同意卫礼贤除授课费外还享受与正式教授相同的工资报酬。大学随之在 7 月 1 日下达正式通知，聘请卫礼贤从 1924 年冬季学期起讲授中国学和中国研究，并视情况需要开展相关实践练习，首聘期为五年。一个新时代由此开启。

开启新时代

就任法兰克福大学汉学系教授意味着卫礼贤正式转型为职业汉学家，他终于能够将自己对中国文化的热爱和对中国思想的深刻理解带回故乡，在大学教授的岗位上充分施展自己的才华了。10 月，卫礼贤与美懿搬往法兰克福，住进了莱尔斯纳大街 4 号的公寓。11 月，卫礼贤在法兰克福大学的第一个学期正式开始，他在新学期讲授的两门课程分别是"中国哲学"和"中国艺术与文化"，此外还开设了中文课。同年 11 月 24 日，卫礼贤受聘为法兰克福大学哲学系名誉教授。

在卫礼贤的朋友中，首先对他来到法兰克福表示欢迎的是智慧学派的赫尔曼·凯瑟林伯爵。9 月 13 日，卫礼贤刚刚抵达德国，凯瑟林伯爵便致信卫礼贤，欢迎他重返德国，并希望他加入智慧学派。他在信中写道："您自己在北京创办的智慧学派看来没能存活下来。我们办的学院目前蒸蒸日上，如今我可以确定地说，再过几年它亦将在规模上成为一个对世界具有推动作用的地方。因此，我觉得我们在德国继续共同合作将很有意义，您正好在法兰克福，可以说是冥冥之中注定的机缘。"凯瑟林伯爵还向卫礼贤抛出橄榄枝，邀请他每年为智慧学派举行三次讲座，每次酬金 500 金马克。此举既可以提高智慧学派的声望，又可以改善卫礼贤的经济状况，使他不必完全依赖于冯·弗兰肯-西尔斯托普夫伯爵夫人设立的基金。这一建议当然被卫礼贤欣然接受。

实际上，为尽快摆脱经济上的困境，同时也为扩大在学术界的影响力，卫礼贤几乎是一回到德国就马不停蹄地投入了各类讲座活动，并应邀在各种报纸杂志上撰写关于中国的文章。这也成为他此后几年生活的常态。在 1924 年的最后几个月中，卫礼贤应邀到马尔堡、弗里德堡、柏林举行了多场学术报告会。1925 年，他又到卡尔斯鲁厄的精神建设协会（Gesellschaft für geistigen Aufbau）、斯图加特的康德协会和外国研究所等处举办了多次讲座。每到一处，他便与当地名流就中国文化的话题展开热烈讨论，对德国魏玛共和国时期（1919–1933）的"中国热"和"道家热"起到了重要的推动作用。

1924 年底，卫礼贤投入了 10 年心血的《易经》德译本也终于由迪德里希斯出版社出版了。为帮助德国读者了解此书，卫礼贤特地撰写了长长的序言，对《易经》以及它在中国思想史上的地位进行了详尽的解释。卫礼贤认为："中国思想的基础在于《易经》，老子的道家学说和孔子的儒家学说都来自于此。这本奇怪的书至少就其基础而言似乎可以追溯到远古时代，它经历了所有的时代变迁而幸存下来。三千年来，围绕这一文本，最成熟的智慧做出了无数评论和解读。而且它对东方知识界的影响一直持续至今。因而我们可以毫不夸张地说，这部作品是整个世界文学中最重要的书籍之一。"卫礼贤特别对在欧洲人眼中神秘莫测的伏羲六十四卦进行了极有见地的解读。他指出："与各国古代一样，中国古代也有探索昭示未来、拯救和灾难的神谕的实践，这些都隐藏在其神秘的母体中。因此，这本书最初不过是由八个神谕符号组成的，每个符号有三行，后来通过将这样的符号两两组合，增加到了 64 个。仅仅是这套神谕符号的集合中所蕴含的丰富性就远超预言书的内容。基于其所含可能意义的广度和动态关系的弹性，它们得以形成一个深刻的世界思维的参考点。于是，预言书就成了智慧之书。人类生活的各种可能情况都在线条相互之间的不同关系中被呈现出来。而从这些关系中，内行人可以读出真实生活环境的法则，通过相应调整自己的行动，使自己在各种环境中游刃有余。"受到荣格的启发，卫礼贤还特地强调了《易经》在心理学研究上的意义。他写道："探讨作为《易经》基石的思想形式的心理学基础是非常有吸引力的。这本古老的智慧之书在欧洲经常被讹传为深奥难懂的构造，其原因主要是没有考虑到中国古代思想的心理学与我们现代思想的心理学之间的分野……我们在这里看到的是一种不同的思想心理，这很值得与我们的思想心理进行比较。"①

这部划时代的译作不仅对传世《易经》版本中的《经》《传》部分进行了翻译、整理和全面阐释，还加入了凝结着卫礼贤和劳乃宣两人多年合作心血的详尽注释，将西方的易学研究推上了一个前所未有的高度，也为德国汉学赢得了巨大声誉。在德国和瑞士，这一译本受到了心理学家荣格、文学家赫尔曼·黑塞、神学家马丁·布伯（Martin Buber）、哲学家史怀哲以及凯瑟林伯爵等人的高度推崇。在欧洲其他国家，他的《易经》德译本被转译为英语、荷兰语、意大利语、西班牙语，成为在西方流传最广的《易经》译本。黑塞在他晚年最重要的小说《玻璃珠游戏》中多次引用卫礼贤的《易经》译本。荣格则亲自为英语译本作序，指出此前英国汉学家理雅各的《易经》译本并没有做到让西方人理解，"卫礼贤的努力却打开了理解这个文本象征意义的异常神秘的大门"。不仅如此，荣格还将卫礼贤翻译的《易经》作为自己首创的"共时性原则"的理论依据，开辟了分析心理学的一片新天地。

《易经》译本的出版在德国汉学史上具有重要意义，它不仅是整个二三十年代德国汉学所取得的最重要的成就，而且也为整个西方打开了通向《易经》智慧的大门。后来，卫礼贤的三儿子卫德明（Helmut Wil-

---

① Richard Wilhelm: *I Ging*: *Das Buch der Wandlungen*. Köln: Diederichs, 1987, pp. 15–21.

helm）移居美国，将卫礼贤的易学研究成果也介绍到了美国。心理学家荣格的美籍德裔学生卡里·贝尼斯（Carl F. Baynes）则在卫德明的帮助下，将《易经》从德语成功转译为英语，有力推动了易学研究的国际化。卫礼贤在《易经》翻译与阐释上所取得的巨大成功使他一跃成为20世纪西方最为重要的汉学家之一，也使他终于得到了德国学界的承认。

成立中国研究所

为推动中国学的发展，卫礼贤还决定在法兰克福创办一家中国研究所。早在 1923 年，他在写给法兰克福大学的信中就表示："我还有关于在法兰克福和中国大学之间建立活跃联系的各种计划，因为在我看来，汉学应越来越多地与当代中国广泛开展积极的科学交流。"那时，他心中已经在酝酿一个研究所，其中包括中国图书馆、"一个真正有代表性的中国民族学收藏"和一个中国讲师。当卫礼贤 1924 年决定到法兰克福大学执教时，7 月初在法兰克福的报纸上就出现了一篇文章，标题是《法兰克福的中国研究所？关于卫礼贤博士的任命》，文章指出："只有建立一个包括所有服务于中国文化研究事务的机构即中国研究所才能创造出持久的东西。无论如何，我们应该努力给这个特殊人才以适当的框架，这就是现代研究所的作用……不是对东亚感兴趣的狭小圈子，而是整个大学都将从中大大受益。"法兰克福大学原则上也赞成建立这样一个机构，但却无法承受相应的财政负担。为此，卫礼贤积极利用举办学术讲座和参加各种文化活动的机会，争取各方资金支持，并策划出版《中国艺术与科学杂志》。根据卫礼贤的规划，杂志中的文章应尽可能地来自中国，向德国读者提供有关中国文化发展的信息，使"中国哲学和宗教离我们更近"，"中国文学将通过重要作品的译本来表达自己的立场，其他艺术也将通过插图和简介得到兼顾"。总之，该杂志不是为某种"中国时尚"服务，而是为增进中德之间的了解、消除文化冲突而努力。1927 年后，该杂志升级为专业期刊《中国》（Sinica），成为在全德乃至欧洲享有盛誉的中国学研究刊物。此后，他又创办了《中德年鉴》《东亚评论》等学术期刊，从而将一大批德国文化名人吸引到了身边。

在法兰克福市的支持下，中国研究所最初就设立在法兰克福民族学博物馆的所在地图姆和塔克西斯宫（Palais Thum und Taxis）。为使中国研究所能在开幕式前初具规模，卫礼贤在 1925 年有数月之久拒绝了来自各方的讲学邀请，像苦行僧一样只顾专注于研究所的各项准备工作。用卫礼贤略带调侃的话来说，他度过了一段"自我禁欲"的生活，"直到中国研究所有了屋顶"。不过，在最初的一段时间里，卫礼贤的工作条件很简陋，他还不得不在两间相当阴暗的房间里工作。他在 1925 年秋天给朋友的信中十分风趣地写道："中国研究所已经开放。现在，我正坐在本地民族学博物馆里，房间像个洞穴，有一间半那么大。这座建筑的前身是图姆和塔克西斯宫，非常漂亮。在上层的房间里，你完全可以站直，在下层的房间里，你也几乎可以直立行走，两层之间有台阶相通。整个设施曾经是民族学博物馆一位助理的父亲的帽子储藏室（正如你所见，崇敬之情在德国也很盛行）。现在它已经被清理干净了。我在里面放了一些旧家具……"后来，通过一位法兰克福市议员的帮助，中国研究所才又增加了一些房间。直到 1926 年 7 月，搬入独立办公场所、翻修办公室等杂务才全部解决完毕。

1925 年 11 月 14 日至 15 日，在杜里舒、凯瑟林等著名学者的支持下，卫礼贤梦寐以求的法兰克福中国研究所（das China-Institut Frankfurt am Main）终于正式成立，他本人亲自出任院长。当然，冯·弗兰肯-西尔斯托普夫伯爵夫人的资金支持在此是必不可缺的。在 11 月 14 日星期六的全体会议上，董事会、执行委员会与一百多名已经加入中国研究所的成员出席了会议。中国研究所最早的董事会成员包括来自法兰克福和德国其他城市以及国外的 50 多位科学、文化、商界和政界知名人士，其中有哲学家马克斯·舍勒、汉斯·杜里舒、弗莱堡民族学家埃姆斯特·格罗斯、法兰克福东方学家约瑟夫·霍洛维茨、民族学家兼非洲学家利奥·弗罗恩、德国作家盖哈特·霍普特曼（1912 年诺贝尔文学奖获得者）、奥地利著名作家胡果·冯·霍夫曼斯塔尔等人。当然，他的老朋友——出版商欧根·迪德里希斯和创建智慧学派的哲学家凯瑟林伯爵也同样在列。董事会成员中不乏来自商业界的著名银行家、工业家和企业家，他们一方面是文化活动的重要赞助者，另一方面也是艺术爱好者或收藏家，对中国艺术与文化同样抱有兴趣。董事会中还有多位在法兰克福艺术和文化生活中扮演着重要角色的艺术家和博物馆馆长，他们的加入对中国研究所此后进行的一系列艺术收藏展都意义重大，并很快形成了一个东方艺术研究的网络。同时，法兰克福市也作为协作机构参加了中国研究所，使其得到了来自政府方面的大力支持。

11 月 15 日上午，中国研究所成立庆典在民俗博物馆的圆形大厅正式举行。来自法兰克福和国内外的众多文化界代表出席了此次庆典并对研究所的成立表示了热烈的祝贺。上台致辞者包括法兰克福市市长路德维希·兰德曼，法兰克福大学校长和董事会代表，德国科学、艺术和国民教育部的代表，中华民国外交部派来的特使，此外还有来自法兰克福和德国各地的科学、文化和博物馆界代表。法兰克福大学董事会代表沃尔特·格拉赫（Walter Gerlach）在开幕式致辞中指出，成立这样一个新型研究所的意义在于"具有特殊性质的精神生活圈得到了扩大""超越了通常的学术活动框架""与国际经济和文化状况联系起来"。他把中国研究所与 1923 年在法兰克福成立的社会学研究所（法兰克福学派）和 1925 年成立的弗罗贝纽斯（Frobenius）文化形态学研究所联系起来，强调了法兰克福大学在面对新的社会推动力时所具有的开放态度。法兰克福大学和这座城市的开放精神也正是卫礼贤当年决定来此工作时所最为看重的，正如他印象中的一样，在作为文化中心的法兰克福比在德国其他城市"更容易跨越一些过于狭窄的障碍，因为那些城市的知识界将自己紧紧地包裹了起来"。

在卫礼贤担任所长期间，中国研究所每年举办一次年会活动，进行关于中国文化的研讨，吸引了哲学家杜里舒、神学家马丁·布伯、文学家赫尔曼·黑塞、心理学家荣格、法国汉学家伯希和等参加者，许多对中国文化感兴趣的著名学者也慕名前来参加讲座和交流。在他们的共同努力下，德国汉学也逐步摆脱了高高在上、曲高和寡的冷门学科形象。

1926 年秋，中国研究所召开了第一次秋季大会，卫礼贤在北京大学时期的老朋友胡适应邀出席。据胡适日记记载，当他抵达法兰克福时，卫礼贤亲自"在车站迎候"。10 月 27 日晚，胡适在大会上做了题为《中国小说艺术》的报告，并观看了卫礼贤根据庄子故事编排的中国戏剧《梦蝶》和《劈棺》。帮助中国研究所进行戏剧排演的是卫礼贤的中国助手罗博士。卫礼贤曾在给友人的信中这样描写他："对我而言更有价值的是，我找到了一位中国助手，一位罗博士，他是基督徒，有一把精致的小胡子，在图宾根读过博士。他认为，德国有四项文化成就——风衣、背包、短裤和钉子靴。但他是个好人，我喜欢他，即使他穿着短裤。我希望他能让我再次感到与中国有更多的联系。"罗博士凭借他对各种戏剧的了解很好地完成了艺术指导的任务，而且还为演出设计了服装。胡适观看演出后，称赞卫礼贤"翻译此戏总算一大成功"。在此后几年中，卫礼贤又邀请同济大学前校长阮尚介举行了关于中国教育的讲座，邀请孔教大学校长陈焕章宣讲了"儒家思想与世界和平"。他在北京时的合作伙伴徐志摩也到法兰克福进行了访问，卫礼贤还陪同徐志摩访问了众多德国文化机构。

1927 年，卫礼贤还邀请了时任世界佛教联合会会长的太虚法师（1890-1947）参加中国研究所董事会。而太虚法师也正有到西方弘传佛法的志愿。于是，1928 年 8 月 11 日，太虚法师从上海出发，正式出国考察讲学，在英、德、法、荷、比、美等国宣讲佛学，开了中国僧人到欧美弘法的先河。11 月 16 日，他应邀从比利时来到法兰克福，然后在卫礼贤的陪伴下到中国研究所举行了系列报告。在此期间，卫礼贤亲自为其担任了报告翻译。太虚法师在自传中曾特地提到此事："其时，德国福朗福特大学卫礼贤教授组设中国研究所，亦来函聘余为院董，请往讲学。余遂著《自由史观》并选其他讲稿，请人翻译成英文。"根据《太虚大师年谱》记载，讲座取得了很好的效果，如"二十九日，大师讲'身命观与人生观'于佛郎府大学，卫礼贤译语；听者六七百人，多半为该校员生。大师旧识卜尔熙公使，亦专程来听。"卜尔熙曾在 1921 年 5 月 20 日代表德国政府与北洋政府签订《中德协约》，后于 1928 年至 1931 年出任德国驻华公使，他在中国时已经与太虚法师有过交往。三人的此次聚会对卜尔熙同样意义重大。在卫礼贤去世后，1934 年，卜尔熙从德国外交部退休，接任了法兰克福中国研究所所长的职务。

在卫礼贤与太虚法师朝夕相处的一段时间里，两人还商议了成立"世界佛学院"的计划，以求在更大范围内弘扬中华佛学和中国文化。1929 年 1 月 27 日，卫礼贤到柏林与太虚话别时，两人再次谈起此事，《太虚大师年谱》中写道："卫礼贤来访，知徵求世院发起人，已得各国六十余人之赞允；大师乃与话别。"两人还商定将法兰克福中国研究所作为"世界佛学院"在德国的通讯处，并有计划地翻译中文佛经。1937年，太虚在《三十年来之中国佛教》一文中回忆起此事时还非常惋惜，说他与卫礼贤"有大规模译华文佛典为德英文之约，惜因筹款无着及卫礼贤病逝，未能有成"。

在卫礼贤的精心安排下，中国研究所还经常举办中国图书、绘画、瓷器、剪纸、碑刻拓片、建筑艺术等各种专题的展览会，并举行相关的艺术讲座。1925年冬，中国研究所刚刚成立，就在北京东方学社的支持下举办了一场中国石刻拓片展，随后又在施塔德尔艺术学院举办了中国木刻画展。配合展出，卫礼贤在《中国版画》第一卷上发表了对中国木版画的详细介绍，而他的老朋友、马尔堡大学神学教授鲁道夫·奥托则做了一场关于"东方和西方神秘主义"的讲座。中国研究所举办的一些中国文化专题展在当时的德国非常难得一见，如1928年1月17日开幕的"中国书和关于中国的书"展览会展出历代典籍、图书、画谱以及汉学出版物共1435种，参展者包括英、法、荷、奥、苏等国的31家图书馆、博物馆和19位私人藏书家，成为轰动一时的盛会。

卫礼贤还将中德青年交流视为中国研究所的一项任务。研究所建立之初，卫礼贤夫妇每周三晚上邀请中国和德国学生到他们的公寓举行聚会，以推动青年学生之间的交流。1927年3月，中国研究所又邀请在德国留学的中国学生到法兰克福访问。当时正好处在德国大学的寒假，共有来自柏林、莱比锡、德累斯顿、哈勒、耶拿的63名中国男学生和3名女学生接受了此次邀请。为节约住宿费，中国学生就居住在临时为他们腾出的宿舍房间或中国研究所的一些成员家中。在欢迎晚宴上，卫礼贤明确表示，这次学生聚会的目的是向中国学生介绍欧洲文化，因为要实现人类的宏伟目标，世界上所有人必须为正义、和平而共同奋斗，这就需要推动东西方之间的人文交流。在这次活动中，不仅有三位法兰克福大学的教授应邀为中国学生举行了讲座，而且中国学生还被邀请去参观城市、研究所和博物馆。冯·弗兰肯-西尔斯托普夫伯爵夫人也邀请学生们到威斯巴登和吕德斯海姆去游览，并在自己的豪宅中盛情款待了中国客人。不久之后，为纪念贝多芬逝世 100 周年，法兰克福市组织了名为"音乐之夏"的系列音乐展和音乐会，邀请各国乐团和演奏家参加。利用这次机会，中国研究所在 8 月上旬举办了中国音乐周，在展厅中展出了各种中国传统乐器，并组织来自巴黎、里昂、布鲁塞尔和德国大学的中国学生作为乐师进行了为期 5 天的中国传统音乐表演，此外还有一场"中国笛子和三角钢琴"的合奏表演"展示了中国与西方音乐的关系"。每场演出前，卫礼贤都会对乐器和所表演的曲目进行介绍。而演奏会的高潮则是按照明代礼乐规制向贝多芬致敬的祭祀音乐表演。配合此次演奏会，卫礼贤还就音乐的本质、音乐的技术性和中国戏剧的起源做了 3 次重要演讲，并出版了名为《中国音乐》的小册子，对中国音乐流派、乐器等各方面进行了介绍。

　　值得注意的是，卫礼贤 1925 年在法兰克福筹建的中国研究所与他 1921 年在《北京东方学社》中提出的构想有诸多相似之处，两者都致力于通过更多的研究和传播中国文化来消除西方对中国的误解，从而促进中德两个文化民族之间的相互理解和友好往来。卫礼贤也在 1925 年 11 月中国研究所的开幕式讲话中强调了中国研究所作为"思想的桥梁"与中国之间的联系，他说道："法兰克福中国研究所是对一项数年前开始于中国的工作的总结，现在它将在德国的土地上最终完成。它意味着在东西方之间架起一座思想的桥梁。在中国，它的承载者是北京大学国学院；在德国，它的支柱是美因河畔法兰克福的中国研究所。如果我们中国研究所把探索中国文化和沟通东西方深层文化视为我们的主要任务，无论是人类整体历史进程中的艺术、文化、哲学和宗教领域，还是在神与人之间关系的最深层现实方面……几个世纪以来造成领土、精神的隔阂与封闭的障碍已经崩塌……从长远来看，我们欧洲人只崇拜自己的偶像，误解东亚的高级文化、人类精神独特而伟大的活动，将是不可能持久的。"从中国研究所成立后的文化讲座、经典翻译、杂志出版、学者联络等活动来看，它几乎就是卫礼贤在北京筹建的东方学社的翻版。而且中国研究所绝不仅仅只是一个进行中国文化研究的机构，从中西方文化交流的角度来讲，中国研究所在 20 年代的德国更扮演了一个东方文化宣教中心的角色，而这场"文化传教"的核心无疑就是作为东西方之间文化使者的卫礼贤本人。

卫礼贤在中国研究所开幕式上所做的报告《东方与西方》尤其展现了他对在德国传播东方文化意义的独特理解。他在报告的开头提出了两个问题：中国和东方所蕴含的最根本的力量是什么？从这里有什么光辉照耀到西方和西方的发展道路上，或者说中国以它丰富的文化遗产向西方提供了什么？卫礼贤的答案是：中国具有"高度发达的文化和所谓永恒的精神与道德价值观"。其对西方的意义则首先在于"告诉我们如何找到平静和自我肯定，并从平静与自我肯定中得到力量。从内部作用于事物，而不是在追求成功的道路中将自我遗失于外部世界"。因为在西方文化中，"人们将自己与它〔自然〕相对立。人们尝试去认知它、去统治它，同样，也对它的力量表达敬意。因而人疏远母亲而走上自己的道路。这裂痕越清晰，生活就变得越机械化。人越寻求辅助去征服自然，就越处于这种外部力量之下"。因此，西方文化虽然偏好"对自主的人进行最终强化，由此使他能够应对整个外部世界"，但是在寻求对抗"当代欧洲人的仇恨与狂热"的工具时，西方恰恰需要东方的思想来抵抗"西方的没落"。① 后人将卫礼贤在中国研究所中所做的这一系列报告结集出版，文集的名字就叫"东方之光"。对于卫礼贤的东方文化讲座，有一篇评论这样写道："谁要是第一次参加卫礼贤的讲座，并认为会碰到一位具有一般水准的传教士，那他将会大失所望。因为此人没有去改变'愚蠢的异教徒'，而是沉浸在人民活生生的精神中，沉浸在中国文化中，认识到了其深刻的价值和内容，同时他也让东方人民睁开眼睛看向西方，向最具价值的文化、我们所能传授的最好的东西敞开了心灵。因此，他所推动的是真正的'文化交流'——在给予的同时也在接受，也在同样推动着中国人的'传教'，因为只有具备最深刻的心灵教育和精神高度的人才能理解此事，才不会把每个'基督教文化圈'之外的人都当作一个在黑暗中等待他施恩拯救的异教徒。"②

通过卫礼贤的不懈努力，他和法兰克福中国研究所的知名度都迅速得到提升，各种邀约也纷至沓来。老朋友荣格邀请他到瑞士心理学俱乐部发表了讲演，柏林政治学院邀请他到该校做学术报告并与他约定：此后几年中每年定期到该校举行报告会。卫礼贤翻译的中国典籍不仅走入千万德国人的家庭，而且还被转译成法、英、荷、意等多种文字，引起了各方面的热烈反响。对此，华裔学者夏瑞春总结道："德国整整几代人对中国思想的了解都归功于卫礼贤。开始时，他在中国为基督教信仰传教，最终在德国成为中国文化的传播者。"③

卫礼贤创办法兰克福中国研究所后的几年也成为他学术创作的又一高产期。在成立中国研究所之初，卫礼贤便将经典翻译列为了工作重点。在 1927 年的《法兰克福中国研究所》 (*China-Institut in Frankfurt am*

---

① Richard Wilhelm: „Ost und West". In: Salome Wilhelm (ed.): *Der Mensch und das Sein*. Jena: Diederichs, 1931, pp. 132-140.

② Salome Wilhelm: *Richard Wilhelm: der geistige Mittler zwischen China und Europa*, Düsseldorf, Köln: Diederichs, 1956, p. 324.

③ Adrian Hsia (ed.): *Deutsche Denker über China*. Frankfurt a. M.: Insel, 1985, p. 388.

Main）一文中，卫礼贤曾对中国研究所的宗旨和主要任务进行介绍，其中第一条"文学和哲学"领域的任务就是"对最重要的中国思想典籍进行翻译、阐释和编辑，另一方面也将德国作品翻译成中文"。1924年年底《易经》译本问世后，《吕氏春秋》《孟子·外篇》等译本也相继出版，他还计划翻译《红楼梦》。他关于中国文化的重要著述如《东亚——中国文化圈的形成与变迁》《中国文化史》都诞生在这一时期。此外，卫礼贤还为德国人编纂汉语教科书和工具书，举办中国艺术展览和讲座，殚精竭虑地向德国人介绍中国，并与荣格合作研究了他翻译的《太乙金华宗旨》（《金花的秘密》），在中国传统"内丹"学说和西方心理学之间架起了沟通的桥梁，为中国文化在德国的传播做出了杰出贡献。总之，卫礼贤将中国典籍翻译视为自己毕生的事业，不仅成为一代翻译家，而且成了那一时代最优秀的学者，对中学西传做出了不可磨灭的贡献。

波澜再起

除了对中国古代哲学、文化进行介绍和研究外，卫礼贤还出人意料地在1926年发表的《中国心灵》一书中对同时代中国进行了更多的描写研究。卫礼贤在一封信中解释了自己出版此书的动机："我正在德国这里尽一切努力唤起人们对中国伟大自由运动的理解。我在各种期刊上发表文章，旨在让公众了解这一进程的意义。我衷心希望中国在这场争取正义和自由的斗争中取得完全的成功，在这一点上，我知道自己与地球上一切有思想的、争取进步的人士是一致的。"

《中国心灵》一书中的内容主要来自卫礼贤的日记和工作笔记，前半部分可以看成是他的中国生活回忆录，其中不仅有他刚到中国时的见闻和旅行经历，也有他对同时代中国人生活的细致观察和反思。他在该书的序言中写道："今天的中国正处于世界发展的中心，将塑造人类的未来。太平洋上正在发生的事情，以后将对世界产生决定性的影响。因为中国这个拥有 4 亿人口的国家今天已经进入了一个新的发展阶段……昔日休眠的中国已成为一个快速发展的中国……但是不管是在新中国还是在旧中国，有一个因素是共同的，那就是处于进化过程中的中国人的心灵，这种心灵尚未失去它的文雅与冷静，并且我也希望永远不要失去。如果读者能从这本书中领略到中国人心灵的方方面面，那么我的目的也就达到了。"① 具体来看，这部作品与卫礼贤以往的古典文化典籍翻译完全不同。他借助早期的笔记描述了他作为一个欧洲人在中国的生活和旅行经历，风格优美，富有知识性，既传达了多方面的旧中国印象，也介绍了中国近代历史和知识分子的生活，而隐藏其后的主线则是中国如何对抗帝国主义和西方文化的入侵，展现了一个处于传统文化和现代社会之间的动荡时代。

从章节编排来看，《中国心灵》这本书从卫礼贤初到中国讲起，介绍了他刚刚到中国时的冒险之旅和与中国百姓的交往。随后，卫礼贤以目击者的口吻，依次介绍了义和团运动、八国联军侵华、清末新政、辛亥革命、袁世凯窃国、新文化运动等中国近代史上的大事。然后转向更具细节性和地方特色的旅行回忆：孔府的婚礼、泰山之行、云冈石窟之旅、苏州园林、北京风光，将历史感与对中国文化的介绍熔为了一炉。

① Richard Wilhelm: Die Seele Chinas. Wiesbaden: Marixverlag, 2009. 下同。

接下来是介绍作者在中国接触到的各式各样的人群：农村中几乎与现代生活隔绝的农民、辛亥革命后逃亡到青岛的前清遗老（青岛的故人们）、乞丐、窃贼和强盗。而后转入对中国社会生活的深入观察和记录：中国的时令节气、节日传说、婚丧风俗、饮食文化、女性地位、戏剧文化、民间信仰、秘密宗派。最后一章则是1925年11月卫礼贤在中国研究所成立仪式上所做的演讲《东方与西方》。

《中国心灵》的大部分内容是自传性的，卫礼贤将他来到中国后20多年的个人经历与当时中国社会、文化、政治的发展生动地穿插了起来，虽然并没有真正就中国人的心理结构进行分析，但他带着怀旧的情绪，以一种全景画的形式展现了处于新旧交替时代的中国。总体上来讲，卫礼贤在此呈现了他对中国留下的美好回忆，字里行间流露出他对中国古老文化的深厚感情，即便涉及中国社会落后、穷困、混乱的一面，也更多的是表现出自己的同情与理解。不过，书中有一章与其他各章风格都不一样，或者说充满了批评，这就是第十四章《在华传教》，然而被批评者并不是中国人，而是西方来华传教士。

受岳父克里斯托夫·布卢姆哈特的影响，卫礼贤对来华传播基督教的理解本就不同于其他传教士，在华期间更没有为任何一个中国人施洗，在西方传教士中实属异类。他在此文中所表达的观点在当时也堪称惊世骇俗。卫礼贤认为，来华传教问题之所以错综复杂，其根源在于文化方面。历史上的基督教信仰融入了希腊的神秘学说、小亚细亚和埃及的救世神学、罗马的组织管理和希腊哲学，在向日耳曼民族传播时尽显其优越性和号召力，完全击败了条顿民族的神灵信仰和本土文化。但基督教传教士们在中国所面对的却并非浅薄、落后的文化，因此他们在攻击根深蒂固的本土信仰，特别是儒家的伦理原则和文化传统如孝道、祭祖尊孔时就会激起诸多矛盾和广泛的愤怒，甚至是针对教堂和传教士的武力对抗。卫礼贤举出大量的例子用以证明传教士由于不了解中国文化而导致了传教事业的失败。另外，他认为教会组织里传教士素质的低下、对文明与信仰关系的曲解、对教民不法行为的偏袒都导致了"反洋教"运动在中国的兴起。卫礼贤还尤其批评了近代西方传教组织的好大喜功、良莠不齐和机械的宣教方式，抨击了欧洲人狭隘野蛮的炮舰政策、唯利是图的商品倾销和鸦片贸易。因此，他认为，尽管近代传教与中世纪的圣战一样意义重大，但却只增加了中国人对外国人的仇恨。因此，欧洲更需要的是两种不同文化间的沟通，"一种理智和精神深处的交流"。只有这样，东西方才能从对抗走向融合发展，并为中国文化注入新的活力。

可以说，卫礼贤对近代西方来华传教情况所作的评价是公允的，许多评语来源于他20多年来对西方传教史的认真反思，因此他的批评常常一语中的，也符合教会之外有识之士对传教事业的中肯评价。但考虑到卫礼贤本人身为代理牧师，并曾在同善会中长期任职，负责在胶州地区的传教工作，如今他刚刚转型为大学教授就对传教事业给予如此恶评，这在教会眼中不啻一种背叛。因此，在《中国心灵》一书发表后不久，同善会方面就要求卫礼贤主动放弃荣誉会员资格，以避免同善会不得不做出决议，撤销他的会员资格。卫礼贤几乎毫不犹豫就满足了同善会的这个愿望。他在给朋友的一封信中对此进行了精彩的点评："生命和机器很难相互理解。"

德国汉学家们对《中国心灵》这部著作的评价也以批评居多。因为卫礼贤虽然已经翻译出版多部中国思想经典，但他在学院派汉学家眼中仍是一个没有在柏林或汉堡接受过专业训练的神学院毕业生、一个传教士、一个外交部的翻译、一个半路出家的门外汉，在回国之后也没有拜入某位著名汉学家门下担任助手。而《中国心灵》这部通俗性的著作似乎更加证实了专业汉学家们的看法，因为书中并没有什么惊人的发现，更没有完美的心理学、社会学、政治学理论作为支撑，甚至还完全违背了带有殖民主义烙印的柏林大学和汉堡大学汉学系所固守的德国民族主义立场。仅仅是卫礼贤将中国文化视为与西方文化可以平起平坐的立场就已经足以令德国的民族主义者和殖民主义者坐立不安了。于是，曾执教于柏林和汉堡两所大学的汉学家福尔克（Alfred Forke，1867–1944）率先对卫礼贤发难。1926 年，他撰文批评《中国心灵》，认为该书违背了学术著作所要求的客观性原则，抨击卫礼贤"几乎已经中国化"，成了几乎"就像我们崇拜基督或穆斯林崇拜真主一样崇拜孔子的儒家学者"，并因为完全"沉溺于中国精神"而丧失了他的批判意识，以至于他"透过玫瑰色的眼镜来看中国的社会状况"，忽略了中国社会的各种问题和弊病，"却在我们自己的文化中发现了这些不足和弊病，甚至是在根本不存在问题的领域"。一句话，福尔克指责卫礼贤已经背离了作为德国人的立场，这恰恰是一战爆发以来民族主义者玩得最为炉火纯青的逻辑——只要不是站在为德国利益考虑的立场上，就被判为丧失了中立和客观性，不配"德国人"的身份。卫礼贤的好友、以反对军国主义而著称的作家黑塞就是因其反战立场而被迫放弃了德国国籍，转而移居瑞士。福尔克为了让读者们更清楚地意识到卫礼贤的"背叛"，甚至特地在评论中点明卫礼贤是"共和主义者与和平主义者"，因为他在其新近出版的《中德年鉴》中列出了许多重要诗人、艺术家和哲学家的生日，但"人们要找到路德和俾斯麦的名字却是徒劳"。后来，福尔克还撰文反对卫礼贤"把德国获得胶州湾称为掠夺"。不过，福尔克的这些批评倒是正好帮助我们更好地理解了卫礼贤和《中国心灵》的难能可贵之处。而卫礼贤本人对这些批评保持了沉默，他在 1926 年 8 月给朋友的信中写道："我认为，战胜所有攻讦的最好方法是精力充沛地向前迈进。"

德国汉学界中，只有远离殖民主义政治的莱比锡学派对卫礼贤表示了有限的支持，因为该学派代表并不赞成德国在中国的殖民政策，政治上也倾向于共和主义。如卫礼贤的老朋友莱辛在 1927 年便用较为缓和的口吻进行了评论。他认为，卫礼贤与中国合作者的友好关系对其产生了"深刻而且持久的影响"，以至于书中"在所有谈及中国人的地方，乐观和友善都诉诸笔端"，相反，"对于我们欧洲人则较不友好"。莱辛对此表示理解，认为卫礼贤只是在努力纠正西方对中国的错误认知时有些矫枉过正，"有可能在这方面走得太远"。从学术价值来看，莱辛认为《中国心灵》属于普及性的作品，虽然存在一些疏漏之处，但还是应当受到欢迎，因为这是"一本读来非常享受的书，轻松地丰富了我们的知识，就关于中国的文献而言，这肯定是一个值得受到欢迎的新成员"。

作为曾经在青岛和北京都与卫礼贤合作过的老朋友，莱辛还特地指出了该书激怒保守派汉学家的另一个原因：卫礼贤将《中国心灵》献给北京大学前校长蔡元培，而蔡元培曾经支持中国在第一次世界大战中加入对德作战。1925 年 6 月，曾经在北大德文系执教的欧尔克教授在《南德意志月刊》上发表了《德国学术在中国》一文，介绍了北大的蔡元培、蒋梦麟、胡适、顾孟余和杨丙辰等人，其中不仅写到了蔡元培在德国留学的经历，而且特别提到了蔡元培在一战期间的政治立场："他憎恨普鲁士王朝的武力，却热爱'德国精神'，并且想通过他的反德宣传来支持'德国精神'……他一面进行反德演讲，一面在北京大学设立了德文系，北大的上万学生对他奉若神明。"因此，在欧尔克看来，蔡元培在一战期间属于德国的"敌对派"。由于在一战后协约国为削弱德国在学术领域的影响力，借口德国学术界在一战期间支持德国政府，发起了抵制德国学者的活动，许多国际学术组织将德国学者拒之门外，德语也不能再作为国际期刊和会议上的学术语言使用，这引发了德国学者强烈的民族主义情绪。因此，当卫礼贤在 1925 年向法兰克福大学提议授予正在德国考察的蔡元培以荣誉博士学位时，连素以开放自由而著称的法兰克福大学也表示了拒绝。卫礼贤为此还向当时担任德国高校联合会涉外事务负责人的汉学家福兰阁进行游说，但福兰阁在慎重考虑之后于 1925 年 9 月 16 日回复卫礼贤，表示他不能在蔡元培一事上提供帮助。在这种政治空气下，卫礼贤决定将《中国心灵》一书献给蔡元培这位曾经在北京大学给予他巨大帮助的老朋友，还刻意在扉页上将蔡元培称为"权利与自由的斗士"，这对于一直还在为一战战败而耿耿于怀的德国民族主义者来说简直就是一种挑衅。

同时，一些德国职业汉学家对卫礼贤的《易经》译本也表示了质疑。如 1925 年德国汉学家郝爱礼（Erich Hauer，1878–1936）在《东亚》杂志上发表书评，列举了卫礼贤译文中的诸多失误与不当之处，并指责卫礼贤没有遵循清代满文译本中的评注。由于这篇评论言辞非常激烈，以至于对批评素来保持沉默的卫礼贤也不得不在 1926 年的《东亚》杂志上加以回应，从学术的角度做出解释：满文译本的确代表着清代的官方解释，但它同样承袭了宋代哲学家的解读，对于能读懂古代汉语评注的学者来说，满文译本其实"不像对郝爱礼先生那么重要"。而就汉语能力而言，卫礼贤非常自信，因为他从中国学者那里学到的汉语知识远比汉学家们在德国所学到的更为可靠。同时，卫礼贤也再次对自己翻译《易经》时的艰辛进行了回顾："我翻译《易经》时，的确在尝试不带任何偏见地去钻研这部作品的思想内涵，并用通俗易懂的德语翻译出来。我尽一切所能完成了这项艰辛的工作，使用了各种求助手段，仅译文就彻底重写了四稿，有些字词——仅仅是卦名——我就思考了数月。"在这篇自辩词中，卫礼贤也再次阐述了自己的翻译思想，即追求一种以利于一般读者理解为导向的通俗化译文，而并非像语文学家那样制作带有大量文字注解的学术性译本。就学术论争而言，卫礼贤表示自己欢迎一切善意的批评指正，但却不希望郝爱礼再以老师教训学生的口吻来批评他的译著。

另一方面，法兰克福大学的同行们对于卫礼贤究竟是定位于大学中的研究者还是一位翻译家兼社会活动家仍心存疑虑。卫礼贤对此也有所察觉，在他来到法兰克福后，他明显放慢了中国经典翻译工作的进度，而将更多精力投入撰写研究性著作中。除了前面提到的《中国心灵》外，卫礼贤在这一时期还密集发表了《孔子的生平与著作》（*Kung-Tse, Leben und Werk*，1925）、《老子与道教》（*Lao-Tse und der Taoismus*，1925）、《中国文学史》（*Die chinesische Literatur*，1925）、《中国文化史》（*Geschichte der chinesischen Kultur*，1926）、《孔子与儒教》（*Kungtse und der Konfucianismus*，1928）、《中国哲学》（*Chinesische Philosophie*，1929）等著作。这些综合性研究论著接二连三地出现在德国读者面前，不仅有力促进了中国研究在德国的发展，而且使卫礼贤作为职业汉学家的地位得到了巩固。同时，我们从中也不难看到卫礼贤盼望尽快得到同行广泛认可的急切心情。卫礼贤的贡献很快就得到了法兰克福大学方面的肯定。1926 年 11 月 22 日，法兰克福大学哲学系向教育部提出申请，"将荣誉博士卫礼贤教授任命为正式的汉学教授"，也就是将一个在私人捐资基础上产生的"荣誉教授"职位转正为教育部认证的正牌教授职位。卫礼贤的同事们也给出了非常积极的推荐意见："根据专业人士的判断，卫礼贤是一位杰出的中国古典和当代语言文学的鉴赏家。他在该国逗留了 20 多年，彻底熟悉了中国文化，并深入了解了其中的精髓。卫礼贤在使汉学研究成果为广大群众所接受方面所做出的功绩是公认的。尽管对他的研究方法还存有争议，但即便是批评者也明确承认，他有资格获得正式的教授席位。"然而，就在哲学系提交任命申请的同一天，包括后来担任校长的史学家瓦尔特·普拉茨霍夫（Walter Platzhoff）在内的 3 名教授却致信教育部，强调他们不能赞同哲学系的申请。虽然 3 位教授给出的正式理由纯粹是法律程序方面的，但他们最后还是遮遮掩掩地把他们真正想要表达的意思说了出来："大学与中国研究所之间应当保持那种通过研究所负责人的荣誉教授身份所标记出来的距离。"换言之，对于一位并非科班出身的业余研究者成为正牌大学教授，3 名教授仍心怀芥蒂，认为应当保持"圈内"与"圈外"的距离，将其排除在大学院墙之外。不过，德国教育部还是于 1927 年 3 月 12 日发布公告："同意自 1927 年 4 月 1 日起在法兰克福大学哲学系设立一个中国学与中国研究正式教授席位（未来可取消）。"6 月 13 日，该职位被正式授予卫礼贤，以支持其中国学研究。7 月 20 日，卫礼贤在法兰克福大学正式宣誓就职，他终于获得了他期盼已久的正式教席，成为正牌的德国大学教授。

这一时期更令卫礼贤头痛的问题是他与金主冯·弗兰肯-西尔斯托普夫伯爵夫人之间的私人关系。冯·弗兰肯-西尔斯托普夫伯爵夫人是工业家卡尔·冯·施图姆-哈尔贝格（Karl F. H. von Stumm-Halberg, 1836-1901）的女儿，其家族在 19 世纪德国工业崛起的年代通过在诺因基兴的钢铁厂积累了巨额财富。伯爵夫人有过两段婚姻，在第二任丈夫于 1922 年去世后，46 岁就开始守寡的伯爵夫人似乎陷入了一种神经衰弱的状态，她虽然在经济上大力支持卫礼贤，但同时也越来越把卫礼贤当作自己生活中的一件装饰品，总是不断要求卫礼贤来到自己身边，陪她聊天解闷。因此，卫礼贤常常不得不抛开自己的工作，陪同伯爵夫人到处去旅游散心。如卫礼贤在 1926 年 1 月 9 日的日记中记载道："接伯爵夫人前往诺因基兴，一整天在诺因基兴谈话加上心脏衰弱。晚上做关于中国文化及其世界作用的报告。听众很多。之后与伯爵夫人待了很久，无比重要的争吵。"1926 年 3 月至 4 月，卫礼贤随伯爵夫人前往法国、西班牙旅行了 6 个多星期；同年 8 月至 9 月，他又陪同伯爵夫人前往法国、列支敦士登和瑞士旅行。虽然卫礼贤也可以顺路举办讲座、拜访同行，但他却不得不把大量精力花在让伯爵夫人开心上。卫礼贤在日记中越来越多地暗示他与伯爵夫人之间的关系面临危机，但却不得不小心翼翼地维持二人关系不致破裂，因为他还需要伯爵夫人在金钱上的支持。例如8月25日的激烈争吵就缘于卫礼贤在旅行中接受了到日内瓦参加会议的邀请，卫礼贤虽然也曾短暂地愤然"出走"，但最终还是回到伯爵夫人身边对她进行了安抚。时隔不久，他在9月6日的旅行日记中又写道："气氛越来越紧张，令人不快的争吵。风景虽说无比秀丽，但对钱财好处的影射使得驻足观赏景色也带不来丝毫兴奋，于是我们像约好了一般道了别。"在整个1926年中，卫礼贤在日记中不断抱怨伯爵夫人的"抑郁"、"悲伤"、"崩溃"、"爆发"和"心脏衰弱"，从中不难看出，伯爵夫人主要是希望将卫礼贤始终束缚在自己身边，一旦不能如愿就陷入一种狂躁的精神状态，令卫礼贤不堪其扰，正如他在3月29日的旅行日记中吐露的那样："身体上休养，精神上承压，常常难以忍受。这一切还会怎样发展？"

作为控制卫礼贤的一种策略，伯爵夫人则不断向法兰克福大学方面抛出追加资助的橄榄枝，但又总是在与大学方面讨价还价，使谈判不断被拖长。于是我们看到，1926年5月与10月，在两次长途旅行结束后不久，伯爵夫人都与法兰克福大学就资助中国研究所和卫礼贤的职位进行了长长的谈判。虽然后人并不愿意多谈这一点，但是法兰克福大学确实是在冯·弗兰肯-西尔斯托普夫伯爵夫人做出承诺，保证将无限期地为卫礼贤提供工资并支付其养老金和遗属津贴之后，才在1926年11月底向教育部提出了设立正式教授席位的申请。

1927年初，卫礼贤感到自己实在难以兼顾研究所工作和陪伴伯爵夫人的义务，才开始逐步缩短直至叫停两人共同旅行的计划。冯·弗兰肯-

西尔斯托普夫伯爵夫人自然将这种拒绝视为忘恩负义的行为。1927年1月27日，卫礼贤在日记中提到伯爵夫人"因缩短旅行时间而抱怨和指责"。2月11日，卫礼贤在日记中写下："伯爵夫人不愿见我。"2月22日再次写道："伯爵夫人相当恼怒，她近期已找过巴尔。我告诉她我在4月17日之前不能出行，这让她大为沮丧。"但由于卫礼贤在法兰克福大学的教授职位完全仰仗伯爵夫人的资金支持，因此他还不得不继续忍气吞声。而伯爵夫人显然非常清楚自己的优势，她甚至曾经以撤销资助使卫礼贤失去教职作为威胁，迫使卫礼贤不得不向她妥协。我们由此也可以想见，卫礼贤在回到德国创建中国研究所的5年多时间里承受了何等沉重的精神压力，而中国研究所的运行又是何等举步维艰。

由于冯·弗兰肯-西尔斯托普夫伯爵夫人的私人捐助仅仅是用于支付卫礼贤的教授工资，中国研究所缺乏来自大学和政府的资金投入，而举办展览、主办讲座、组织青年交流、出版学术刊物等活动都需要大量资金。此外，聘用工作助理的资金也需要卫礼贤来筹措，故而卫礼贤在那几年中虽然四处奔走，但还是难以获得足够的资金保障。因此，从来到法兰克福大学直到他去世前不久，卫礼贤在主持中国研究所工作期间几乎一直在努力争取各方资源，忙于申请足够的房间、家具、设备甚至是纸张和纸篓。在给大学董事会的一封信中，卫礼贤抱怨"研究所至今无法为来访者提供专门的研修室，同时只有供自己使用的最低限度的桌子、柜子、书架和椅子"。他还一再警告说，由于教学人员和图书馆资源的不足，大量前来学习汉学的学生最终又纷纷离开，前往了其他条件更好的大学。而举行大型活动时，研究所只能借用大学或其他市政机构的房间，如借用民俗学博物馆用于临时展览。卫礼贤甚至一度考虑在柏林建立一个分所，因为如果研究所设在柏林，可能会更容易获得公共资源的投入。直到1936年，银行家马克斯·冯·格吕内留斯（Ernst Max von Grunelius）将他从父母那里继承的别墅免费提供给中国研究所使用，研究所才终于有了稳定的安身之处。

当然，中国方面也一直在为卫礼贤提供各种帮助。北京大学在法兰克福中国研究所成立之初就捐赠了一批书法拓片作为展品。1928 年 1 月，孙中山之子孙科偕家人到英、德等国考察时曾在法兰克福逗留了很长时间，他对中国研究所表现出了很大的兴趣，于是向卫礼贤承诺，将游说民国政府提供财政支持。在孙科的帮助下，1929 年，民国教育部首次为《中国》杂志的出版提供了 5000 美元的资助。

中国研究所除进行中国古代研究、介绍中国传统文化之外，也很注重与其他国家的汉学研究者建立更多的直接联系。为此，卫礼贤频繁到各地举行演讲，扩大研究所的影响力。中国研究所的一份清单表明，从 1925 年初到 1928 年春天，卫礼贤在中国研究所之外还举行了 80 多次讲座，其足迹遍及大学、中学、成人教育中心、艺术协会、博物馆、书店和广播电台。1928 年，在波恩和牛津举行的 17 届国际东方学大会上，卫礼贤作为法兰克福中国研究所的代表出席了会议。在波恩会议上，卫礼贤正式以汉学家的身份做了关于《周易》的讲座，并担任了一天会议主持人。在随后的牛津会议上，卫礼贤做了关于戴震哲学思想的讲座，他首先用英语进行了较为详细的介绍，然后用德语对文献进行了翻译和解释。此次会议从 8 月 27 日持续到 9 月 1 日，会议期间，卫礼贤还与正在欧洲旅行的徐志摩再次重逢。不过，徐志摩此行主要流连于剑桥，写下了他最著名的诗篇《再别康桥》，直到大会结束的前一天，他才赶到牛津和卫礼贤会面。卫礼贤在 8 月 31 日的日记中写道："徐志摩到了，和他一起吃午饭。"大会闭幕后，卫礼贤和徐志摩又一起乘火车到了伦敦，在他游览伦敦期间，天天都和徐志摩聚会、吃饭、喝茶。9 月 5 日，卫礼贤才踏上归途，于 9 月 6 日下午回到了法兰克福，他在路上还抽空阅读了胡适撰写的《中国文学史》。回到法兰克福后，卫礼贤便着手为徐志摩联络当地的美术馆和博物馆，与马尔堡大学艺术史教授理查德·哈曼（Richard Hamann）及中国研究所董事会成员、法兰克福施特德尔博物馆馆长斯瓦岑斯基等商谈协助徐志摩在北京建立艺术博物馆事宜。9月13日，徐志摩也抵达了法兰克福。卫礼贤在日记中写道："徐志摩到，去火车站接。下榻巴塞尔旅馆。和中国研究所的成员共进晚餐。"此后两天，卫礼贤陪同徐志摩在各地参观美术馆、购买画作，访问了马尔堡艺术史学院、曼海姆艺术馆、施特德尔博物馆下属的利比希雕塑展览馆等地，行程非常紧凑。9月15日，两人才依依惜别。此后，两人还多次在信中讨论过从德国购买艺术品、举行美术展的规划。1936年，两人酝酿的"国立美术陈列馆"终于在南京竣工，但卫礼贤、徐志摩已先后辞世，未能看到这一辉煌时刻。

1927年6月，在卫礼贤的运作下，中国研究所还在慕尼黑成立了一个分支机构。作为国际东方学大会的系列学术活动之一，慕尼黑分会在1928年举行了两次大型活动，卫礼贤在其中同样扮演了核心角色。在5月份举行的第一次活动上，卫礼贤做了3场讲座：一场是关于"自我与世界"，另两场则介绍了来自中国的冥想（修炼）思想。在12月的第二次活动中，卫礼贤又进行了关于生命和死亡的两场演讲。通过这一系列学术活动，卫礼贤进一步拓展了与其他汉学研究机构的联系，并收到了来自多个国家的讲学邀请，这标志着卫礼贤作为德国汉学领军人物的地位终于得到了国际上的广泛承认，但同时也使卫礼贤更加繁忙起来。除到波恩、牛津、慕尼黑参加东方学会议外，卫礼贤1928年还到德国的海德堡、明斯特、马尔堡等多地举行学术活动，此外还走出国门，到维也纳、布达佩斯、布拉格举办了多次讲座。其中，1928年3月和12月，卫礼贤两次到维也纳举行讲座，题目分别为《歌德和老子》《老子和孔子》，给当地人士留下了深刻印象。

而在 1928 年 10 月底的中国研究所秋季会议上，由于经费匮乏、无钱支付外来演讲者的费用，卫礼贤不得不亲自包揽了所有 3 场公开讲座，分别为《中国的习俗和教育》《中国艺术中的女性》《中国文化的危机》。每场讲座之后，卫礼贤还安排了嘉宾讨论，著名学者马丁·布伯、荣格等人都参与其中。此外，卫礼贤还举行了两场关于"生死轮回"的内部讲座，其灵感来自卫礼贤在牛津发现的一本有关死亡与转世的藏文书籍。这些学术活动有力地推动了汉学在德国社会中的普及，使之走出了专业汉学的象牙塔，成为 20 世纪 20 年代德国文化界中最具活力的一股思潮。而从各类活动与讲座的数量之多、层次之高，我们也不难想见，卫礼贤当年为打开局面、推动中国研究所的发展付出了何等艰苦的努力。

第十章　最后的岁月（1929-1930）

　　1925 年中国研究所建立之后，卫礼贤一直四处奔波，为巩固他心目中这座沟通东西方文化的桥头堡而努力。他的不懈努力也终于为中国研究所赢得了回报。到 1928 年年底，除了大学和法兰克福市的捐款外，中国研究所还得到普鲁士科学、艺术和国民教育部以及外交部的拨款，加上中国研究所成员的个人捐款以及来自中国的捐款，虽然这种拨款通常必须每年重新申请，但研究所未来几年的稳定运行总算有了保障。1928 年 10 月，鉴于中国研究所成立后给大学带来的巨大声誉，法兰克福大学也批准今后每年给中国研究所 6000 马克的运行补贴，并每月提供 300 马克用以聘请一位教员，从而为中国研究所的长期运行提供了保障。1929 年 4 月，后来的同济大学校长丁文渊（当时正在法兰克福攻读医学博士）被聘为中国研究所的第一位汉语讲师。卫礼贤在教学工作上的压力也终于得以减轻。

鞠躬尽瘁

　　然而，卫礼贤的身体却已经在常年的奔波与辛劳中严重透支，1928年12月23日从维也纳结束讲座回到法兰克福后，因过度劳累，卫礼贤已经显得非常虚弱。刚刚过完圣诞节和元旦，1月2日，卫礼贤又准备开始新的学术访问，但妻子美懿发现他的病情已经明显加重，他不仅非常疲惫，而且感觉很糟，不断出现腹泻等症状。医生诊断他患上了严重的肠胃病。这种糟糕的身体状况使得卫礼贤在1929年初终于不得不暂时中断工作。在美懿和医生的强烈建议下，卫礼贤放弃了计划中的学术旅行，一直卧床休息到了1月10日。不过，待身体稍稍好转，1月12日至15日，他又马上前往柏林参加了中国艺术品大展，并为展览撰写了评论。虽然他在医生的强烈建议下放弃了随后前往马尔堡和班恩访问的计划，但仍然坚持在1月18日前往苏黎世举行了几次讲座。他在荣格主持的心理学俱乐部所做的讲座是以"中国的冥想问题"为主题，在苏黎世大学则做了一场关于东西方文化的报告。尽管卫礼贤的身体状况并没有好转，但与荣格在一起探讨学术话题令他非常高兴。他们两人在前一年刚刚合译了道家的内丹修炼书《吕祖先天一气太乙金华宗旨》。卫礼贤首先将其前八章翻译成德语，而后荣格为其撰写了长篇评注。荣格对此书非常着迷，因为他发现书中所描写的道家"内丹"与许多欧洲精神病患者在无意识中创作的曼陀罗图案非常相似，他在为德文译本第二版撰写的前言中强调："正是《太乙金华宗旨》这部著作帮我第一次走上了正确的道路，因为在中古时代的炼丹术中我们终于找到了灵知（gnosis）与当代人集体无意识过程之间的联系。"此次交流可以视为前一阶段合作的延续，于是两人在一起探讨的话题也主要围绕占卜、道教修炼术、曼陀罗和心理分析展开。兴致勃勃的卫礼贤后来为《新苏黎世报》（1929年1月21日）撰写了一篇文章，题目就是《我与荣格在中国的相遇》（*Meine Begegnung mit C. G. Jung in China*）。1929年，二人合译的道家修炼书以《金花的秘密——中国的生命之书》（*Das Geheimnis der goldenen Blüte: Ein chinesisches Lebensbuch*）之名正式出版，在第五版中还加入了卫礼贤翻译的清代内丹学著作《慧命经》的前八章译文。后来，此书被翻译成英、法、意、韩、日等语言，并被回译成了中文。

1929年1月22日，卫礼贤拖着病体从苏黎世启程返回法兰克福，途中还顺路在巴塞尔参观了一个木刻展。回到家后，他又马上致信出版商欧根·迪德里希斯，表示已经做好准备，下面将着手翻译《礼记》。这时他收到荣格的来信，信中写道："您真应该被送到一个荒山野岭中去，随便找那么个舒舒服服的小酒馆，把您塞进去关起来，并且至少关三个月。为什么没有世俗的寺院给那些应该生活在这个时代之外的人！当世界无法从外部毁掉一个人时，它就会从内部将您一点点吞噬。"几天后，荣格获悉卫礼贤的身体情况仍无起色，于是再次写信给他："您对我们的世界来说太重要了。我必须反复告诉你这一点。您不能以任何方式逝去或失踪，也不能为严重的疾病所拖累……心理治疗师协会的董事会已经决定请您明年来做一次讲座。这是历史性的！试想一下，如果直接接触普通人最薄弱环节的一线医生采用中国哲学，这将意味着什么！这样的事情根本不容错过。我很高兴，只希望没有魔鬼能阻止您完成这一历史性的壮举。医学正强有力地转向心理方面，这正是东方必须介入的领域。而神学家和哲学家由于他们的傲慢对此是无能为力的。"当卫礼贤接受他的邀请后，荣格显得非常高兴，他在回信中说："命运似乎给我们分配了两个桥墩的角色，让我们支撑起东西方之间的桥梁。"尽管疾病缠身，但卫礼贤此时仍在继续努力工作。1929 年，他还坚持在大学里讲授中国哲学，带领学生阅读《易经》，研究中国玉器和木版印刷。在 3 月 5 日举行的中国研究所成员年会上，卫礼贤和同人们探讨了佛教心理学，并决定在法兰克福大学哲学系开设中国宗教和历史课程。这似乎表明卫礼贤在这一年有意转入佛教研究，除在 1929 年的《中国》第一期上专门介绍太虚大师外，他还撰写了《佛教心理学的一些问题》，指出"佛教寻求一种摆脱困境的方法，即越过支离破碎的生活，回到超越所有对立面的观点，它称之为涅槃，也就是解决方案。从这个世界到这个状态的过渡只能通过直观的'觉醒'来实现。这是一种超越所有思维的最高体验。而佛学努力从心理学上奠定这种经验的基础"。随后，卫礼贤又应邀前往一战后从德国割让出去的自由市但泽（格但斯克），举行了名为"宗教革命"的讲座，并与同行们继续讨论了建立佛教研究所和引入暑期班等事宜。在回程中，卫礼贤在柏林逗留了几天，他不仅再次参观了中国艺术大展，而且到远东协会做了一次演讲，并翻译了梁启超关于佛教的论文《佛教心理学浅测》（1929），此外还继续为中国研究所事宜四处奔波。原本卫礼贤还计划前往汉堡，但他的身体状况已经不允许他再继续奔波。尽管如此，3 月 16 日，卫礼贤在返程途中还是顺路到莱比锡完成了早已约定的学术讲座，最后才疲惫不堪地回到了法兰克福。在医生的建议下，濒于崩溃的卫礼贤决定暂停工作，前往内卡河畔的霍恩格堡放松几周。但实际上，5 月初，卫礼贤身体状况只是刚刚稳定了一点，他就马上又见缝插针地阅读起关于《易经》的研究文献，开始为《易经》英译做准备。

在卫礼贤离开法兰克福休养期间，他的三儿子卫德明承担起了研究所的日常运行工作，并举办了中国古代壁画展。此时，恰值中国北方八省发生大饥荒，灾情从 1928 年延续到 1930 年，饿死及流离失所者数以百万计，难民估计达 5000 万左右。为此，中国研究所发起了一场赈灾募捐活动。5 月 23 日，卫礼贤再次抱病前往柏林，发表演讲"中国的建设"，并将募得的 2000 多马克转交给了中国驻德国大使馆，几家德国大公司也响应他的号召捐赠了药品。6 月初，卫礼贤到马尔堡大学拜访了他的老朋友鲁道夫·奥托教授，随后又前往慕尼黑做了题为《佛教心理学问题》和《科学与经验》的讲座。但长途奔波使卫礼贤的肠胃病再次严重发作。由于体重持续下降，卫礼贤的身体变得非常虚弱。医院检查后认为，卫礼贤必须卧床休息数周并严格控制饮食。为了支付治疗费用，卫礼贤和他的儿子卫德明在 1929 年 6 月向法兰克福大学申请了紧急拨款，并得到了批准。此时，卫礼贤想起了 1922 年前往中国途中旅客大量染病的往事，开始怀疑自己染上的是一种欧洲人知之甚少的热带传染病。

1929 年 7 月 9 日，尽管卫礼贤已经不得不频繁进出医院，但他还是开始了《大戴礼记》的翻译工作。7 月 29 日，他致信欧根·迪德里希斯，称自己正在努力翻译《大戴礼记》，而这将是一部很有意思的译作。8 月，因病情迟迟得不到好转，卫礼贤被转入市立医院。但卫礼贤并没有停止工作，他每天接待来访、回复信件、编辑期刊，仍是忙得不亦乐乎。为挤出时间翻译《大戴礼记》，他经常一大早就开始动笔，如果白天因其他事务耽误了翻译进度，就会一直工作到深夜。他开玩笑地对护士说，她应该让他活到这本书翻译完为止。10 月至 11 月，卫礼贤在重病中完成了《大戴礼记》的翻译工作，并开始编辑、修订译稿的各个章节，撰写序言和各章的导言。12 月 9 日，卫礼贤致信欧根·迪德里希斯，告知已经寄出《大戴礼记》全部四十三章译稿，除参考文献和索引外，共计 470 页。这也是卫礼贤一生中篇幅最长的译著之一。卫礼贤希望 1930 年年初能够见到该书的出版。但天公不作美，未及译本《礼记——大小戴论习俗之书》（*Li Gi. Das Buch der Sitte des älteren und jüngeren Dai*）出版，卫礼贤便与世长辞了。

1929 年夏末，卫礼贤的病情似乎有所好转。他开始被允许进行一些室外活动。10 月初，卫礼贤前往埃尔特维尔接受后续的康复治疗。但很快又旧病复发，他安排在冬季学期的讲座不得不再一次取消，只被允许以系列讲座形式讲授"艺术生活"课程。11 月中下旬，卫礼贤回到在法兰克福的家中，准备主持中国研究所的秋季大会。11 月 20 日，他在法兰克福民俗学博物馆的圆形大厅中举行了题为《清代鼎盛时期艺术生活》的讲座。但随后他不得不让人马上把自己送进医院，希望通过严格控制饮食等措施使自己能够保持状态，以胜任主持大会的工作。第二天下午，卫礼贤重返报告厅，继续举行讲座，讲的是《易经》中的爻辞。不过，因身体原因，他最后只能将当晚主持大会报告的任务交给了他的新同事，也是接替他在北京大学工作的鲁雅文（Erwin Rousselle）博士。在大会召开期间，法兰克福市剧团上演了苏联作家特列季亚科夫（Sergei Tretyakov，1892-1939，中文名铁捷克）创作的政治剧《怒吼吧，中国!》（*Brülle, China!*）。剧中讲述了作家 1924 年在中国游历时目击的场景：英国军舰在四川万县耀武扬威，杀害无辜船夫，最后激起了中国人民的反抗。该剧在柏林上演时，其强烈的现实主义风格曾给德国观众留下深刻印象，令当时还在柏林闯荡的剧作家布莱希特震撼不已。该剧在法兰克福上演后也同样激起了公众对中国革命的关切，并引发了卫礼贤对废除英美帝国主义在华治外法权的关注。他一生中最后完成的几篇文章中就有一篇表达了坚决支持中国人民收回治外法权的愿望，这就是发表在《中国》上的《取消外国在华治外法权》（*Die Aufhebung der Exterritorialität der Ausländer in China*）一文。在文中，卫礼贤将这场中国人民争取自由的斗争与世界受压迫人民的解放运动联系起来，他写道："中国几十年来一直遭到外国的奴役。土地被夺走，战争迫使它进口鸦片并向外国贸易开放港口，制裁和炮艇强迫它向基督教的传教士们开放。他们入侵了中国，在那里生活、经商和传播基督教还不够：他们不满足于客人的角色，而是夺取了对外国国民的管辖权，这自然使得他们即使是对中国人犯下最严重的罪行也不必充分抵罪。中国不准备永远忍受这种状态……这是团结起来的人民共同做出的决定。在这一点上，工人、学生和商人是完全一致的，政府如果保持强势，就会得到大江南北各界舆论的支持；如果在外国的压力下屈服，就会在事实上遭受毁灭……人们决不应低估这场斗争的重要性。如果中国取得胜利，世界其他地区的被压迫人民也会随之取得胜利。这是一场新旧交替的斗争。而今天的中国正代表着未来的原则。"

卫礼贤一生中最后完成的一部著作是《中国经济心理学》（*Chinesische Wirtschaftspsychologie*，1930）。该书明显有模仿德国著名社会学家马克斯·韦伯（Max Weber）的宗教社会学名著《新教伦理与资本主义精神》的痕迹。卫礼贤试图从文化、宗教和心理学角度论述中国社会经济状况的成因。他认为，对"经济心理学"研究而言，"文化动因如宗教或习俗是最为重要的"。因此在书中描述了以农业人口为主的社会中的保守主义倾向，指出在"家庭情感"和自我融入家庭集体的心理驱动下，必然表现出对祖先的崇拜或儿童对老人的崇敬，进而产生出"家庭共产主义"，并将家庭作为父权制组织的基本经济单位。他强调，由于中国的政治和经济条件在很长的历史时期里都没有发生过大的改变，因此中国的经济心理也保持着稳定。但对于"大众的心态是否因为千年不变的习俗而变得僵化和缺乏适应性"的疑问，卫礼贤的回答却十分坚决，他举出了很多社会变革和心态转变的例证，认为中国在事实上已经体现出了

"内在灵活性"，工业化移民和传统大家庭的衰落都是明证。

卫礼贤去世前完成的最后一篇文章是《中国的文化危机》（ *Die kul-turelle Krisis in China* ）。这原本是他为在大学礼堂举行公开演讲而准备的。卫礼贤也为此踌躇满志，但由于他背部长了一个肿块必须接受手术，再加上有些感冒，他最后只得万分沮丧地取消了演讲，改为向助手口授全文。他在文中首先概述了中国文化因西方文化特别是工业文明入侵而面临的危机，接着讲到中国如何在各个领域中努力摆脱危机，尤其是学校如何进行改革并以"千年未有之方式团结着整个中国"。最后，卫礼贤充满信心地展望道："我们无法对此视而不见，而中国仍充满活力，将从一个正在自行崩溃的旧文化中创造出一种新的世界文化。"当这篇文章最后于 1930 年 3 月 5 日刊登出来时，《法兰克福报》特地加了一条按语："我们在几天前收到了卫礼贤教授的这篇文章，它是这位不知疲倦的学者的最后作品。"

最后时刻

1930 年初，卫礼贤举行了最后一次讲座，结束了他从前一年开始的艺术生活系列讲座。荣格从苏黎世赶来参加了讲座，并在好友床畔与他进行了多次交流，与他商议将《金花的秘密》和《易经》两个译本转译成英语。

由于卫礼贤在医院中迟迟没有感觉到病情有任何好转，他更加迫切地想要回到家中。因此，1930 年 1 月 22 日，美懿把他接出医院，聘请了一位护士在家中专职护理他。在自家阳光明媚的客厅里，卫礼贤每天早上都可以在沙发上享受几个小时的阳光，然后处理中国研究所的事务、回复信件。同时，他还在考虑撰写一些关于岳父布卢姆哈特的文章。然而，卫礼贤的身体状况还在不断恶化，日渐虚弱。家人不得不联系了图宾根热带病医院的奥尔普教授。奥尔普教授赶来后，决定将他转入图宾根热带病医院进行治疗。经过诊断，卫礼贤被确诊患上了当时还无法治愈的"口炎性腹泻"，此外还患有严重的贫血。尽管奥尔普有治疗腹泻病的经验，另外一位医生也开出了治疗贫血的血清疗法，但这些补救措施都为时已晚。

2月14日转入图宾根热带病医院后，第一周，卫礼贤的状况略有好转，他还意外地发现为他采血的护士竟然是一位中学好友的女儿，这令他振奋不已。因为身体非常虚弱，卫礼贤只能让人给他读故事听，因为他自己连阅读的力气都快没有了。尽管他已经把许多资料带到了图宾根，但为岳父写传记的计划也只能搁置起来。除了妻子在身边陪伴外，他的两个儿子在周末也从斯图加特赶来，并从第二周开始加入夜间陪护的行列。此时，卫礼贤的身体再度衰弱下去，他最初似乎只是感冒，但很快就发起烧来，虚弱得连张嘴说话都感到吃力，进餐也只能靠人工喂食。

2月25日，尽管卫礼贤反对输血，但医生还是在他没有注意的情况下，进行了最后一次尝试。不幸的是，卫礼贤被发现肺部已经出现了炎症，导致了高烧不退。在这种情况下，连原本表示乐观的医生们也变得严肃起来。大家都明白，极度虚弱的卫礼贤已经时日无多。于是，美懿从法兰克福叫来了三儿子卫德明，但当他在2月28日赶到医院时，卫礼贤已经难以继续保持清醒状态。

在生命的最后几个小时里，卫礼贤还一直想努力掌控自己的生活。但当他意识到自己的时间已所剩无多时，他并不畏惧死亡，而是望向妻子美懿，做手势让她离开。"当他已不能再讲话的时候"，他的好友瓦尔特·奥托回忆道，"他还在友好地微笑、亲切地点头，接着又轻轻地摇了摇头。这位不可战胜的人、智者和朋友就这样离开了我们。" 1930 年 3 月 1 日星期六下午 3 点半，不满 57 岁的杰出汉学家卫礼贤与世长辞。

3 月 3 日，美懿和孩子们将卫礼贤的遗体送到他们当年初次相识的巴特鲍尔镇进行安葬。他被埋葬在他岳父和父亲长眠的同一座公墓里。卫礼贤的好友瓦尔特·奥托和中国研究所的中国同事丁文渊在墓前致了悼词。卫礼贤的墓碑设计十分特别，中国经典《易经》中的基本要素——八卦环绕着墓穴，共同拱卫起一个象征着地球的石球。

悼念卫礼贤

奥地利传记作家斯蒂芬·茨威格（Stefan Zweig，1881–1942）有一句名言："一个人在和强大的、不可战胜的命运抗争中倒下去时却最能显示他高尚的心灵。"① 同样，卫礼贤虽然未能战胜病魔，然而他为中德两国文化交流鞠躬尽瘁死而后已的精神却发出了耀眼的光芒，在中德两国学界中都赢得了深深的敬意，他的早逝更是让无数世人为之扼腕叹息。噩耗传开后，卫礼贤的众多生前好友、同事及中德机构都纷纷致信美懿表示哀悼，并举行了一系列悼念活动。德国各地报纸对卫礼贤去世的简短报道和好友们发表的悼念文章更是数不胜数。

---

① ［奥］茨威格：《人类的群星闪耀时》，高中甫等译，北京燕山出版社，2005 年，第 183 页。

中国驻德国大使致函中国研究所，称卫礼贤的死讯"在全中国引发了最深切的哀悼"，并告知德方：中国政府已决定每年向中国研究所捐赠5000元，用于建立一个"卫礼贤教授讲座"，以纪念并感谢卫礼贤"忧劳办学、鞠躬尽瘁"，将他的整个生命都奉献给了中德两国在知识和文化领域的相互理解。5月13日，中华民国行政院第69次会议又决定向法兰克福中国研究所捐资8万马克以建立基金会，原有每年5000元的捐助也保持不变。在德国方面，法兰克福市和大学方面以及德国外交部都一致认为，卫礼贤所留下的中国研究所应本着卫礼贤的精神继续存在下去。1930年11月，鲁雅文接任了中国研究所所长一职。

在青岛，礼贤中学的师生们于4月30日在当年的尊孔文社藏书楼举行了一场庄严的悼念仪式，德国驻中国总领事也应邀出席。师生们布置了中西合璧风格的灵堂，用无数鲜花和挽联表达他们的悲痛和哀思。会场正中，在卫礼贤遗像上面挂着"大道归真"的横幅，四周墙面则被无数挽联所覆盖，其中最显眼的一副上面写着"宣扬夫文化，启迪我后生"。同年9月，蔡元培到青岛出席中国科学社第15次年会期间，也特意到礼贤中学表达了他对卫礼贤的怀念。

在他工作过一年多的北京，北京大学发布了讣告，中外各界人士共同发起了悼念演讲会，陈大齐、何鸿基、王烈、沈兼士、马衡、杨丙辰、石坦安、刘钧等学者高度评价了卫礼贤的贡献，称赞他"生平著作宏富，沟通中西文化厥功尤伟"。《大公报·文学副刊》《国闻周报》《申报》等都刊登了纪念卫礼贤的文章，并肯定了卫礼贤翻译中国典籍、传播中国文化的功绩。他的老朋友张君劢写下了悼念卫礼贤的《世界公民卫礼贤》一文，尤其强调了卫礼贤与中国文化的深厚感情，他写道："卫礼贤作为一名神学家和传教士来到中国，离开中国时却成为孔子的学生。他有一次曾对我说，'令我感到宽慰的是，作为一介传教士，我从未给一个中国人施洗'。"郑寿麟发表了《尉礼贤的生平和著作》一文，赞扬"尉先生半世替中国文化做宣传，德国对他尚且非常敬仰，中国对他，实在有很多该感激的地方"。1931年，郑寿麟以卫礼贤为榜样，在北京发起成立了德国研究会（Deutsche Studiengesellschaft），这也许是对卫礼贤最好的纪念。

在法兰克福，5月11日，法兰克福大学在礼堂举行了悼念卫礼贤的追思会，校长昆策尔（Georg Küntzel）和卫礼贤的老友、哲学系主任瓦尔特·奥托作为代表发表了讲话，将卫礼贤称为"伟大的德意志中国人"。大学的铜管乐队和合唱团献上了莫扎特的《牧师进行曲》和《圣体颂》，中国留学生则献上了中国古代的祭祀音乐，共同表达对老师的致敬和怀念，这也成为东西方团结合作的象征，尤其是中国学生的深情和庄严的祭奠仪式使追思会变成了一场高雅的纪念活动，令美懿和礼堂里的师生无不为之动容。

同善会、苏黎世心理学俱乐部也都以各自的方式对卫礼贤的去世表示了悼念。1931年5月10日，为纪念卫礼贤逝世一周年，由收藏家、作家威尔音（Hans Basso von Veitheim-Ostrau，1885-1956）设计的一座纪念碑在法兰克福落成，碑座下方刻有"感恩的学生及朋友立"。纪念碑上方镌刻有三个汉字"致中和"。"致中和"出自《中庸》，是指人的道德修养达到了不偏不倚、十分和谐的境界，即所谓"致中和，天地位焉，万物育焉"，这是对卫礼贤一生极高的评价。

卫礼贤的文化遗产

　　1930 年 3 月 1 日卫礼贤在图宾根与世长辞时，他的一些著作还没有来得及整理出版，许多文章也并没有发表在专业期刊上，而是散见于各种报刊文集中。这是因为在卫礼贤生活的时代，汉学的专业化程度还远不及今天，故而卫礼贤的许多作品都兼具通俗性和专业性的特点，但这也许正是其著作取得空前成功的重要原因。而从数量上看，卫礼贤的学术成果也令人叹为观止。在他去世后不久，1930 年 4 月，中国研究所编辑的《汉学》杂志曾对其著作进行过盘点，统计出汉学专著 24 部，译著 14 部，报刊文章 247 篇，此外他还主编过 8 种杂志。除此之外，在卫礼贤逝世后，其子卫德明还整理、编辑并协助出版了《孝经》（1940）和《孔子家语》（1961）两部典籍的译本。因此，根据当代汉学家魏汉茂（Hartmut Walravens）2008 年的统计，卫礼贤在大约 30 年的学术生涯中共发表了 485 篇（部）论文、文章、专著和译文（著），其中仅著作就有 28 部，翻译的中国古代文化典籍有《论语》《孟子》《大学》《中庸》《易经》《老子》《庄子》《列子》《吕氏春秋》等约 30 种。这些典籍中，《庄子》《吕氏春秋》《易经》《礼记》等都是首次译成德语，而其他典籍虽然已有其他汉学家的早期译本，但卫礼贤在翻译质量和语言水平上都远胜前辈，他对中国典籍在德语世界传播所做的贡献是前所未有的。而由于卫礼贤对翻译质量精益求精，他的许多著作在出版前都经过反反复复的精心打磨，如《易经》的翻译工作前前后后竟历时十年，因而一些译作直到他逝世时仍在修改中，一些著作也还处在手稿阶段。综合来看，对卫礼贤著述和手稿的整理出版工作迄今都还没有完成。

在卫礼贤的4个儿子中，只有三儿子卫德明继承了父业。1932年，他在父亲的老朋友福兰阁指导下完成了汉学博士学位论文，随后到北京工作，像父亲一样在北京大学教授德语和文学，一直到1948年才离开中国。此后，他成为华盛顿大学汉学教授，1971年成为该校名誉教授，直至1990年去世。他虽然没有取得父亲那样显赫的名声，但他通过翻译和研究《易经》，将易学带到了北美，使卫礼贤生前播撒的种子在西半球也盛开出了鲜花。

正是由于卫礼贤的不懈努力，中国哲学思想才在20世纪上半叶的德国一度成为社会时尚。1930年5月，在慕尼黑举行的悼念活动中，荣格说道："我怀着感激崇敬之情缅怀这位思想家，他在东西方之间架起了一座桥梁……把中国精神的鲜活胚芽接种在我们身上，使我们的世界观发生了本质改变……东方精神已实实在在地来到了我们门前。故而在我看来，在生活中实践'道'、追寻'道'，在很大程度已经成为一种集体现象，其普遍程度比我们意识到的还要深得多。"文学家黑塞在纪念卫礼贤时也写道："没有什么比卫礼贤在近二十年里译成德文的中国经典更重要、更珍贵。正是卫礼贤翻译的中国经典给我和其他许多人打开了一个新世界，没有这个世界，我们真不愿再活下去。"

纵观卫礼贤的一生，他虽然并非汉学科班出身，但却在短短30年的时间里做出了绝大多数专业汉学家都难以企及的成就。同时，他对中国的热爱也远远超出了同时代的德国人。在《中国心灵》一书的前言中，卫礼贤曾经满怀深情地写道："我有幸在中国度过了二十五载光阴。像每个在这块土地上生活已久的人一样，我学会了爱这个国家，爱他的人民。"时至今日，中德文化交流都还在受益于卫礼贤在一百多年前所开辟的道路，他的著作也还在继续向一代又一代德国人展现着中华文化的魅力。因此，无论是卫礼贤来到中国后的真诚付出，还是他返回德国后对传播中国文化所做出的巨大贡献，都使他永远无愧于这一荣誉——"两个世界的文化使者"。

后记

　　2011 年 10 月，为纪念卫礼贤对中德文化交流所做出的贡献，笔者与德国哥廷根大学德语系教授、德意志语言与文学科学院院长戴特宁（Heinrich Detering）院士共同发起了"纪念卫礼贤翻译《道德经》100 周年暨翻译研讨会"。出席该次盛会的有孙立新教授（现任职于山东大学历史文化学院）、柯兰霓（Claudia von Collani）博士（德国维尔茨堡大学）、罗炜教授（北京大学）、马剑教授（北京大学）、吴建广教授（同济大学）、印芝虹教授（南京大学）等近 20 位学界同人。他们当中有在卫礼贤研究领域硕果累累的学界前辈，也有以钻研传教士来华史而著称的德国同行，还有以研究黑塞、德布林、布莱希特与中国文化关系见长的青年一辈学者。在有 700 多年历史的道家圣地——武汉长春观藏经阁中，与会者就卫礼贤传播中国文化的贡献以及卫译本在德语世界的影响进行了激烈的讨论。而笔者在会上所做的报告正是《卫礼贤的生平与著作》，自然注意到中文世界中还没有一本卫礼贤传记可供参考。转眼间，十多年过去了，那次盛会仍不时闪现在我的脑海中，而孙立新教授赠予我的文集《东西方之间——中外学者论卫礼贤》（2004）也一直放在我的案头，与此同时，完成一本卫礼贤传记的念头也时时萦绕在我的心头。

　　过去的十多年里，中国学界出版了多部卫礼贤研究的力作，如范劲教授的《卫礼贤之名——对一个边际文化符码的考察》（2011）、蔡晓滨的《卫礼贤与青岛》（2017）、余明锋和张振华主编的《卫礼贤与汉学》（2017）、徐若楠博士的《中西经典的会通：卫礼贤翻译思想研究》（2018）、张大英的《德国来青传教士卫礼贤与中国典籍译介》（2018）、李小龙博士的《基于语料库对〈论语〉卫礼贤译本的跨文化研究》（2020）。上述著作不仅反映了中外文明交流互鉴研究的繁荣，也为研究卫礼贤生平提供了丰富的史料和全新的视角，成为激励笔者最终完成这部传记的强劲动力。

本书在写作过程中获得了华中科技大学自主创新研究基金项目（2018WKZDPY007）的资助，并得到华中科技大学外国语学院的大力支持。同时，丛书主编北京大学世界传记研究中心主任赵白生教授对本书的写作提供了指导。

笔者在此表示衷心的感谢！同时欢迎各位同行批评指正！

第一稿，2021-11-25

第二稿，2022-10-25

终稿，2022-12-31

于喻家山